中國道教文化研究

初 編

第 7 冊

全眞七子證道詞之意涵析論

張美櫻 著

花木蘭文化事業有限公司

國家圖書館出版品預行編目資料

全真七子證道詞之意涵析論／張美櫻 著 — 初版 — 新北市：
花木蘭文化事業有限公司，2020〔民 109〕
目 4+210 面；19×26 公分
（中國道教文化研究 初編；第 7 冊）
ISBN 978-986-322-149-4（精裝）
1. 道教文學　2. 詞論
030.8　　　　　　　　　　　　　　　　　　102002277

ISBN-978-986-322-149-4

9 789863 221494

中國道教文化研究
初　編　第　七　冊
ISBN：978-986-322-149-4

全眞七子證道詞之意涵析論

作　　者　張美櫻
總 編 輯　杜潔祥
副總編輯　楊嘉樂
編　　輯　許郁翎、張雅淋　美術編輯　陳逸婷
出　　版　花木蘭文化事業有限公司
發 行 人　高小娟
聯絡地址　235 新北市中和區中安街七二號十三樓
　　　　　電話：02-2923-1455／傳眞：02-2923-1452
網　　址　http://www.huamulan.tw 信箱 hml810518@gmail.com
印　　刷　普羅文化出版廣告事業
初　　版　2020 年 3 月
全書字數　171639 字
定　　價　初編 20 冊（精裝）台幣 40,000 元

全眞七子證道詞之意涵析論

張美櫻　著

作者簡介

張美櫻

      佛光大學未來與樂活產業學系

      輔仁大學中國文學系博士

      研究領域：道教文學、道教文化

著作：

      《全眞七子證道詞意涵析論》

      〈公羊傳稱賢事例的價值判斷及其意義〉

      〈試論《論語》中天的意義與天人關係〉

      〈中文學門中的經典與通識教學──以《詩經・周南・關雎》爲例〉

      〈《金蓮正宗記》的敘述結構分析〉

      〈《金蓮正宗仙源像傳》敘述分析〉

      愛鳥（小說創作）

      《道教文化研究論集》

提　　要

　　從道教文學的角度看全眞七子的詞作，可以看出這些作品在形式內容上傳承於傳統文學，而有其特殊之處，在形式上的詞調改名、類疊的強調、數字的運用、反復用造句造成類似迴文的特殊效果、福唐獨木體、藏頭詞等，都與其宗教思想意趣有關。

　　語言風格上七子詞作的語言展現宗教語言的特色，呈現出崇高、莊重、神祕、淨化等宗教語言風格，所用的修辭技巧則以誇張、象徵、比喻、示現、設問、呼告、仿擬等手法，富感染力地將人的宗教情感引發出來，以達勸化布道效果。只要掌握宗教語言與宗教內涵，這些詞作本身就有豐富的解讀空間，這些詞作作爲文學作品，有其自主的價值與意義。

目

次

第一章 緒 論

第一節 研究動機

　　宋金之際，王重陽創立全眞教，經過他的七大弟子世稱「全眞七子」之馬鈺、譚處端、王處一、劉處玄、丘處機、郝大通、孫不二的大力宏揚後，成爲金元兩代的最大道派。卿希泰所編的《中國道教史》記載著：「金初興起的三大教派中，全眞教出現最晚，勢力最大，教團體幹的人物文化程度最高，留下著述史料也最豐富……與太一教、大道教的教主，皆出身於中下層社會不同，全眞教創建者王喆，文化素養較高，屬庶族地主出身的中級知識分子，全眞教中的骨幹，亦多屬此類人物……」〔註1〕香港學者黃兆漢以爲全眞教的流行「得到知識分子的大力支持」是不可忽視的原因之一。〔註2〕可見王重陽和全眞七子的中級知識分子背景，讓他們在傳教之時，多了一項傳教利器，即寓於筆墨，努力著作藉以宣傳教義得到知識分子的認同，而有助於傳教。因此歷來學者，對於他們的著作，多以傳道工具視之，即使是文學作品也如此，如黃兆漢即認爲「我們應該從實用方面去看全眞詞」〔註3〕基於這種態度，所以關於全眞道士文集的運用，到目前爲止，一直只停留在研究全眞教史或全眞教義的輔證資料，從文學角度的觀察也著重在其形式及音樂性，在詞這種文類上所代表的文學發展史上的意義。

〔註1〕卿希泰編《中國道教史》（四川：人民版社，1993年），三卷，頁31至32。
〔註2〕詳見黃兆漢《道教與文學》（台北：學生書局，民國83年）頁44。
〔註3〕同前註，頁48。

不可否認的，王重陽和全真七子均爲通文墨的知識分子，也有豐富的著作，而著作的內容也相當廣泛，凡有闡述全真教義、談論身心性命修煉、涉及一般人生哲理、注解古經、編纂山誌、吟風弄月、遣興述懷。從「文以載道」的觀點看全真道士的著作，自然可以把他們的著作視爲宣教的工具，不過只從功能的觀點論定全真道士的著作全是爲傳教而作，只有實用性，則過於單一而僵化，全真道士作品中嘆世、訴懷、歌詠、遣興之類的內容，難道都全是爲傳教而嘆、訴、詠、遣？文學作品是個複雜而多面的精神活動呈現，作者以語言文字將其內在思維情感表達出來，縱使此一表達存有某種特殊的目的性，卻也無法因此一目的性而取消其中的思維情感，因此基於實用性而否定全真道士的文學作品本身的文學意義，將會漏失這些作品本身的文學意義。

就全真七子而言，在全真七子的著作中，有詩、詞、歌、賦一類的文學作品，這些作品內容自然不乏言道、說教的部分，如果一律視爲傳道工具，認爲七子預存著傳道宣教的意念而創作，則過於窄化七子創作的動機。因此從實用方面去看全真詞不失一個欣賞全真道士文學作品的角度，但全真道士的文學作品只從實用方面欣賞卻不夠，除了實用方面，還需以宗教文學的角度來看這些宗教人的文學創作，探觸這些文學作品的內涵。亦即對於全真七子的文學作品，須以宗教文學的視角探索，其文學意義與文士的純文學作品有所不同，在這些作品中，展現出來的是宗教人的生命情調。若從宗教人的心靈活動與情感思維的觀點看這些作品，即使是純爲勸化宣道的作品，在工具性、功能性、目的性的檢視之下，那眞誠實在的生命依然在宗教追尋的途徑中透過這些作品朗朗展現。事實上宗教人的創作，因他們的生命與生活不同於常人，關注的事物、追尋的目標、探索的目的無不緊扣著他們所思、所往的終極意義，表現在創作上，則自然以宗教內涵爲主軸，這樣的作品若能從宗教文學的角度詮析，自能將其中特別的意涵展現，而這部分即這些作品本身的文學意義。

文學與宗教的產生均來自於人類心靈的內在需求，是精神層面的活動現象，它們展現了對人類精神諸般內涵的關懷。田立克於其《文化神學》認爲宗教是整個人類精神的底層。〔註4〕所謂的整個人類精神的底層，指的是宗教所探究的是人類精神生活中，最終極的、無限的、無條件的方面，「宗教」一

〔註 4〕詳見田立克《文化神學》(Theology Culture, Oxford University Pres, 1959),頁 7。

詞最寬泛、最基本的意義就是終極關懷（ultimate concein）。〔註5〕宗教所呈現的是人對於無限的探索與追尋，宗教文學則是將這種永恆的追尋以語言文字的方式予以表現。宗教文學是一種以文學的形式敷演宗教信仰觀念、崇拜對象及修持實踐和情感體驗等內容的文化歷史現象。它固然呈現了宗教藉文學力量以擴大宣傳教義的應用層面，同時也承載著宗教人的生命追尋，既表現了宗教人對於文學領域的觸探，也展示文學進入宗教領域尋求創作資源的實況，因此宗教文學顯現了在某些層面上超出了宗教和文學各自範疇的特徵。從純文學的角度看，宗教文學因帶著傳道的工具性，並非純粹為文學而文學，所以文學價值不高；然而從追尋性靈、探求無限的觀點看，宗教文學內涵的底層與純文學的底層是相通的，宗教文學的研究若能將宗教文學的意涵作一種詮解上的呈現，將蘊藏在其功能作用之下的內在精神顯揚出來，將可以發現宗教文學同樣是人類心靈中對真、善、美的語文表現，在題材上也兼具抒情、寫景、敘事及論理等不同面向，只是在語言風格、精神層面、思想內容上比較偏向於宗教層面，而顯現其特異的情調。

既然宗教文學是宗教人的文學創作、呈現宗教意涵的文學作品，文學的研究實在沒理由摒除「宗教文學」這一塊園地，而目前國內學術界對於宗教文學的研究，除了在神話、遊仙詩、禪詩、講唱文學等方面累積了一些成果之外，其次是針對詩詞中的佛教思想、道教思想等作泛論式的探討，因此還有很多亟待開發的空間，特別是《道藏》中所收存的大量詩詞作品，這些屬於中國宗教文學中的「道教文學」不但具有文學研究的價值，同時對文學史的研究而言，也是一個待填補的空缺，而全真道士文集中的大量詞作則是這個待補空缺中的重要環節。

宗教與文學本有不解之緣，宗教的發展與文學的更新雖然並非同步，但是每一個時期的宗教人，總是不失時機而又恰到好處地運用了當時的文學形式，宣揚其宗教義理及表現其內在性靈與精神活動。詞為宋代文學的主流，金元之際雖然新的文學形式已漸茁長，但是詞仍是具有其代表性，全真教在發展時，全真師徒採用詞的形式表現其教派義理、生命態度、宗教生活及宗教情懷等精神活動內涵，乃是以作詞的方式證驗其修行、全真之道，這些證道詞在內容上與一般的詞比起來多有明顯之不同處，在形式上也因其創作目

〔註 5〕 同註4，頁7至8又對於終極關懷的範疇討論，見田立克《系統神學》第一卷，第一章（台南：人光出版社，民國82年）。

的不同而稍有差異。然而這批佔全金元詞中近四分之三分量的作品，長期以來，並沒有引起學者適度的關注，無論在文學史上或者是詞史上都尚未能給予應有的宗教文學上道教文學的定位。

在宗教思想的研究上，雖然有學者對全真教派加以專門的研究，但是對於全真道士的詞作，同樣也未能給予應有的注意，雖然近年來有人主張全真道士的詞作，應為該教研究的重要資料。可是目前為止，這方面的研究仍僅限於初步的探討，目前所見較有成果的如饒宗頤先生的《詞籍考》，介紹了全真師徒的詞集，包根弟的《金詞敘錄》，黃兆漢先生對全真教祖王重陽的詞作初步的介紹，也對全真七子的詞作加以述評，對於丘處機的《磻溪詞》也有論述，不過都是單篇的論文，限於篇幅較偏於泛論式的探討。

黃兆漢〈全真教祖王重陽詞〉一文，簡述王重陽創教傳教經過、由其詞題及小序論重陽詞之內容、論王重陽填詞目的為傳道說教、王重陽填詞之愛好、形式上特殊之處、富音樂性之例、可見《欽定詞譜》缺收之詞調、影響全真道徒之詞作等。此文是中文學界首見對於全真道士詞論述的單篇論文，其中提出重陽詞的音樂性、詞譜缺收之文，在文學史上均為重要之文獻資料，但因限於單篇論文篇幅，僅屬對王重陽詞作初步分類介紹之文，對其中所提出每一項目均尚未深入探討。

〈丘處機的《磻溪詞》〉是黃兆漢繼王重陽詞作的探討後，關於全真道士詞的另一單篇論文，提出《磻溪詞》的價值在於提供丘處機個人生活各方面的資料，以及客觀環境的實際描寫，因此論文四分之三的重點在於引詞證明丘處機的苦修生活與當時政治社會環境背景、全真教義等歷史及資料價值，另四分之一則論其文學價值，在文學價值上，僅肯定其詠物寫景詞，然即使是寫景，可惜的是煞尾出現道家語或仙家語，把作品蒙上道家或仙家色彩，減低他們應有的藝術價值。在這篇文章中，丘處機的詞作，依然是被當作證明性的資料多，即使是僅四分之一探討文學上的價值，卻有一半涉及詞調、音樂性等文學史上的資料證明意義，就詞作本身意義的探討內容不多也不夠深入。

〈全真七子詞述評〉這篇論文的內容架構承襲前作〈全真教祖王重陽的詞〉，先總論七真詞作的內容、形式等，基本上論及七真詞作的內容形式與王重陽詞並無差異，再分別介紹七真的詞作，淺述七真詞作的個別差異，認為：馬鈺詞與王重陽詞最近似，特別著重在馬鈺詞作與重陽詞之淵源上，譚處端

詞特出之處在於飄逸空靈，王處一詞全爲宣教沒什麼特色，劉處玄則善寫超逸灑脫之胸襟，丘處機寫景、詠物詞則最爲典雅，故以此二類詞爲評賞之重心，至於其他說理勸世之作則爲乏善可陳，郝大通與孫不二各舉一詞，前者見其灑脫而後者則論其點出丘劉譚馬王郝孫「全眞七子」的文獻價值。在這篇文章中，七子的詞作依然是運用在文獻資料的證明上多，而闡述其作品本身的意義較少。

在專著上，日人蜂屋邦夫著有《金代道教の研究》，此書著重於以王重陽、馬鈺二人的生平與教說及其思想爲主之研究，在資料上注意到了他們自詠的詩詞作品，對於二人研究的價值，在本書中重陽師徒的詩詞是用來當作研究重陽與丹陽師徒二人的資料，而非以這些詩詞作品本身爲探討主體。

另有一專著：陳宏銘《金元全眞道士詞研究》，對於全眞道士詞作全面性研究，內容共分七章：第一章緒論，第二章全眞教述略，綜合各專家學者的研究成果，對全眞教興起的時代背景、全眞教在金元時期的開創與發展及全眞教的教義與規儀，作一概略介紹。第三章全眞教主王重陽詞析論，簡介王重陽的著作、從內容上將王重陽詞作依題材性質分爲標舉全眞宗旨、倡言三教合一、闡述性命雙修、強調清靜無爲、主張眞功眞行、勸人出家禁慾、自述生平事蹟、勸人及早修行、詠物酬唱寄贈九類，並從詞調、造語、體式、音樂性、表現技巧等五方面介紹王重陽詞在形式上的特色。第四章〈全眞七子詞析論〉分從生平事略、詞作內容分析、詞作形式分析三方面分別介紹全眞七子詞作。第五章〈全眞門人詞析論〉分別介紹高道寬、宋德方、尹志平……等十四人的詞作。第六章〈全眞道士詞的特色與價值〉，提出全眞道士詞在內容方面有五點特色：一、以傳道說教爲主要內容，二、以三教合一爲基本立場，三、多有述內丹修煉方法之作，四、多有唱和贈寄索答示授之作，五、多有雲遊乞化與隱居生活的寫實作品；在形式方面特色，也提出五點：一、造語極淺白俚俗，二、注重詞的音樂性，三、喜以道家語改調名，四、有藏頭拆字體與福唐獨木橋體，五、多用白描及鋪敍手法；在價值方面有四點：一、可作爲考查全眞教的輔助資料，二、可據以修補詞律及詞譜，三、可藉以研究宋詞和元曲的關係，四、提供雜劇與小說的寫作題材。第七章爲結論。

此論文對於全眞道士詞的內容、形式及價值的架構，大體承襲於黃兆漢前述三篇文章的基礎，而進一步在資料的處理上予以細緻化，在資料整理上著力深厚，以傳統文學的研究方法，在將全眞道士詞作在文學史上的價值與

地位呈顯出來，這一呈顯功夫成效斐然，但是限於探討角度，尚未能完全的展現此類證道詞意涵的「道教文學」特色。〔註6〕

「道教文學」一詞，首見於李師豐楙之博士論文《魏晉南北朝文士與道教之關係》〔註7〕詹石窗於其《道教文學史》之〈導論〉提及：「凡是以說明道體本身或述說道教的神仙及信仰者（包括道士）的事蹟、活動，以及描寫道教的宮觀、名山，記錄道教齋儀活動、修煉方法，和闡明道教教義，並宣揚信奉之效果、好處及自我體道的情懷和領悟為題材的文學作品，都可以說是屬於道教文學的範疇。〔註8〕

從道教文學的範疇看道教文學的性質，除了自我體道的情懷和領悟，為抒發個人心靈情感與文學的特質相同外，其他項目都存在著很明確或不可否認的宣教目的，因此道教文學向來被視為道教徒傳道的工具。亦即在文學研究中，道教文學本身受其創作的目的、創作者的情感及描述對象所限制而難以在傳統文學的評賞角度下，與其他文人所創作的純文學作品相較量，張倉禮〈金代詞人群體的組成〉說：「這些道士詞人之作，數量多而質量差，實為金詞中之糟粕。」〔註9〕黃兆漢也直言七子的詞作除了丘處機的《磻溪詞》較有文學氣息之外，其餘都質樸劣拙，往往令人讀之生厭。〔註10〕這樣的結論自然是出於評賞觀點的限制，局限於傳統文學欣賞的視角，無法從宗教文學的觀點，把這些作品本身的意義突顯出來，其價值自然地只能停留在作者生活的記錄、時代背景的實證、詞的發展軌跡、詞的音樂性及詞譜的補充、詞

〔註6〕關於全真道士詞的研究有張子良：《金元詞述評》（台北：華正書局，民國68年）內約略論及丘處機詞；饒宗頤：《詞籍考》（香港：香港中文大學出版社，1963年）；包師根弟：《金詞敍錄》（國科會84年專題計畫成果）；陳宏銘：《金元道士詞研究》（國立高雄師範大學國文學系博士論文，民國86年）；黃兆漢〈全真教主王重陽的詞〉、〈丘處機的《磻溪詞》〉，均收於氏著《道教研究論文集中》（香港：香港中文大學，1988年），〈全真七子述評〉（香港中文大學中國文化學報研所學報，1988年）十九期，頁135至162。

又全真七子在道教文獻中經常是一個團體的代表，因此雖郝大通與孫不二目前所見詞作僅二首，但仍是將其納入論述之中。

〔註7〕李師論文中云：「上雲樂訂悉為三言及五言所構成，其歌詞形式之不同即聲調有特殊之處，其歌曲名稱及其內容，為樂府中道教文學之代表」，五二七。

〔註8〕詹石窗：《道教文學史》（上海：上海文藝出版社，1992年），頁3。

〔註9〕詳見張倉禮〈金代詞人群體的組成〉，《東北師大學報》，1987年4期頁79至83。

〔註10〕見黃兆漢《道教與文學》，頁48。

曲的關係等文學史的佐證資料上。同樣的在宗教的研究中，道教文學則限於文學體製，只成爲宗教研究的資料仍然只是工具，因此全眞道士的詞作在全眞教的研究上，目前爲止也僅是研究全眞教史的佐證工具。純粹將全眞道士的文學創作作爲研究文學史或宗教史的資料，事實上是忽略了這些作品本身的宗教文學意義，同時也漏失了這些作品所蘊藏的深層意涵，這樣的研究是不足的，同時一個民族的文學史，缺了宗教文學一頁，就如同文化研究中缺了宗教研究一般，也不是全面的。因此學界目前對於全眞道士所留下大量詩詞的研究，極欠缺以這些作品本身爲主，站在道教文學的觀點做出宗教文學的討論。

　　道教文學受限於必須以道教爲題材，不如一般文學作品具多樣題材，然而道教作爲中國本土宗教，對於中國底層文化的影響之深，無人可否認。在這深層的道教文化之中，道教文學以文學的形式，透過道教內部的宗教語言，表達道教的宇宙觀、個人實修的體道經驗、對終極目標的追求企慕契密之情、從道的角度思考的人生觀、在道眼之下的人情世態、人我、人物的關係、終極關懷的投注諸般內涵，事實上是豐富而有特色的。道教思想吸收了道家思想的精華，歷來文人們將道家思想在文學作品中表現得或空靈或放曠均有很高的評價，人們欣賞道家文學會從自然無爲的角度見其逸興幽旨，同樣的若能從道教的終極關懷與終極目的來詮釋道教文學，那麼其意涵自然可以脫離過往刻板的宣教工具形象，呈現出道教特有的生命情調與生命關懷，道教是中國文化的重要部分，道教式的生活情調與生命關懷深植於中國人的底層意識之中，人們自覺或不自覺的在行爲或思想中多少蘊含著這一質素。

　　道教文學研究的目的，則是透過道教文學的文本，呈現其內蘊的獨特旨趣。文學與宗教所反映的既是人生的需要，那麼宗教文學則更是集此人生需求的大宗，其中蘊涵著無盡的社會現象與集體意識，個人早在進行碩士論文的研究時，即從道教文學的角度，論述仙傳的敘述形式與主題，闡述那些在傳統文學的眼光下，被視爲「道士的胡說八道」的仙人傳記集中所蘊涵的宗教文學旨趣，現以全眞七子證道詞爲研究對象，最終的意旨即在透過系統的研究，將隱藏在證道詞底下的心靈意識作一解讀。期望透過這種解讀的過程，能對古人的生命歷程有更深刻的認知，對於自我的生命有更深一層的體悟，對世人提供一種生命態度的思考方式。本論文的研究動機在於從道教文學的觀點，呈現出全眞七子證道詞中，屬於宗教文學的旨趣，基於這個動機，因

此本論文的焦點在於這些詞作本身所蘊涵的內容意義，而非以七子的詞作探討全真教的教義或教史。

第二節　研究方法

　　文學是人類表達內在精神活動的方式，是種主觀意識活動的呈現，雖然客觀環境不見得對於作者這種內在主觀思維感受有必然的影響，也就是說文學作品本身應具有其獨立的主體性，與作者本身所處的時代環境或個人生長背景，沒有必然的連結關係，然而不可否認的文學作品既是作者內在性靈的呈現，而客觀環境對於作者的精神活動，則會發生刺激作用，所以客觀環境對於作者的創作可能不具鮮明而直接的影響，卻不能排除底層內在的滲透感染，也就是說文學的詮解可以排除作者所處的時代背景及個人生平的探討，而直接面對文本以文學理論探觸文本的內涵，但輔以對於客觀環境的了解，在方法和邏輯上並不舛誤，反而是多一種觀察的視角。所以本論文研究重心雖以文本的析論為主，在進行文本析論之前，先就作者生年的時代背景作歷史論述的基本考察，以作為文本析論的基礎，故而關於時代背景探討的重心以全真七子所生長活動的金代為主，南宋、元代的背景為輔。

　　在時代背景的討論中，特別著重人們面對當時客觀環境的心態，將時代背景與作品作結合。文學形式的探討上，則從宗教語言與文學語言的比較上，展現其宗教文學的語言風格特色，在內容分析上則借重社會生活史、宗教社會學、宗教心理學、神學等各學門的觀念加以分析說明。

　　在研究方法上特別需要說明的是：宗教人在宗教世界中尋求生命意義，並以此安頓靈魂，這一追尋的過程其實就是證道的過程，其生命歷程自有其宗教意義，因此在七子生平部分，本文將以宗教學的「皈依」理論分別加以論述。「皈依」在宗教界和學術界一直是個被廣泛討論的問題。藍伯（Lewis R. Rambo）指出皈依（conversion）本是轉變，轉換的意思，也就是由一個狀態轉換到另一個狀態。至於從什麼狀態改變的另一狀態，藍氏不願給皈依下一個標準定義，而願按照真實的皈依情形來觀察、了解、表達及解釋。〔註11〕

　　藍氏強調「皈依是一個動態性的宗教過程，它與人物、事件、意識形態、

〔註11〕藍氏的皈依理論見於 Understanding Religious Conversion (New Haven, Conn, Yale Universioty Press, 1993); "Conversion: Toword a Holistic Model of Religious Change", Pastoral Psychology 38(1989):48。

制度、期望、經驗都有關係。這個意思包括：一、皈依是一個過程，而不是一個事件；二、皈依是和許多條件配合的，無法從有關的人際網路、過程和意識形態中脫離開來的；三、影響皈依過程的因素是複雜的、交互作用的、彼此累積的。」〔註12〕在這過程中，準皈依者和傳道者之間的動態尤其重要。藍氏提供一個皈依的過程模式，以使用此方式系統化的組織相關的資料。這個模式共分七個階段：一、環境（context）；二、危機（crisis）；三、探問（quest）；四、會遇（encounter）；五、互動（interaction）；六、投身（commitment）；七、結果（consequences）。

雖然藍伯的皈依理論是在西方基督宗教的背景基礎下發展出的理論，不過皈依是所有宗教人由一個社會人，轉變為宗教人的必然歷程，如藍氏自己所說的它與人物、事件、意識形態、制度、期望、經驗都有關係。這個必然歷程以及與皈依相關的要素則是文化的共相，也就是說不管是皈依一神的基督宗教、回教、或是多神的道教抑或無神的佛教，都不影響一個人由社會人轉變為宗教人所經歷的這個過程，只是在與它相所關的人物、事件、意識形態、制度、期望、經驗等事項會因不同的個人以及皈依不同宗教，而在這一轉變歷程的共相中有其具個人特色與宗教性格的殊相，所以本章即以藍氏此一皈依過程論述全真七子生平，依此模式解讀七子的求道、證道、傳道歷程，在資料的解讀上因史傳的敘述偏向於與政治關連的事件，而未能呈現宗教人心路歷程，因此採取宗教傳記，做為解讀材料。

關於全真七子生平的事蹟，元代全真道士記錄頗多，現存於《正統道藏》者有《金蓮正宗記》、《七真年譜》、《終南山祖庭先真內傳》、《甘水仙源錄》、《金蓮正宗仙源像傳》、《長春真人西遊記》、《玄風慶會錄》、《歷世仙真體道通鑑》，這些傳記多出於全真教徒，是教門內部的資料，其敘述重心自然以宗教人所關懷的宗教生命為主軸，因而解讀這些材料應著重於其中呈現的宗教思想與宗教情感及宗教經驗，就宗教人而言教經驗是真實的、有意義的。道教作為中國本土的宗教，有其具特色的終極目的，得道成真、成仙即為道教徒的終極目標，因此這些記載道教修行者宗教生命的傳記，題以仙、真之名，如《甘水仙源錄》、《金蓮正宗仙源像傳》、《七真年譜》、《歷代仙真體道通鑑》之名，顯現的即是道教徒的終極意義。

〔註12〕Conversion: Toword a Holistic Model of Religious Change", Pastoral Psychology 38(1989):48。

這些傳記資料，顯然有別於一般正史傳記以人物現世生活中特別是政治活動或展現於足以爲現實世界風範的德行操守、藝文創作等記載內容爲主，其敘述主軸是宗教人的修行歷程以修行經驗，若能從記錄修行者的宗教修行經驗的角度理解這些傳記，對於這些傳記內容中大量的神異性質，即可擺脫刻板觀念中——眞實與虛幻的迷思，而以宗教經驗與宗教體悟的角度，了解其中所蘊含的宗教意義，故而本章採用藍伯的皈依理論以這些道教內部記載的傳記爲文本分析全眞七子的皈依歷程。

第三節　內容綱要

本論文共分八章，內容綱要如下：

第一章〈緒論〉：分研究動機、研究方法、內容大綱。基於研究動機有別於前此相關的研究成果的傳統切入點，試圖以宗教文學中的道教文學觀點，詮解全眞七子證道詞的內容意涵，在方法上自然援引宗教學的研究方法，藉由文化、社會、宗教等方面的關注，在理論上則引用皈依理論，處理全眞七子的相關傳記，將七子的宗教生命透過理論的運用予以系統的呈現。

第二章〈全眞教發展的時代背景〉本章將借重歷史與社會文化史及道教史的考察，呈現全眞教的發展背景，進而探析該教成立的種種因素，作爲了解全眞七子證道詞的背景。

在宋元之際的政治、社會、經濟等方面背景的介紹之後，再述及金代政治時，先以一小節呈現整個金代的政治史的發展概況，這簡單的政治概況，目的在於客觀呈現整個金代政治局勢的異動，在這樣的基礎下，再從心態史的角度觀察，在這樣一個政治社會背景所蘊釀的時代氛圍之下，對人的生活態度和生命觀產生什麼樣的影響，這種影響對於當時人的宗教向度是相關的，因此加上宗教背景方面的探討，將可以直接承繼前兩節的探討進一步地深化達到補充加強的目的。同時這個政治概況也有助於探討全眞七子皈依歷程中的大環境。

就整個金代的政治、經濟、社會的概況而言，當時人所處的是一個外族統治、文化衝突、經濟破壞嚴重、戰亂時起的環境，這樣動盪不安的大環境，在宗教思維的觀察裏，即有清晰的末世感，一切都在失序的狀態與失序邊緣，這種末世感，對宗教人而言，具有強大的催逼力量，一方面是對自我修行的

勉勵，因對現世生命的不安感，轉而向追求永恆無限的宗教世界，一方面則出於宗教人慈悲的度化精神，亟欲減輕蒼生在這無情世間所受的苦難，盡心宣教勸化，宏揚道法。

第三章〈全眞七子之生平道蹟〉本章取道教內部傳記資料配合「皈依理論」解析其中宗教意涵，對於這些傳記內容中大量的神異性質，擺脫刻板的眞實與虛幻的迷思，而以宗教經驗與宗教體悟的角度，了解其中所蘊含的宗教意義，以這些道教內部記載的傳記爲文本，分析全眞七子的皈依歷程，從全眞七子生平及其尋道過程、悟道及證道事蹟三方論述。在資料的處理上在將文本運用理論詮解之前，均特別將七子傳記中關於出身家世、尋道過程、悟道及證道事蹟的記載予以獨立掇引，目的在於客觀呈現七眞傳記中的相關記載，再進入引用理論後的分析部分，試圖力求客觀的詮解態度操作引用理論於基本材料上，既是爲了客觀呈現七眞傳記的原始資料，自然不加以消化改寫，以免加入個人主觀觀點於即將以理論解析的基本資料中。

第四章〈全眞七子證道詞的作特色〉本章則從文學研究的角度，對於七子的證道詞的題材進行歸類分析，以見七子以詞勸道宏道的功能性，再分別自詞牌運用的偏向、表現形式的特色、語言文字的運用風格，以此檢視全眞七子如何以詞的文學體裁表現其悟道，又如何運用詞的文學形式從事勸化宣道的宗教行爲。全眞七子的詞作在風格上，與金代詞風相同以豪邁爲主，作品以長調居多，少小令，內容多感慨寄託，不同處在於七子詞豪邁之風表現出捨俗絕塵的決心，感慨寄託則表現於嘆世與仙道追尋等富宗教意味的情志上。至於七子詞作形式中常見的詞調的改名，作用在於以具道家風格的調名，凸顯作品內容；大量類疊的運用，則在文字遊戲的表象之下，蘊藏著宗教儀式的加強作用意義，表現迴旋返復於大道之境的悠遠意境；特異的藏頭拆字骺與獨木橋體的運用，則隱含道教祕授傳統與全眞汲自禪宗頓悟心法的意趣。在語言風格的表現上，全眞七子詞作大量的內丹修煉術語、全眞特有的修行詞彙，均富有宗教語言特質，構成特殊的宗教意趣和宗教經驗，基於宗教性格而強調的幾種特別能凸顯宗教莊嚴、權威、崇高、肅穆、和諧、寧靜及超越、無限等特質的修辭技巧，如呼告、摹寫、譬喻、象徵、夸飾、設問、反問、對比之類的運用，也整體地展現證道詞所特有的宗教語言風格。

第五章〈全眞七子證道詞所表現的全眞教義〉本章分析七子詞作的內容，披示七子證道詞所蘊藏的全眞教義，分述三教合一的意義、性命雙修的理論

根據與實行要點及真功實行的意義，重點在呈現七子詞作中所展現全真教義之特殊內涵，以七子詞作所呈現的全真教義為主體但並非以探討全真教義為主。

在七子詞作中三教一詞具有兩種意義，一是融合儒釋道三教義理的全真教，一是儒釋道三教的合稱，在融合三教思想上，全真教對於儒家思想的吸納，主要著重於和道門修養相關處，如周易的陰陽消息；如有益道團發展的尊師重道、有助心性修煉的慎獨、知過、改過、自省等功夫。同樣的對於佛教思想從儀式、戒律、教義都在吸收的範圍，不過在吸收的同時也在佛道對於相關問題的差異部分，以道教思想予以轉化，吸收的基本原則在於道教本無並且不抵觸道教思想的部分，至於道教本有的則等同視之，但仍以道教為主。七子詞作中所呈現的三教合一觀念，非常清楚的是以道教思想為中心，吸收儒家和佛教思想。

性命雙修的理論，基礎乃融攝佛教人皆有佛性的思想於道教本有的道氣化生思想中，人稟大道元氣為本初之性，也是修煉成仙的基本條件，這稟道氣而生的本初之性本是淳和不染雜質，因後天情慾增生與環境習染，而失了本真、與道分離，因此需透過煉心的功夫收束為情慾所驅的奔競之心，去除成見成習，回到空靈無念的本初之性，身心一體，煉心需建築在煉氣的基礎上，煉氣的精進則仰仗心性的修養功夫成全，性功貫徹於命功，命功佐成性功，此即性命雙修。

全真道的性命雙修，完全建立在清淨苦修、躬行實踐的基礎上，清貧修行的意義在於去除物質生活為生命所帶來的不必要負擔，就修行人而言，生命的意義在尋其本真，而非追逐世俗生活的享樂與成就，清淨苦修的生活，一方面排除不必要的俗世干擾，一方面也是心性鍛鍊。

第六章〈全真七子證道詞反映的社會意識〉本章討論全真教的出家修行制與社會倫理之背離及教團倫理中的社會倫理取向，以及濟世度人的社會服務精神，以七子詞作析論其中反映的社會意識。

七子詞作中大量出現勸人捨家修行的內容，可說是背離了整個社會的倫理觀念，強調出家修行、斷絕家緣的理念，即中止社會關係，背離社會倫理。這背後代表在修道的觀點下，社會人倫對於個體生命而言，是非關生命本真的後天文化行為思考模式，斷絕人文化成，才能與道重新建立關係，然而倫理關係的結構相當緊密，要斷絕必然採取激烈手段，因此七子詞作中，勸人

出家修行的語言策略，即採用強勢激烈的語言，將家人比作冤孽惡鬼，世俗生活比做火坑牢獄，藉此破壞世俗社會的倫常觀念。

全眞七子的詞作中，有反映合道伴、訪道友、忍辱合眾的倫理取向內容，同時道教傳統自來重視師徒傳承，弟子對師父相當尊重，這些都顯現了教團倫理與社會倫理相合之處，不過雖然相合，其中卻有小異，以道伴、道友之間的關係而言，是建立在同道之間的人際關係，彼此有相同的目標。在其他社會倫理上，只要和修行理念相通都予保留，如慈愛、謙卑、無分別心，這種種社會倫理取向，可見在修行生活的場域中，有著追求神聖的一部分，也有著世俗生活的部分，修行即在世俗中淬煉出超越的生命，在人間生活裏，走向所追尋的永恆世界。

在全眞的修行理念中，生命的成全是全面的，自然也包含由隨著個人生命延伸而來與他人交集部分的成全，其具體的主張就是濟人度世的社會服務精神，活人性命有助於道有助於功德，救助生命即參預道化，因此在七子的詞作中，可見行醫救度、勸化行善、修齋設醮、設粥濟貧、設貧會等內容。

在七子詞作所反映的社會意識裏，可見聖與俗的分離與再合，以絕斷的方式棄家修行將聖俗界域明顯區分，在教團生活中引入社會倫理規範則是初步與俗和合，普遍的社會濟渡，則是以宗教人的身分重新與社會互動，回饋於社會。

第七章〈全眞七子證道詞反映的人生觀〉本章自文學傳統的生命觀著手，論述全眞七子詞作的生命觀與傳統文學生命觀的傳承及特出之處，並從生命歸處的探討，見七子詞作中所反映出來將生命安頓於道的追尋之意義及方法。

全眞七子詞作中的生命觀，表現出宗教修行者對於無常生命的省思態度，其中大量的勸化內容都以人生無常興起，以修道尋眞爲終，生命的無常感起源於對死亡病苦的憂患，要徹底解脫唯有修眞尋道，然而人們往往把生命意義建構在世俗價值上，殊不知世人追求的這些價值，本身也是無常的。要打破這些成習，須先否定這些價值觀，所以七子的詞作中，許多內容都透露著世人奔充爭奪的如功名、財富、美色、情愛、權勢等，不過是虛幻無常、沒有價值、沒有意義、難保難留的事物。面對生命的無常，以及生命內在本能對於無限的需求與渴望的壓迫與催，七子詞作中所提出的解答，是以其信仰安頓生命，修道成仙是人的生命唯一而必然的歸路，就生命的根源而言，人與萬物皆稟道而生，因此生命的追尋自然以道爲依歸。

第八章〈結論〉

在中國傳統的文學研究中，向來以抒情為詩詞正格，但在前人留給我們的文化遺產中，存在不少著以詩詞論理、悟道的作品，而這些作品有待研究者擺脫過於定格化的文學批評觀念，從而闡發其特有之旨趣，本論文即嘗試從道教文學的詮解觀點，將全真七子證道詞中的意涵，做為個人探索道教文學的另一課題。

第二章　全真教發展的時代背景

　　全真教興起於金代，於金元之際鼎盛，其發展可以說相當迅速而蓬勃，原因除了全真道徒致力於宣道傳教之外，也與當時特殊的時代環境有關，因此借重歷史與社會文化史及道教史的考察，呈現全真教的發展背景，進而探析該教成立的種種因素，以為了解全真七子證道詞的背景是必須的。

　　在宋元之際的政治、社會、經濟等方面背景的介紹之後，另以心態史的角度觀察，在這樣一個政治社會背景所蘊釀的時代氛圍之下，對人的生活態度和生命產生什麼樣的影響，這種影響與當時人的宗教向度是相關的，因此宗教背景方面的探討，將可以直接承繼前兩節的探討，進一步地深化達到補充加強目的。

　　在文學理論的研究中，有兩種觀點經常為學者反復討論著，一是強調文學作品有其主體性，每一作品本身均有其內涵的世界，是完整自足的；另一方面則是把文學作品當作是表述社會文化現象的材料，可從作品當中探討其與其他社會現象的關係。

　　在強調文學作品本身的自主性前題下，往往將文學的外緣研究視為割裂文本的舉動，戕害文學作品本身的生命；另外把文學作品當作是文化與社會活動的材料則又將文學自體性完全抹煞，在這矛盾之中，兩者似乎難以調和並存。

　　在進入全真七子證道詞的研究之前，先探討全真教發展的時代背景，實際上也是探討全真七子的生存時代背景，而在方法上以七子的詞作輔證，似乎將作品當作是文化史的材料看待，然而文學作品和社會文化之間有著互相依存的關係，文學創作不但可以表達作者個人的感思，同時也可展現群體的

共同經驗、感情和意志,文學創作受文化氛圍的影響,也反映了文化的心聲,所以對於作家所處的時代背景考察對作品的解讀有某種程度上的必要性,而以作品的解讀作爲時代氛圍的驗證,目的在於串連其中的關係,並無意取消作品本身的自主性,期望在討論之中呈現作品與時代依存互動的情狀。

第一節　政治的背景

壹、金代政治發展概況〔註1〕

全真七子處於由女真人所建立的金朝,女真是中國境內擁有悠久歷史的少數民族,原居住在黑龍江流域,包括松花江流域同屬於這一族系的各部落。遼人和金人稱他們爲女直、女真。

生活在南部遼陽一帶的女真部落,逐漸接受遼文化,被編入遼代戶籍,稱爲熟女真,松花江以北、寧江以東的女真部落保持本族的習俗制度,稱爲生女真。〔註2〕

女真在遼興宗時(西元 1031 年後),完顏部強大起來,組成部落聯盟,完顏旻(完顏阿骨打)於西元一一一五年仿漢族制度,即位稱帝建國號大金,是爲金太祖,金太祖歿後,其弟完顏晟即位,於天會三年(西元 1125 年)擒遼天祚帝,遼皇族西遷,天會四年北宋滅亡。〔註3〕

金滅遼、北宋之後,初期統治的土地仍以東北爲限,居民包括契丹、渤海及河北、山西、河南北部大批漢人。統治方式仍以女真傳統部落式管理爲主,至金熙宗時爲適應統治形勢的要求,在制度上進行改革,依遼、宋制度設立太師、太傅、少保,稱三師,朝中設尚書、中書、門下三省,改革官制,對女真貴族實行封國制,不實際任事,形同勛爵,加強尚書省的權力。〔註4〕

雖然金熙宗因應形勢而在政治上有所改革,金朝內部紛爭激烈,金熙宗對宗族猜忌排擠之事不絕,一再逐殺大臣,導致但金朝的統治仍以女真族的

〔註1〕 此一概況以脫脫《金史‧本紀》(台北:鼎文書局,民國 69 年)及趙紹銘《中國宋遼金夏政治史》(北京:人民出版社,1994 年)頁 149 至 160 爲主要架構藍本。

〔註2〕 脫脫《金史‧本紀‧世紀》,卷 1,頁 1 至 2。

〔註3〕 趙紹銘《中國宋遼金夏政治史》,頁 152。

〔註4〕 脫脫《金史‧本紀‧熙宗》,卷 4,頁 73。

內地為中心完顏亮、完顏秉德殺熙宗，完顏亮篡奪帝位，改年號天德。〔註5〕

完顏亮（金海陵帝）即位後，殺完顏秉德等同謀者，又誅殺金太宗子孫七十餘人，任用遼人、漢人，削弱女真皇室貴族勢力，廢中書、門下二省，由尚書省專理政務，直隸於金帝，政令統一於朝廷，依漢制設樞密院，由樞密使、副使統軍，尚書省和樞密院成為政治、軍事最高機構，但樞密院由尚書省制，此制成為金朝的定制。〔註6〕

金海陵帝同樣以猜忌多疑而未能穩定政局，於正隆六年（西元1156年）在揚州為部將耶律元宜所弒，〔註7〕金世宗完顏雍即位，海陵帝的文武官員大多被金世宗繼續任用，因此金世宗很快穩定初即位後的混亂政局。金世宗在任用海陵王朝的女真官員同時，也繼承海陵王的政策，大批地任用非皇室的女真人和漢人、契丹人、渤海人參與執政。〔註8〕

金朝自建國至金世宗，女真貴族間長期的權力紛爭才逐步結束，金世宗在統治期間與南宋採議和政策，對其他民族也懷柔安撫，三十年間對外沒有發動大規模戰，對內也逐漸穩定權力中心，內部趨於穩定，史稱小堯舜。〔註9〕

金世宗崩後，其孫完顏璟即位，為金章宗。金章宗有較高的漢文化素養，在他倡導女真貴族學習漢文化，正式下令鼓勵女真屯田戶與漢族通婚，〔註10〕然而在章宗在位二十年間，戰爭繁多，北邊的韃靼和蒙古等部落一再反抗金朝，金右丞相完顏襄連年攻打北邊各族。臨潢府路的契丹人和被統治的各族，也紛紛起兵，金朝邊境經常受到戰事的威脅。

泰和六年（西元1206年）南宋對金發動戰爭，金兵乘勢分兩路南下，攻佔南宋京西、淮南部分地區，南宋兵敗求和，金朝在這次的戰爭之中也損失慘重。

在戰亂頻起的年代中，自大定二十九年（西元1189年）到明昌五年（西元1194年）間，黃河決口三次，泛濫成災，兩岸田園遭嚴重破壞，金朝賦稅收入劇減，對外作戰軍費日增，財政收入不敷使用，大量發行紙鈔，經濟大亂。此時北邊的蒙古正逐漸壯大，金朝內部亦多有內亂。〔註11〕

〔註5〕脫脫《金史・本紀・海陵》，卷5，頁93。
〔註6〕同前註，頁94至96。
〔註7〕同前註，頁116。
〔註8〕脫脫《金史・本紀・世宗上》，卷6，頁123。
〔註9〕脫脫《金史・本紀・世宗下》，卷8，頁203至204。
〔註10〕脫脫《金史・本紀・章宗一》，卷9，頁218。
〔註11〕詳參趙紹銘《中國宋遼金夏政治史》，頁157。

　　成吉思汗於金大安二年二月，（西元 1211 年）年開始南侵金朝，金衛紹王完顏允濟命平章更事獨吉思忠領與抵抗，思忠敗於烏沙堡，七月，蒙古軍攻佔烏月營，進而攻入撫州，八月衛紹王罷獨吉思忠，命參知政事完顏承裕據守野狐嶺，又為蒙古軍所敗，退守宣德州，成吉思汗領兵追擊，大敗金軍，完顏承裕逃往歸德。蒙古另一路大軍，由西攻入西京大同府，金守將紇石烈棄城而逃。十月蒙古先鋒軍直抵中都，久攻不下，十二月撤軍。〔註 12〕

　　崇慶元年秋，成吉思汗再次大舉南侵，掠昌州、撫州，再攻金西京。西京守將年秋，成吉思汗自陰山進軍，經宣德至懷來，大敗金兵進居庸關威脅中都。〔註 13〕

　　蒙古軍分三路攻掠黃河以北的山東、河東、河北直抵登州、萊州海濱，崇慶二年劫掠大批財物，返回居庸關一帶，圍攻中都。〔註 14〕

　　金兵退守，中都被圍，朝中一片混亂，駐守中都城北的右副元帥紇石烈殺衛紹王完顏允濟，立金世宗孫完顏珣為帝即金宣宗。中都被圍，金宣宗遣使向蒙古軍求和，應允向蒙古獻納人口財物，並將衛紹王女歧國公主獻給成吉思汗，成吉思汗許和。〔註 15〕

　　蒙古軍退兵後，金宣宗率領皇室，運載宮中珍寶，遷都汴京，宣宗南遷後，駐守中都以南的金糾軍起兵反金，遣使降蒙，成吉思汗派兵南下，貞祐三年（西元 1215 年）攻佔中都，置達魯赤鎮守後，成吉思汗退守漠北。貞祐四年，蒙古三木合拔都軍經西夏進兵關陝，十一月抵南京，胥鼎領兵援南京，蒙古兵退走。興定元年（西元 1217 年）成吉思汗封木華黎為太師國王，命專統大軍攻金朝。次年木華黎軍攻佔太原、平陽府，威逼南京。

　　在蒙古的嚴重威脅下，金朝以尚書右丞尤虎高琪為首的官員，主張南下侵略南宋，擴大疆土，興定元年四月，金兵開始南侵，次年十二月，金宣宗命樞密副使樸散安輔太子完顏守緒大與南侵。金兵侵宋，原本抗金的紅襖軍，紛紛投附南宋，與宋軍聯合抗金，興定二年，金兵進至采石，威脅建康，抗金義軍分道出擊，金兵敗退。〔註 16〕

　　興定四年西夏與南宋相約聯合攻打金朝，八月西夏兵破金會州，九月攻

〔註 12〕同前註。
〔註 13〕同前註。
〔註 14〕同前註。
〔註 15〕同前註書，頁 158。
〔註 16〕同前註。

金鞏州，與宋軍會師。金行元帥府事赤盞合喜堅守鞏州。西夏兵敗退。興定正年，金宣宗又命樸散安貞領兵南下侵宋，進至蘄州、黃州，俘擄南宋臣民和宗室七十餘人，獻俘南京，金宣宗處斬樸散安貞。

　　在金兵南侵之時，木黎華統率的蒙古軍，逐漸改變暴虐殺掠，得地不守的作法，著重招降和利用漢族降者攻城略地，在數人之內，占領了金遼東、遼西、河北、山東、陝西的大片土地。〔註17〕

　　金宣宗於元光二年（西元1223年）病逝，其子完顏守緒即位為金哀宗，金哀宗集中兵力抗蒙古而停止南侵，正大三年至四年（西元1226至1227年）連續收復絳州、平陽、太原府。正大四年，成吉思汗又佔領德順州，破臨洮府，六月西夏國主李見投降蒙古軍，西夏亡。金哀宗遣使向蒙古求和被拒，七月蒙古軍進攻鳳翔府和京兆府。成吉思汗病逝軍中。〔註18〕

　　正大五年陝西蒙古軍經涇州進入大昌原。正大六年窩闊臺即汗位，親征金朝攻慶陽府不下，次年更代州、石州，在衛州被完顏陳和尚擊退。正大八年二月，蒙古軍破鳳翔府。九月蒙古軍分三路，窩闊臺親領中軍攻河中府，由白坡渡河轉河南府，屯兵鄭州。拖雷率右路軍假道宋漢中地，沿漢水東下，由鄧州進入金境，鐵木哥統左路軍由濟南進兵。

　　開興元年（西元1232年）年正月，完顏合達與移剌蒲阿自鄧州進兵鈞州，在三峰山遭蒙古軍襲擊，金軍全部潰敗，完顏合達敗死，移剌蒲阿、完顏陳和尚被俘處死，金朝主力軍於此役全部潰滅。蒙古軍乘勝進圍開封，激戰十六晝夜金哀宗求和，蒙古軍暫退。南京糧食斷絕，援兵不至。十二月金哀宗率群臣自南京逃往汝州，中途改道逃往蔡州。天興二年正月，南京守將崔立降蒙。六月哀宗自歸德逃往蔡州。蒙宋聯攻蔡州，天興三年，哀宗將帝位傳與東面將軍完顏承麟，自縊而死，蒙古軍入城，殺金末帝完顏承麟，金朝滅亡。〔註19〕

貳、金朝的制度

　　金朝建立初期，仍保留若干女真氏族部落制的舊制，兼採遼國的制度，金太宗統治時期，在所佔領的遼宋之地，仍實行遼宋舊制。金熙宗時對各項制度做了改革，海陵王遷都中都後，統一制度，又作了進一步的改革，金世

〔註17〕詳參前註書，頁159。
〔註18〕同前註。
〔註19〕詳參前註書，頁159至160。

宗時各項制度大體確立，此後只有局部修改。

女真族的政治原採勃極烈輔政制，勃極烈原意爲官長，即部落酋長，女真的部落聯盟中原設有國相輔政，女真語稱爲國論勃極烈。金初曾設勃極烈四人，輔佐國政。四勃極烈職責不同，分別稱爲諳版勃極烈，國論勃極烈、阿買勃極烈、是勃極烈。輔政的勃極烈爲朝廷最高官職，均由皇室貴族擔任，金熙宗即位後，設太師、太傅、太保稱三師，分領三省，勃極烈輔政制遂廢。〔註20〕

猛安爲部落軍事酋長，謀克是氏族長。金朝建國以後，連年對外作戰，猛安謀克逐漸成爲軍事編制單位，統領女真兵士家口民戶。金朝初期收降的外族人口也編入猛安、謀克。初制三百戶爲一謀克，十謀克爲一猛安。後減少爲二十五人爲一謀克，四謀克爲一猛安。一謀克作戰的士兵不過十餘人。金熙宗以後，女真猛安、謀克大批南遷，分散到漢人地區受田定居，居漢地既久，多出租田地，坐食地租，作戰能力逐漸衰弱。金朝也把猛安、謀克作爲榮譽封號封授。〔註21〕

金熙宗對功臣加封國王稱號，如尚書令完顏宗磐封宋國王，海陵王削封前朝皇室貴族爵號，國王多降爲郡王，此後皇室親王封國者，只依國號稱某王，不稱國王。國王以下有郡王、國公爲一品，郡公爲二品，郡侯爲三品。親王萬戶，實封千戶，郡王五千戶，實封五百戶，國公三千戶，實封三百戶，郡公二千戶，實封二百戶，王、公無封地，只依爵食祿。金朝封親王者多爲皇室宗親，郡王與國公以下，可以加封於外姓或外族官員。〔註22〕

金太宗設置尚書省及中書省、門下省爲朝廷政務中樞，金海陵王廢中書、門下，只設尚書省綜理政務，中央官制經金世宗改訂，成爲金朝定制，尚書省最高長官爲尚書令，下設左右承相各一員、平章更事二員爲宰相。左右丞相各一員、參知政事二員爲宰相副貳。尚書省設吏、戶、禮、兵、刑、工六部分掌政務，六部長官均爲尚書、侍郎。〔註23〕

金朝在文教方面多效法前朝，金太祖建國之初，在天輔二年（西元 1118年）九月下詔曰：「國書詔令，宜選善屬文者爲之。令其所在訪求博學雄才之

〔註20〕脫脫《金史・百官志一》，卷55，頁1215至1217。

〔註21〕詳參趙紹銘《中國宋遼金夏政治史》，頁161。

〔註22〕脫脫《金史・百官志一》，卷55，頁1229。

〔註23〕詳參趙紹銘《中國宋遼金夏政治史》，頁162。

士，敦遣赴闕。」〔註24〕又於天輔五年下詔：「若克中原，所得禮樂圖書文籍，並先津發赴闕。」〔註25〕這反映了金太祖在南侵之初，即已規劃了，日後的文教準備，也可知他對漢文化的重視。

金太宗天會元年（西元1123年），始舉行科舉，以招納遼故地的漢人文士，分詞賦、經義兩科，考中者稱詞賦進士。〔註26〕五年，在河北、河東宋朝故地舉行科舉，因遼宋所傳經學內容不同，分別舉行考試，稱南北選。〔註27〕

海陵王時統一各項制度，南北選也合併爲一，取消經義科，只試詩賦。另有律科，考律令，以選拔爲執政官吏。武舉考試騎射和兵書。〔註28〕金世宗倡導保存女眞文化，特設女眞進士科，以女眞文字考試策論，又稱策論進士。〔註29〕應試者爲女眞人子弟。金世宗以後，科舉成爲入仕主要途徑。女眞、漢人顯要官員多爲科舉出身。

金代科舉爲四試之制，據《金史・選舉制》載：「凡諸進士舉人，由鄉至府，由府至省及廷試。凡四試皆中選則官之。」〔註30〕不過金代的科舉主要仍是以漢族知識分子爲主要對象，女眞貴族的後代作官，有奏補法和世襲法等特別管道，不一定經過科舉途徑。有的經各種考試落選，但仍被賜予及第，時稱「恩例」，有的經朝廷大臣推薦授予出身，稱爲「特恩」，如金代著名學者曹望之即是經朝臣推薦而被特賜進士及第。〔註31〕到了哀宗晚年，更明確規定：「許買進士第。」〔註32〕大開官僚之門。

在教育方面金朝君王頗爲重視，金熙宗曾言：「太平之世，當尚文物，自古致治，皆由是也。」〔註33〕海陵王天德年間雖然戰事頻仍，天下騷動，但這一時期卻建立了國子、太學等教育設施，以九經、十七史及百家之言教育學生。〔註34〕據《金史・文藝列傳》記載：「世宗、章宗之世，儒風丕變，庠序日盛。

〔註24〕脫脫《金史・本紀・太祖》，卷2，頁32。
〔註25〕脫脫《金史・本紀・太祖》，卷2，頁36。
〔註26〕脫脫《金史・本紀・太宗》，卷3，頁59。
〔註27〕脫脫《金史・選舉制一》，卷51，頁1134。云：五年，以河北、河東初降，職員多缺，遼宋之制不同，詔南北各因而素所習之業取士，號南北選。
〔註28〕詳參前註書，頁1134至1135。
〔註29〕同前註，頁1130。
〔註30〕同前註，頁1134。
〔註31〕同前註。
〔註32〕脫脫《金史・本紀・哀宗》，卷17，頁389。
〔註33〕脫脫《金史・本紀・熙宗》，卷4，頁77。
〔註34〕脫脫《金史・選舉制一》，卷51，頁1131。

士繇科第位至宰輔者接踵。當時儒者，雖無專門名家之學，然而朝廷典策，鄰國書命燦然有可觀之處。」〔註35〕又據《金史·食貨志》記載，金代設的學田，租稅，物力皆免，凡是終場舉人，系籍學生，醫學生皆免一身之役。〔註36〕

結　語

從金代政權移轉的概況看，除了世宗在位的二十六年稍微穩定之外，金朝內部的政爭頻仍，金太宗以來，女真民戶不斷南遷到漢地，金海陵王遷都中都後，上京一帶的女真人大批南下，分布在燕山以南，淮河以北地區。女真的猛安、謀克戶散居大漢人村落間，把田地出租漢人佃戶耕種，成為地主。

生於宋、金、元易代之際的人，可說是直接生活在一個長期戰亂的世代裡，他們的生命為不斷地混亂與掠奪所形成的巨大陰影所籠罩，元代以前，宋、遼、夏、金的長期對峙，戰事不絕，對於人心而言，在現實生活中尋求秩序、安定、免於恐懼的心理需求，完全無法得到滿足。

就北宋的社會而言，宋太祖、高宗兩兄弟雖結束了五代十國的紛亂，統一中原，然而由北方的契丹人所建的遼國卻也佔據了燕雲十六州，因此北宋始終是處於與遼國時戰時和的長期對峙局面，至真宗時西夏的崛起，宋室朝廷無疑又增加一勁敵。雖然宋以懷柔政策常與邊境強國達成喪權辱國的協議，輸送幣帛以求安寧，然而宋與西夏、宋與遼邊界上的戰事仍不時發生。

南宋對於金國也是處於戰和之間的長期拉拒，而宋金元易代之際戰況更是混亂，這樣混亂不定的現實政治背景，對於當時的人心可謂是無止盡的磨難，面對這樣的生存環境，承襲了文化中安土重遷意識的華族心靈所受的衝擊，除了生命受威脅的不安定感外，更有來自文化中夷夏之辨的意識形態與現實困境對立下，所產生的民族自信的危機感。

胡漢之間的政治勢力相互消長，對於民族自信心有著決定性的影響因素，雖然在文化史的研究上，有不少學者認為宋代雖然國力不振，但宋人在漢文化的優勢下，以文化融合的方式，終能取得了文化上的勝利。但是就民族的信心而言，因戰爭的挫敗與喪權辱國的議和所受的打擊和創傷，卻是不言而喻的，如宋高宗建炎三年，高宗下詔云：

國近遭金人侵逼，無歲無兵。朕纂承以來，深軫念慮，謂父兄在難，而

〔註35〕脫脫《金史·文藝列傳》，卷63，頁2713。
〔註36〕脫脫《金史·食貨志二》，卷47，頁1056。

吾民未擾，不欲使之陷於鋒鏑，故包羞忍恥，爲退避之謀，冀其逞志而

歸，稍得休息。自南京移淮甸，自淮甸移建康而會稽，播遷之遠，極於

海隅。卑詞厚禮，使介相望，以至願去尊稱，甘心屈貶，請用正朔，比

於藩臣，遣使哀折，無不曲盡。假使金石無情，亦當少動，累年卑屈，

卒未見從，生民嗷嗷，何時寧息？（陳邦瞻《宋史紀事本末》）。〔註37〕

詔書不僅只是君王個人的一己之感，其中往往蘊含著深刻的政治上意義，高宗此一詔書悲痛至極，其中不堪長久卑下屈辱之意，承負著的正是文化意識中根深柢固的華夷之辨，象徵著的是整個漢人自尊心所受的打擊與哀泣。

　　金代幾與南宋相終始，女眞人初以銳不可當之勢滅遼之後，於金章宗後便趨衰落，對蒙古亦逐漸求和、納貢，並同樣因不敵外力而遷都南逃。在金國統治下的漢人，同樣是在長期的爭戰與國辱之下生活，較之於南宋治下的臣民，則更直接地受到異族統治與種族文化差異的衝擊。

　　無論是由宋入元，或是由金入元的人民，均同樣是生活於長期動亂的社會之中，籠罩在無盡的戰禍與不定的顚簸之社會氛圍之下，這樣的社會氛圍。使當時人對於生命，對於生活感受深刻，有別於國泰民安的盛世時期。

　　丘處機有一詞作，即反映在亂世之中的感歎：

〈瑤臺第一層〉

深惟。前王創業，太平難遇道難期。會逢天祐，遐荒入貢，玄教開迷。

坐朝垂聽暇，伴赤松、論希夷。勝驅馳。向人間一度，天外空歸。（《全

金元詞》，頁479。）

在《金蓮正宗記》記載，此詞中大定二十八年世宗召見丘處機時，丘處機獻上的應制之作，其中太平難遇道難期的感慨，即是在長期戰亂的世代裏，平民老百姓的心聲，表現出對生命與生活相當沒有安全感，不知何去何從，也不知有何憑依的境況。

第二節　經濟社會背景

　　金開國發展之初，女眞各部落統一後，短短十餘年之間，即先後滅了遼、北宋，滅亡北宋後，統治範圍大量擴展，居民中有大量漢人、契丹人、勃海人，人數遠多於女眞，女眞因自身沒有發展出相應的管理制度，在這些新佔

〔註37〕陳邦瞻《宋史紀要》（台北：鼎文書局，民國67年），卷63，頁649。

得的地區仍依舊制，和女真故地有所不同，自然在經濟上也沒有統一的措失，造成經濟制度混亂的局面。

從另一方面來說，這些地區的社會經濟，並沒受女真人影響而保有原來的經濟制度，然而金朝在建國後大規模的軍事擴張歷時十幾年，使中原地區的經濟遭受嚴重破壞，直至金世宗時，才與南宋的關係穩定下來。世宗以後，宋、金雙方又有若干次的南征北伐。所以只有在中期較短的和平時期，經濟得以恢復發展。不久又受金朝政府本身政權腐化及蒙古南侵的影響而打斷。因此金國的經濟發展並不穩定。

壹、經濟狀況

金朝佔據北方初期，北方地區呈現長期的經濟凋弊，特別是中原地區蒙受巨大損失，由於南侵初期的長期間戰亂，加上北宋和遼末朝廷的腐敗，金朝佔據中原初期的經漸制度混亂，以及金朝政府的掠奪，以致北方經濟在整個金代都沒得到完全的復原。〔註38〕

北宋末年徽宗時期，許多地區已經發生大量農民因不堪重稅而棄業逃亡的現象，農業生產已大不如神宗在位時，遼代末年經濟發達的燕雲地區，也是民多流散，土地荒廢。因此金軍大舉南侵無疑使北方經濟發展雪上加霜，加以女真人的氏族游牧性格，南侵帶有很大的擄掠性質，又沒有相應的社會經濟和制度上的規劃，對經濟的破壞更爲嚴重。據《三朝北盟會編》記載：「虜騎所至，惟務殺生靈，劫略財物，驅擄婦人，焚毀屋舍產業。」因金人入侵，北宋舊地的漢人大量逃亡，中原與兩淮地區的人口銳減。「民去本業，十室而九，其不耕之田，千里相望。」

在農業生產爲主的經濟條件下，人口的大量流失是對經濟發展的嚴重打擊。〔註39〕而後宋金之間沿淮水長期對峙，在整個金代，這個地區的人口，始終遠少於北宋時，經濟無法恢復，此外北方的許多城市也在金人南侵時摧毀。

金朝佔領北方之初，實行嚴刑峻法，漢人各地反對金人的抗爭以及漢人地方武裝大量存在，也使北方各地初期難以恢復安定。

〔註38〕本小節以魯亦冬《中國宋遼金夏經濟史》（北京：人民出版社，西元 1995 年）及脫脫《金史·食貨志》爲藍本。
〔註39〕詳參魯亦冬《中國宋遼金夏經濟史》，頁 218 至 220。

雖然金朝統治初期，中原、兩淮地區的經濟遭到嚴重破壞，而長期沒得到恢復，但是中原以北地區的經濟在金代卻得到一定程度的發展，北方經濟的格局，發生一定的變化，北方經濟的重心開始由中原向北轉移到今河北、山西一帶。〔註40〕

在金朝中期起，統治的重心便移到中都（北京），這裏在遼代曾為南京，是經濟發達地區，金海陵王天德三年（西元1151年）遷都於此，並役使百餘萬兵士、民夫在遼南京城的基礎上加以擴建。為了繁榮中都的經濟，海陵王聽從張浩的建議，規定凡四方之民欲居中都者，免役十年。這項政策吸引了大量漢人遷居於此。金世宗時，為了便利漕運又利用金口河水引永定河水，開鑿東至通州的運糧河。章宗時建成跨永定河的盧溝橋，便利南北交通。這些措施，使中都很快發展成為與北宋舊都汴京相匹的北方重要商業城市。在金代，中都以北及河北、山西等地經濟有較大的發展，北方經濟重心北移是經濟發展的特色。

金代的經濟發展平穩期，是在金世宗在位的幾十年，自章宗繼位起的四十年間經濟狀況即惡化。章宗時期黃河決堤三次，使黃河兩岸的經漸遭到嚴重破壞。大定二十九年（西元1189年）初，黃河在曹州決堤，四年後明昌四年六月，黃河又在衛州決堤，洪水衝垮長堤十餘處，大石、清州、滄州、等都遭水淹，經濟損失嚴重。次年八月黃河在南京武陽再度決堤，洪水吞沒封丘縣城，向東南經今天津附近，入海的黃河北流完全斷絕。這次水災使河北、河南、山東等地大批居民喪失生命，農村經濟大受破壞。

同時，女真的猛安謀克轉變為地主，朝廷不得不放寬對女真人出租田地的限制，土地租佃的關係發展更為迅速。女真族的猛安謀克，原是國家的軍隊編制，當金代的武力擴張停止後，猛安謀克轉型為地主，仍具有不同於漢族地主的特殊身分和地位。他們倚仗權勢，收取高額地租，強搶佃戶財物，佃戶無處申訴。加上漢族大地主的肆意兼併土地，積聚財富。貧困農戶數量增加，還要承擔沈重賦稅，造成農民逃亡的情況日增。

由於災害頻仍，對外戰爭不斷，特別是金朝後期蒙古人入侵，朝廷的財政支出日增，出現入不敷出的窘境，面對財政上的虧空，金朝統治者採取了括田與增發紙幣的應對政策。

章宗時，金朝在與北方韃靼等族的戰爭履次失敗，朝中不少人把失敗的

原因歸咎於女真屯田戶土地太少，無以贍養，因而缺乏鬥志，主張通過括取民間逃稅的田地爲官田，分授給猛安謀克戶的辦法，增加女真以的田地和收入。承安五年（西元 1200 年）朝廷准許括籍被民戶冒佔的官田。括田的過程產生諸多弊端，所括之田不僅包括確實被冒佔的公田，還包括大量的私田，有的官員爲增加括田數量，竟指使人指控他們冒佔官田。不少民戶由於失去田產而破產、逃亡。隨著北方戰爭失利，女真族的猛安謀克大量南遷屯田，括田成爲朝廷安置猛安謀克戶和籌措軍事費用的主要手段。

自章宗起開始大量發行交鈔，以彌補財政上的虧空，導致交鈔發行過多，到了承安二年，民間商人在交易中常常拒收面額在一貫以上的大鈔，官府不得不用面額七百文以下的小鈔兌回部分大鈔。隨後朝廷強制推行大鈔，規定一貫以上的交易必須使用交鈔和銀幣，不准用銅錢。承安三年朝廷規定親王、公主、品官存留現有銅錢的三分之一，民戶存留一串，其餘在十天內換成實物，同時強制發行三合同交鈔，但官府只發行不收回，四年後才准許戶民用三合同交鈔交稅，而且僅限於稅額的百分之七十，這種種辦法使戶民非常不滿。章宗泰和七年（西元 1207 年）朝廷規定要懲治相聚論鈔法難行者，不久又規定民間交易必須使用交鈔，並懲治因民間不願接受而不使用交鈔的官員。濫發交鈔導致鈔價益輕，民間交易難以進行，以至商人罷市，交鈔幾成廢紙，這種狀況一直持續到金末。

括田和濫發交鈔，使金朝後期的經濟陷入混亂之中，生產和普通戶民的生活受到嚴重影響，經濟一片衰敗。〔註41〕

衛紹王時，北方經濟殘破，土地荒蕪，人民流離失所，劉因〈武強尉孫君墓誌銘〉指出：「崇慶末，河朔大亂，凡二十餘年，數千里間，人民殺戮幾盡，其存以戶口計，千百不一餘。」〔註42〕貞祐之後，河北、河東、山西等地軍民大量徙入河南、陝西，「在外僑居，各無本業」〔註43〕形成「曠土多，遊民眾」〔註44〕的局面。

在經濟一片混亂的情況下，金王朝加緊賦役徵調，賦役竟三倍於平時，「飛輓轉輸，目不暇給」「民既罄其所有而不足，遂使奔走求於他境，力竭財殫，

〔註41〕詳見晉陶生《女真史論》（台北：食貨用刊出版社，民國 70 年）。
〔註42〕劉因《靜修先生文集・武強尉孫君墓誌銘》（台北：商務印書館，民國 68 年，四部叢刊本），卷 4，第 67 冊，81 頁。
〔註43〕脫脫《金史・胥鼎傳》，卷 104，頁 2378。
〔註44〕脫脫《金史・田琢傳》，卷 102，頁 2250。

相踵散亡，禁之不能止也。」〔註45〕

　　由於經濟凋敝，財政拮据，朝廷濫發貨幣，使中期以來已經相當混亂的貨幣制更加惡化，以致衛紹王時，「兵燹國破，不遑救敝，交鈔之輕幾不能市易。」〔註46〕南遷之後，交鈔益發貶值，十貫不能抵錢十文。朝廷無力扭轉這種局面，不斷更造新鈔，有所謂寶券、通貨、通寶、寶泉、珍寶、珍會、珍貨等，最後於天興二年（西元1233年）印「天興寶會」〔註47〕流通了幾個月，金朝就滅亡了。

貳、各階層的社會地位

一、戶政下的階層畫分

　　據《金史‧食貨志一》所載，金朝制度，兩歲以下爲「黃」，十五歲以下爲「小」，十六歲爲「中」，十七歲以上六十歲以下爲「丁」，六十歲以上爲「老」，沒有丈夫著稱「寡妻妾」，凡有重病和殘疾者不爲丁。〔註48〕

　　金代戶口三年調查一次，從正月初開始，州縣以「里正」、「主首」，猛安謀克以「寨使」到編戶家核實戶口，「生者增之，死者除之。」然後逐級上報。依照不同的標準，將全國人民編制在各類戶等之中。〔註49〕

　　戶等名稱，主要有以下幾種：

　　課役戶和不課役戶：根據有無物力畫分，有物力者爲課役戶，無者爲不課役戶。

　　本戶與雜戶：根據種族畫分，女眞爲本戶，漢、契丹、及其他爲雜戶。

　　猛安謀克戶：在金朝建立之初，包括女眞及部分其他民族戶民，後來凡漢人、渤海人、不得充猛安謀克戶，所以猛安謀克戶基本上只含女眞的戶等。

　　正戶：猛安謀克的奴婢放免爲良者，隸屬本部爲正戶。

　　監戶：凡沒入官良人，隸屬宮籍監者，爲監戶。

　　官戶：沒入官爲奴婢，隸屬太府監者，爲官戶。

　　二稅戶：屬於寺院的奴僕。

〔註45〕脫脫《金史‧食貨志二》，卷47，頁1061。
〔註46〕脫脫《金史‧食貨志三》，卷48，頁1083。
〔註47〕脫脫《金史‧食貨志三》，卷48，頁1090。
〔註48〕脫脫《金史‧食貨志一》，卷46，頁1031。
〔註49〕同前註書，頁1032。

正戶以下大致處於奴隸地位。〔註50〕

二、猛安謀克的社會地位

猛安謀克戶除了具備軍事編制、地方行政組織、軍政組織首領等多種涵義之外，還是金代的戶口之一。

猛安謀課戶須向國家繳牛頭稅和物力錢。〔註51〕金代中期以後，猛安謀克戶紛紛放棄對所占領土地的經營方式，改用租佃關係。山東、大名等路猛安謀克之民「往往驕縱，不親稼穡，不令家人農作，盡令漢人佃蒔，取租而已。」〔註52〕這時還出現猛安謀克轉佃官田的「二地主」，「官豪之家多請占地，轉與他人種佃，規取課利。」〔註53〕對於這些現象，朝廷只能稍加限制，大定二十七年（西元1187年）「命有司拘刷見數，以與貧難無地者，方許豪家驗丁租佃。」〔註54〕可見猛安謀克戶在金朝中期以後，逐漸成為地主階級。

自然地猛安謀課戶在長期地佔有土地分配優勢下，成為豪族，除了兼併土地之外，不少女真人仗著特權，欺壓漢人，一旦女真豪族和漢人起訴訟之爭，官吏往往徇私枉法。大定四年，金世宗對此敝端特予禁止：「形勢之家親識訴訟，請屬道達，官吏往往屈法徇情，宜一切禁止。」〔註55〕

三、士人的社會地位

金初的士由三個部分組成：一是遼宋統治地區的漢、渤海、契丹等族的儒士，二是由宋入金的漢族士人，三是女真族中成長起來的士。隨著金代學校教育的發展，科舉制度的興盛，漢、女真和其他族的士階層進一步成長，有不少人經透科舉而步入仕途，有的人躍居顯位，如高汝礪少擢第，官至平章政事、右丞相、封壽國公，是金朝「以書生當國者」〔註56〕同時也有許多累舉不第或不喜為科舉的士人。

〔註50〕同前註書，頁1028。

〔註51〕物力錢是國家向女真、漢人及其他各族人民按物力所徵之稅，物力包括田園、屋舍、車馬、牛羊、樹藝、藏強（貨幣）等，據《金史・食貨志一》所言：「物力之徵，上自公卿大夫，下逮民庶，無苟免者。」同前註書，頁1028。

〔註52〕同前註書，卷47，頁1046。

〔註53〕同前註，頁1049。

〔註54〕同前註。

〔註55〕脫脫《金史・本紀・世宗上》大定四年，九月乙酉日。卷6，頁134。

〔註56〕劉祁《歸潛志》（台北：新興書局，筆記小說大觀本，民國72年）卷6，頁1757。

儒士的社會地位、作用及其風尚，在各個時期裏，有所不同，如章宗明昌、泰和間，朝廷比較重視文士，「故一時士大夫爭以敢言、敢爲相尙」〔註57〕而南渡後，尤虎高琪爲相時，曾欲擢用文人，使之成爲羽翼，以樹黨固權，不料遭到諫官許古、劉元規的抵制，由是高琪「大惡進士，更用胥吏」從此士夫「凡有敢爲、敢言者，多被斥逐。」「士大夫被捃摭者，笞辱與徒眾等」〔註58〕其政治地位之低下可想而知。

有金一代，儒士與胥吏相比，前者多清廉，後者多貪瀆，金世宗深有所感：「儒者操行清潔，非禮不行，以吏出身者，自幼爲吏，習於貪墨，至於爲官，習性不能遷改」〔註59〕對於士廉吏貪的現象，當時人形容說：「進士受賕，如良家婦女犯奸也；胥吏公廉，如娼女守節也。」〔註60〕

雖然社會大眾對儒士的操守給與較高的肯定，但金章宗以後，擢升胥吏爲主要的官員，儒士備受打壓，實際上的社會地位並不高。

自古代表中國知識分子階層的文士們，向來以修身齊家治國平天下建構其生命意義，文天祥「留取丹心照漢青」一語，悲切地表現受困於時局，無法一展長才得以在政治舞台上盡個人之力，實踐經世濟民抱負的知識分子，退而求取爲萬世樹立人格型範之心。名垂千古、青史留名是儒士們賦予生命價值的重畏指標，在這個指標中又以在政治舞台上建立顯赫功業爲尙。

從政對中國知識分子特別是文士而言，是個人生命實踐的重要載器，同時也因爲例來士人均得以擅場於政治舞台，使得儒士的社會地位高於其他各階層。不管是以文章流芳千古或是由立德、立功、立言的三不朽進路，傳統社會均賦予文士較多的尊重與期待，所以在以漢人爲主的朝代中，只要政治維持相當程度的穩定局勢，一般而論士人的社會地位是崇高的。

金代的漢人知識分子，處於異族統治的政治環境下，其政治地位要比其他時代低了許多，相對的社會地位也因此受貶抑，歷來文士藉由從政實踐生命、建構生命意義與價值的進路對他們而言，在個人主觀意識方面受華夷之辨等民族大義思想的牽制而掙扎於進退之間；在客觀環境上，以在上層以女眞人爲主的政治結構下，政治資源的取得也不如過往，大部分的非女眞人文士難能進入

〔註57〕同前註，卷7，頁1774。
〔註58〕同前註，卷7，頁1772。
〔註59〕脫脫《金史‧本紀‧世宗下》，卷8，頁185。
〔註60〕劉祁《歸潛志》，卷7，頁1777。

政治結構的核心，仕宦之路頗爲險躓。因此金代的文士勢必尋求政治以外的場域發揮並安頓他們的生命，成爲隱士寄情山水是一途，從事創作是另一途，而這兩個途徑前者需要相當程度的經濟基礎，後者則需高才，素質屬士人階層中中下層的知識分子則更容易轉向宗教世界尋求生命的安頓。這點可以從學者們認爲全真教的發展蓬勃與其受知識分子歡迎有關之論得到應證，知識分子之所以容易接受全真教一方面固然是創教者王重陽以及初期教團核心人物，均爲通文墨之知識分子，同時在那個世代中，知識分子亟需另尋實踐生命、安頓生命的場域，全真教的興起則提供了一個屬於宗教追尋的方向。

四、地主與農民的賦役

金代上自地主下至自耕農、半自耕農，都要承擔許多賦役，首先是田賦，據《金史·食貨志二》記載：「官地輸租，私田輸稅。」〔註61〕輸租的制度已無可考，稅制則將土地依次分爲七等，於夏秋兩季徵收，夏稅每畝交三合，秋稅每畝交五升，另外交納秸稈一捆（十五斤）。夏稅六月至八月，秋稅十月至十二月徵收，距州所在地二百里外，可以緩期一個月交納。〔註62〕

其次繳物力錢和其他課稅、雜稅。

再其次兵役和力役。關於兵役，《潛歸志》卷七云：「金朝兵制最弊，每有征伐或邊釁，輒下令簽軍，州縣騷動。其民家有數丁男好身手，或時盡揀取無遺，號泣怨嗟，闔家以爲苦。」〔註63〕力役也十分繁重。

除了金初和金末的動亂時代裏地主和佃農有近似的境遇之外，平時地主的境遇尚好，即使在金初中原以北的廣大地區農業遭嚴重的破壞催殘，漢人地主受到打擊時，一些大地主還能購置膏田千餘頃。〔註64〕普通的地主也可過著「謀身易足百畝田」、「手種杞菊植松衫」〔註65〕的悠閑生活。

經濟狀況容易受波動的是自耕農、半自耕農，在繁重的賦役和官府的豪取之下，無以爲力，棄業歸併大地主的情形經常發生，元好問即言：「用兵以來，調度百出，常賦所輸皆創夷之，民終歲勤動不得以養其父母妻子。」〔註

〔註61〕脫脫《金史·食貨志二》，卷47，頁1055。

〔註62〕同前註。

〔註63〕劉祁《歸潛志》，卷7，頁1778。

〔註64〕莊仲方編《金文雅》（三重：文成出版社，民國58年，卷9，頁251、253。

〔註65〕王寂《拙軒集·題劉器之秀埜亭》（台北：商務印書館，民國68年，四庫全書本），第1190冊，卷1，頁1。

〔註66〕元好問《遺山先生文集·鄧州新倉記》（台北：商務印書館，民國68年，四

66〕為應付胥吏徵收租稅之急，往往不等作物成熟就要收割，以應稅租，有些農民承受不住沈重的租賦負擔，「罄其所有而不足」，「遂使奔走傍求於他境，力竭財殫，相踵散亡，禁之不能止也。」〔註67〕

許多詩人的作品，都反映了平民百姓運送租糧和服力役之苦，如趙元〈鄰婦哭〉、〈修城去〉：

鄰婦哭

鄰婦哭，哭聲苦，一家十口今存五。

我親問之亡者誰，兒郎被殺夫遭擄。

鄰婦哭，哭聲哀，兒郎未埋夫未回。

燒殘破屋不暇葺，田疇失鋤多草萊。

鄰婦哭，跌不停，應當門戶無餘丁。

追胥夜至星火急，并州運米雲中行。

修城去

修城去，勞復勞，途中哀嘆聲嗷嗷。

一鍬復一杵，歷盡民脂膏。

百死之餘能幾人？鞭背驅行補城缺。

修城去，相對泣，一身赴役家無食。〔註68〕

從這些詩可以看出租賦和力役對平民百姓的負擔有多重。

農業是金代經濟資源的主力，農民也是金代人口結構中的最底層，農民自來與土地相依，由於安土重遷的習性，形成穩定的國力基礎，由於土地分配與稅賦的不均，致使農民不堪負荷不得安居，甚而棄地逃亡，反映出金代最底層的大多數民眾，日子過得並不安穩。

結　語

金代的經濟除了早期的混亂狀況，出於政府未有相應之管理政策外，直接影響到整個金代民眾經濟生活的重要因素，是金代政治結構中的階層畫分，階層畫分出於政治資源的分配，連帶著也是經濟資源的分配，女真人以其政權優勢，而挾有土地分配、稅賦優惠等經濟利益。

部叢刊本），第 65 冊，卷 33，頁 331。

〔註67〕脫脫《金史・食貨志二》，卷 47，頁 1061。

〔註68〕元好問集《中州集》，卷 5，頁 267、265。（台北：鼎文書局，民國 62 年。

在女眞人享有特殊的經濟利益的同時，大多數的非女眞人的經濟權益自然是被剝屑的，猛安謀課戶享有較多的分配土地，而非猛安課克戶民所繳的稅賦並卻比猛安謀克戶民還多，據陶晉生的研究成果顯示，女眞人每年每畝納稅一合二勺強；漢農民一年的稅額，則每畝納粟五升三合及秸一束。女眞人所納的稅是漢人的四十四分之一。〔註69〕

從金代政治結構中的階層畫分，可知由女眞這一外來征服者，加入中原舊有的結構之上，就政府的規模而言，女眞人大批加入中國原有的政府，政府組織較以前龐大，自然增加了財政上的負擔，而加上稅賦上的不公平，可以想見當時中原地區的非女眞平民經濟負擔益加沈重，一般農民平時可以勉強應付，一遇天災，則一點積糧也沒有，丘處機有一詞作〈如夢令〉即見其慘狀：

> 皇統年時飢餓。萬戶愁生眉鎖。有口卻無餐，滴淚謾成珠顆。災禍。
> 災禍。災禍臨頭怎趓。(《全金元詞》，頁476。)

皇統是熙宗年號，此詞寫飢荒之景，正是當時平民經濟艱困的寫照。

同時女眞人的加入，其社會地位是加入於中國原有社會結構的上層，擠壓的結果，中原人的社會地位普遍的降低層級，例如中原人士本為自由民，因戰爭失敗，財產被女眞人掠奪或因括地政策田園被強佔，而降為奴隸；或是無力應付稅賦的地主，棄地自附為佃農；被沒入官的平民。

無論就政治權力、經濟資源、社會地位而論，女眞人的加入對中原人本來的結構都產生的劇烈的變化，而這個變化無疑是令人不平、不適又痛苦的，加上文化上的差異，少數的女眞統治者與多數的非女眞被統治者之間，不免產生磨擦，因應磨擦而來的打壓又再度引起反彈，因此金代各民族之間的衝突抗爭大小不絕，連帶的社會動盪，造成群盜蜂起，民不聊生的混亂情況，即使是有小堯舜之稱的世宗大定年間，仍發生所謂「亂民獨多」的現象。〈世宗本紀〉裏記錄了各種大小叛變三十三宗。〔註70〕自然這些都是因不平、不適與痛苦，所產生的激烈反抗。

面對生命中的不平，以實際行動激烈反抗是對應的方法之一，尋求精神慰藉則又是另一種處理方式，劉處玄的〈踏雲行〉即表現這種反應：

> 聖道難逢，眞修易遇。自然之理明今古。死生販骨幾千遭，這番了了

〔註69〕陶晉生《女眞史論》，頁64。
〔註70〕同前註。

　　無來去。蓬島仙鄉，靈無苦。朝元路上高眞許。松枯海變永常存，他

　　年萬祖永長存。(《全金元詞》，頁430。)

現實已然如此，反抗必須付出慘烈的代價，一般的平民百姓只求安定，若非
走到絕處，很容易選擇精神世界的解脫，投入宗教的超越世界中，所以有「聖
道難逢，眞修易遇」之歎，在現實的社會中，苦難重重，但是在宗教的世界
裏，心靈得以撫平，在尋道的路程上，有慈懷普度的仙聖高眞的許諾，在終
極的世界裏，有人們渴求的恆久不定。

　　這是一個身處亂世的宗教修行者的心聲，說明了在那個世代，人們的確
可以在宗教的世界裏泯除所有階層差異，消去所有不平，透過信仰的力量撫
去朝代的更移所帶來的無盡傷痕，這是人們生活在金代如此的政治、經濟、
社會環境下，產生的心理環境步也因爲這種心理環境，全眞教得以開展其傳
道場域。

第三節　宗教背景

　　儘管全眞七子所生存的時代環境，是個不利人民生存的動盪社會，但求
生存是人的本能，爲因應不安的環境，對於安全感的需求又無法取諸現實環
境，很自地轉向宗教國度中尋求庇護，當時北方民間紛紛產生許多新興宗教，
其中與道教法脈相承而較具規模的則有太一教、大道教、及全眞教三大派。
此三派均因應新世局而對舊道教有所改革展現革新的特色，特別是內丹之說
空前盛行，結合內丹與符籙之術的道法，並形成以出家爲主的集體性出家道
團。在佛教方面以不立文字爲教的禪宗法門，特別是臨濟禪，最爲新興宗教
所吸收，並吸納傳統思想中儒家的倫理道德，就當時的時代思維氛圍而言，
無論是代表佛教的禪宗，或儒家的理學及道教新興的派別，都富有三教合一
的思想內涵。

壹、女眞人的傳統信仰與金代的宗教政策

　　女眞人的宗教信仰以薩滿教爲主，薩滿是通古斯語系中「巫師」的音譯〔註
71〕本意爲因興奮而狂舞的人，薩滿被認爲是族神在族內的代理人和化身是人
神交通的中介，可以爲本族消災求福，以祈禱和跳神爲社會提供宗教服務。《三

〔註71〕烏丙安《神祕的薩滿世界》(上海：三聯書局，1989年)，頁1。

有北盟會編》中，有關於金代女真人信奉薩滿教的記載：

> 兀室奸滑有才，……國人號爲珊蠻，珊蠻者，女真語巫嫗也，以其通
> 變如神。〔註72〕

女真人認爲薩滿能通知神意，《金史‧始祖以下諸子傳》言：「巫能通神語」〔註73〕原本薩滿教中即有天神和日月的祭拜習俗，因此統治中原後，自然和漢民族的祭天之禮結合，金世宗言：「本國拜天之禮甚重，今汝等言依古制築壇亦宜。我國紬遼、宋主，據天下之正，郊祀之禮豈不可行。」〔註74〕可見世宗立意與漢文化融合，以繼承漢人郊祀之禮象徵其承襲華夏正統，應當入主中原的合理性。

金世宗即位之初，曾放鬆對民間宗教活動的禁令，並承北宋之制，出售寺觀名額、僧道度牒、大師號。《金史‧世宗本紀》載：「大定二年，除迎神賽神佛禁令。」〔註75〕《金史‧食貨志》云：「大定五年，上謂宰臣曰：『以邊事未定，財用闕乏，自東南兩京外，命民進納補官，及賣僧道尼女冠度牒、紫褐衣、師號、寺觀名額。』」〔註76〕

在金世宗放寬宗教政策之時，也深怕宗教發展過速，影響國家經濟發展與政治穩定，因此對於宗教一方面採取予以承認的保護政策，一方面又依遼宋舊制，加強管理控制，以防止其發展之濫及犯上作亂。

金人入主中原不久即有衛州人蕭抱珍創立太一教，皇統八年（西元 1148年），金熙宗召見他，賜以額觀，以示獎勵，不久倉州人劉德仁採《道德經》主旨創大道教，勸人順乎自然，安貧知足，力耕而食。正隆六年（西元 1161年）金廷召劉仁德，賜東岳真人兄，令其居住京師天長觀。〔註77〕金世宗時王重陽創立全真教，道團迅速擴展，聲勢很大，世宗從一度禁其發展。如大定十八年世宗詔「禁民間創興寺觀」〔註78〕

金世宗的「保護管理」宗教政策，如同他的其他政策爲後來金代各繼位君王所承襲，有利宗教發展。加以因應混亂時代的心靈需求，金代宗教發展

〔註72〕《三朝北盟會編》（上海：上海古籍出版社，1987年），卷2，頁21。
〔註73〕脫脫《金史‧列傳‧史祖諸子傳》，卷65，頁1541。
〔註74〕脫脫《金史‧禮志一》，卷28，頁694。
〔註75〕脫脫《金史‧本紀‧世宗上》，卷6，頁215。
〔註76〕脫脫《金史‧食貨五》，卷50，頁1124至1125。
〔註77〕卿西泰編《中國道教史》（上海：上海人民出版社，1990年），頁519。
〔註78〕脫脫《金史‧本紀‧世宗中》，卷7，頁170。

蓬勃，不僅佛教各宗派均有發展，在道教方面更是產生許多新興教派，民間宗教也有所發展。

貳、佛教的傳入與開展

女真族在建國以前，已從鄰近的高麗、渤海等國傳入了佛教，滅遼後，南進中原，又佔領了南京、汴涼及淮河以北地區，吸收了當地高度發展的佛教文化，金朝諸帝王都崇信佛教，太宗常於內庭供奉佛像，又每年設會齋僧，〔註79〕熙宗子病重，與皇后至寺院焚香，流涕哀禱，〔註80〕海陵王繼位，改元正隆，親至宣華門迎佛，〔註81〕世宗母貞懿太后篤信佛教從而出家，世宗亦受其影響信佛，《金史·世宗本紀》章宗繼位，親召曹洞名僧萬松行秀入內廷說法。〔註82〕

黃河流域在被女真人佔領之前，禪宗的楊岐、黃龍二派勢力廣泛，在金人佔領後，一部分禪僧仍留此地傳法，而金代最著名的僧人當屬曹洞系的萬松行秀，所著《評唱天童正覺和尚頌古從容庵錄》是當時禪宗的名著。行秀思想又以兼融三教為特色。〔註83〕

淨土宗在金代亦為天下共宗，祖朗、禪悅、廣思及居士王子成等人在弘傳淨土思想方面較有影響。金代佛教思想史上，居士李純甫以批評宋儒排佛論，主張三教調和論而著名。

就金代的佛教發展而言，華嚴、密宗、律宗也有所發展，而三教調和的思想在著名的佛教人士主張中屢見，三教融合的理念可說是當時的思想潮流。〔註84〕

參、河北新道教的興起與鼎盛

金立國一一九年，在中國歷史上不算是一個太長的朝代，但是在道教史上，卻是一個引人矚目的發展——河北新道教的產生。〔註85〕

〔註79〕詳見張踐《中國宗遼金宗教史》（北京：人民出版社，1995年），頁189。
〔註80〕脫脫《金史·列傳·熙宗二子傳》，卷80，頁1797。
〔註81〕脫脫《金史·本紀·海陵》，卷5，頁106。
〔註82〕詳見張踐《中國宋遼金宗教史》，頁190。
〔註83〕同前註，頁192。
〔註84〕同前註，頁192。
〔註85〕陳垣先生所著《南宋初河北新道教考》云：「元史釋老傳，分道家家為四派，曰全真、曰正一、曰真大道、曰太一。正一天師為宋以前道教舊派，全真等

河北新道教中最早出現的是太一道，據《元史·釋老傳》載：

太一教始金天眷中道士蕭抱珍，傳太一三元法籙之術，因名其教曰太
一。〔註86〕

太一教以崇拜太一神而得名。元代儒士王若虛在《一悟真人傳》中解釋：「蓋
取元氣混淪，太極剖判，至理純一之義。」〔註87〕

元人王鶚所撰《重修太一廣福萬壽宮碑》記載了蕭抱珍從事宗教活動的
一些情況：

初，真人既得道，即以代聖所授秘籙濟人，祈禳、河禁，罔不立驗。

天眷初，其法大行。〔註88〕

從以上的碑文內容可見，太一教以太一三元法籙之法，為生民解決生活上的
一些基本問題。元代徒單公履撰、王惲書的《蕭真人碑》謂蕭抱珍「遠法漢
儀，近追前代，上稽下考乃立教焉」〔註89〕所謂的遠法漢代，就是指效法五
斗米道，以符水、首過為人治病的道法。〔註90〕

太一教的三元法籙與五斗米道的三官信仰相關，太一三元法籙既為太一
教主要道法，可見太一教是以符籙齋儀為人祈福治病的道法傳教，據王惲《秋
澗集·大都宛平縣京西鄉創建太一集仙觀記》云：「金廷召見蕭抱珍，悼后命
之驅逐鬼物，愈疾療苦，皆獲應驗，事蹟怳恍，驚動當世。」〔註91〕金熙宗
因此而賜以觀額，表示承認太一教。太一教的被承認與重視，和女真人本身
的信仰有關，薩滿教的崇天和薩滿跳神治病的信仰與太一教的敬天拜神、祈
禳治病的道法理念相近，至金世宗賣寺觀名額時，太一教買了一些觀額和度
牒，發展更為迅速。

太一教雖以符水祈禳為主事，也著重內煉，濟源縣《蕭真人碑》謂蕭抱

為宋南渡後河北新創三教。」

〔註86〕脫脫《元史·釋老傳》（台北：鼎文書局，民國76年），卷202，頁4530。

〔註87〕張踐《中國宋遼金夏宗教史》，頁200。

〔註88〕王鶚〈重修太一廣福萬壽宮碑〉，收於陳垣編：《道家金石略》（北京：文物出
版社，1988年），頁845。

〔註89〕陳垣《南宋河北新道教考》，卷4，頁118。

〔註90〕參見《三國志·魏書·張魯傳》注引典略：「修法略與角同，加施靜室，使病
者處其中思過，又使人為奸令祭酒，祭酒主以老子五千文，使都習，號為奸
令，為鬼吏，主為病者請禱。請禱之法，書病人姓名，說服罪之意，作三通，
其一上之天，著山上，其一埋之地，其一沉水，謂之三官手書。」（台北：鼎
文書局，民國67年），卷8，頁264。

〔註91〕王惲〈大都宛平縣京西鄉創建太一集仙觀記〉，收於《道家金石略》，頁856。

珍立教「本之以湛寂，而符籙爲之輔，於以上格圓穹，妥安玄象，度群生於厄苦，而爲之津梁，跡其沖靜虛玄，與夫祈禳祭祀者，並行不悖。」〔註92〕所謂「本之以湛寂，跡其沖靜虛玄」指的是心靈的境界，以至誠無念的心意感通上天，以致符法靈驗。

太一教的掌教者，一律改從蕭姓，以示師徒之間的父子之禮，《滹南集‧太一三祖墓表》記太一教道士張居祐告王若虛云：「太一教法，專以篤人倫，翊世教爲本。至於聚廬託處，似疏而親。師弟之間，傳度授受，實有父子之義焉。」〔註93〕不僅在相處之間有父子之義，在生活細節之上，也展現父子之禮，蕭抱珍卒後，嗣教者蕭道熙「繯絰哀感，如喪考妣，於是相宅兆，具葬儀，及殯，整整有法。」〔註94〕三祖蕭志沖先事道士霍子華，「子華故有淹疾，師侍奉唯謹，前後十年無倦色，或衣不解帶者數月，人以爲難。」〔註95〕這種敘述無異於一般對孝子節行的敘述，表現出儒家倫常禮教的一面。

太一教創立後不久，黃河流域又出現了另一新道派——大道教，大道教的創始人劉德仁，號無憂子，據元貞元元年（西元1295年）刻《汴梁路許州長社縣創建天寶宮碑》記載：

> 年七歲，讀道經，悟「虛其心，實其腹」之語，遂割棄塵累，飄然爲物外游。因抵淄川顏城瓮口谷南，愛其山水，鏟其荊棘，平其坳垤，乃建堂宇，我師蒞止焉。〔註96〕

碑文顯示劉仁德爲少年出家的道士，根據至元二十八年（西元1291年）田璞撰《重修重陽宮碑》載，劉德仁於金熙宗皇統二年（西元1142年）由奇遇而立教時，年僅二十歲。

《元史‧釋老傳》概括大道教的宗旨爲：「其教以苦節危行爲要，而不妄取於人，不苟侈於己。」宋濂《書劉眞人事》謂劉德仁取乘犢老者所授《道德經》要言，敷繹其義，以示人，其目有九：

> 一曰視物猶己，勿萌戕害凶嗔之心。
>
> 二曰忠於君，孝於親，誠於人，辭無綺語，口無惡聲。
>
> 三曰除邪淫，守清靜。

〔註92〕同前註，頁843。
〔註93〕同前註，頁839。
〔註94〕同前註，頁859。
〔註95〕同前註，頁839。
〔註96〕同前註，頁829。

四曰遠勢力，完貧賤，力耕而食，量入爲用。

五曰毋事博奕，毋習盜竊。

六曰毋飲酒茹葷，衣食取足，毋爲驕盈。

七曰虛心而弱志，和光而同塵。

八曰毋恃強梁，謙尊和光。

九曰知足不辱，知止不殆，學者宜世守之。〔註97〕

九條中，忠於君、孝於親、誠於人、不事博奕、不習盜竊是儒家的倫理規範，不殺、不盜、不邪淫、不飲酒茹葷、不綺語惡聲，是佛教五戒、十戒，及道教初真十戒，遠勢力、守清靜、虛心弱志、和光同塵，知足知止等，則爲《老子》之說。力耕而食，量入爲出，所呈現的又是自力營需的清靜修行生活。

大道教教義分內修外用兩方面，杜成寬撰的〈洛京緱山改建先天宮記〉說劉德仁所立大道正教「見素抱樸，少思寡欲，虛心實腹，守氣養神」這是內修之功，又說：「及乎德盛功成，濟生度死，以無爲保正性命，以無相驅役鬼神。」這是得道後的外用。〔註98〕

肆、儒學思想風潮

在全真教創立之前，佛教或新興的兩大宗教均融攝三教的教義思想，可見三教合一的理念爲時代風潮，金代儒學承繼北宋理學，北宋初社會思想以黃老之道爲主，同時又對儒學和佛學兼容並設，從宋太祖崇道敬佛開始，到真宗正式提出：「三教之設，其旨一也，唯達識者能總貫之。」〔註99〕形成宋初儒釋道三教並列的局面。

周敦頤借法於道家「天下萬物生於有，有生於無」〔註100〕的思想，以天道證明人道，主張宇宙規律與儒家道德合一，提出了「聖人與天地合其德」的觀念，替儒學提供宇宙論的理論基礎，把道教無極圖改爲《太極圖》。

道教用無極圖表達修煉長生久視之術，北宋初年，陳摶將其刻在華山石壁，後經種放傳穆修，再傳與周敦頤。黃宗炎說：「太極圖說者，始於河上公，傳自陳圖南（摶），名爲無極圖，乃方術修煉之術，與老莊之長生久視又其旁

〔註97〕張踐《中國宋遼金夏宗教史》，頁206。

〔註98〕收於陳垣編《道家金石略》，頁818。

〔註99〕《資治通鑑長編》（台北：世界書局，民國72年）卷61，頁638。

〔註100〕《老子》第四十章，頁73。

門歧路也。……周茂叔得之，更爲太極圖說。」周敦頤援道入儒，道儒結合的學術融合精神，使儒學與佛老之間更加接近，爲以儒爲本融合三教的宋明理學奠定基礎。〔註101〕

北宋五子中的邵雍以易學聞名，南宋象數學家朱震說：「陳摶作先天圖傳種放，放傳穆修，修傳李之才，之才傳邵雍。」〔註102〕邵雍在李之才傳授的基礎上，建立自己的象數學。邵雍的易學，出於道，本於儒，並結合佛學，呈現三教融攝的面貌，在易佛結合上，一個凸出現象是吸收佛學的「止觀說」構成其象數學的一個基本概念「觀物」。〔註103〕邵雍吸收止觀說，主張順應事物本性，守其性，去其情，以無我態度，才可以見物之性，他說：「以物觀物性也，以我觀物，情也，性公明，情偏而暗。」〔註104〕

師事周敦頤的二程在思想上受周敦頤援道入儒的影響，出入佛老，返求於儒家六經，二程自稱治學過程爲：「泛濫諸家，出入老釋者幾十年，返求諸六經而後得之。」在二程理學中有多處援取禪理，所謂「物物皆有理，……須是遍求，雖顏子於只能聞一知，若到後來達理子，雖億萬亦可通。」便吸收了佛教漸修、漸悟之說。〔註105〕

金代的儒學發展，承繼北宋王學家的思想，杜時升，曾隱居嵩山、洛山，專講北宋二程思想，以「伊洛之學教人」從學者甚眾，麻九疇河北易川人，研治易經春秋，傳授北宋邵雍思想，弟子中多出名儒。王若虛河北蒿城人，專研程朱理學，撰有《五行辨惑》、《論語辨惑》等著述，他批評朱熹爲代表的宋儒解經過於揄揚，「牽扯過甚，故作高深。」〔註106〕

趙秉文曾評價宋代學術界，「自王氏之學興，士大夫非道德性命不談」在他的思想中主要包括了道德與性命兩部分內容。在道的問題上，趙秉文崇尚韓愈，承襲北宋二程之學，以理釋道。他認爲道之體是形而上，道之用是形而下，道「無彼此，無小無大，備萬物通百氏」他說：「夫道何以爲者也，總

〔註101〕周湘斌、趙海崎《中國宋遼金夏思想史》（北京：人民出版社，1995年），頁206。

〔註102〕朱震：《漢上易傳》（上海：上海古籍出版社，1989年），頁5。

〔註103〕佛學的止觀說認爲，止者，止息妄念，專心一境，觀者，在止上發生智慧。和尚慧遠說：「守心住緣，離於散動，故名爲止。」「於法推術，簡擇名觀，觀達稱慧。」《宋遼金夏思想史》，頁44。

〔註104〕同前註，頁268。

〔註105〕同前註，頁269。

〔註106〕同前註。

妙體而爲言者也。……聖人有以明夫道之體，窮理盡性，語夫形而上者也。聖人有以夫明道之用，開物成務語夫形而下者也。」形而上之道，就是太極，太極即氣，氣生萬物，因而道生萬物。〔註107〕

伍、王重陽創立全真教

王重陽（西元 1113 至 1169 年）本名喆，字知明，道號重陽子，陝西咸陽大魏村人，是個出生於家業豐厚的世家子弟，幼學儒術，長入府學，曾應武舉之考，但「天遣文武之進兩無成焉，於是慨然入道」。〔註108〕天會九年（西元 1131 年）金朝陝西之地賜與劉豫，據全真教祖碑記載，此時「廢齊攝事，秦民未附，歲又饑饉時有群寇劫，真人家財一空。」〔註109〕從天會九年到天會十五年之間。陝西地區隸屬於齊所管轄，王重陽籍在京兆府學，曾獻賦春官，〔註110〕卻沒有得到任用的機會，四十七歲中武舉，也沒多大發揮，在這段時間內中原正是多事之秋，秦隴間紛擾不斷，王重陽於是有出塵之志，遂辭官解印，黜妻屏子，拂衣塵外，類楚狂之放蕩。四十八歲時於甘河遇仙，後又於醴泉再遇。重陽遂歸劉蔣村，築活死人墓而居，此時內則潛修金丹，外則佯狂裝瘋，自號王害風。〔註111〕修煉數年後，於大定七年放火燒擇所住茅庵，東出潼關，雲遊至山東，於山東創全真教。〔註112〕

王重陽出身儒門，熟諳儒家經典自不在話下，在宗教追尋的過重中，也曾接觸過佛教，其詞〈減字木蘭花〉云：

七年風害。悟徹心經無罣礙。信任東西。南北休分上下同。龍華三會。

默識逍遙觀自在。要見真空。元始虛無是祖宗。（《全金元詞》，頁 184。）

此詞中可見佛教與道教思想的融合，因此以三教合一樹立全真教義，在文登

〔註107〕趙秉文《滏水文集・原教》（台北：商務印書館，民國 68 年，四庫全書本），卷 1，第 1190 冊，頁 79。

〔註108〕金源璹《甘水仙源錄・全真教祖碑》卷 1，3a，第五冊，頁 119。

〔註109〕同前註。

〔註110〕《金蓮正宗記》，卷 2，1a，第五冊，頁 133。

〔註111〕同前註。

〔註112〕同前註。又有關王重陽創立全真教的事蹟，可參陳銘珪《長春道教源流》（台北：廣文書局，六四年）；陳垣《南宋河北新道教考》卷一〈全真篇上〉。姚從吾〈金元全真教的民族思想與救世思想〉收於姚著《東北史論叢》（台北：正中書局，民國 48 年），頁 175 至 183。孫克寬〈全真教考略〉及〈金元全真教創教述略〉，〈金元全真教的初期活動〉分別刊於《景風》十九、二二期。日人蜂屋邦夫《金代道教の研究》。

設會時，更以三教為名，如「三教金蓮會」、「三教七寶會」，他在《金關玉鎖訣》中說：「太上為祖，釋迦為宗，夫子為科牌」，他接引初機，皆勸人誦佛教《般若心經》，道教《老子道德經》、《清靜經》，儒家《孝經》。雖然三教合一是當時的思想趨勢，但全真教則特別強調三教合一，並以三教合一為重要理念的教門。

結 語

　　民族文化的差異與融合，同樣地出現在宗教層面上，從表面上看全真教和女真本身所信仰的薩滿教似乎沒有什麼關連，不過從金廷對七子及全真道的重視而言，可知女真人也能接受全真教的理念，特別是在祈禳、祭祀、治病這幾個方面的依賴，可說是沿襲他們本身薩滿信仰的習慣而來，自然也容易從這些角度認同全真教，而給予發展空間。

　　從本土宗教的發展環境而言，稍早於全真所成立的太一教、真大道自然是替全真教提供了很好的發展基礎，中國本土信仰對於所有宗教的排他性均不高，卻有著非常高的融合性，全真在這兩個教派之後發展，在這兩個教派所經營出來的修道氛圍中，以更具體有序的修煉方式更完整的教義提供眾生選擇，而有更好的發展。

　　當然全真教的發展，從道教史的觀察上，也有其歷史條件促成，自晚唐以來日漸興盛的內丹派，累積了非常豐富的修煉成果，北宋初，內丹大家呂洞賓、陳摶、劉海蟾等就活躍於秦晉一帶，內丹撰述也紛紛出世，這些都為全真內丹學的基礎，北宋符籙派大盛，動輒舉行耗資可觀的醮事為人所詬病，隨著北宋滅亡，符籙派在北方勢力驟降，此時全真無為清靜，刻苦功行的教風和北宋盛行教派的華麗排場相比，也容易得到人們認可。

　　在儒學的思想上，這一時期也明顯看出融攝三教思想的痕跡，所以全真七子所處的環境之中，有著許多利於全真教發展的各種因素，這些因素加上整個時代背景及他們個人的生命歷程，使他們成為宗教人將他們的生命皈依全真，同時也擴展全真教的生命。

　　全真七子所處時代的宗教背景，和他們所處的時代背景的大環境有著密不可分的關係，從當時出現了三大新教派的現象看，身處異族統治下的中原人士，面對長期的政治、經濟、社會、文化上的波動與衝擊，這種挫折不安的情感蘊藏於心念之中，自然會對世局對生命感到懷疑，進而有人間失序、

天道不彰的末世感，將生命安頓的心理需要投射寄託於宗教信仰上，是許多人共同的選擇，可以說在整個時代環境的末世氛圍中，蘊育了全真教，而人們感受末世的紛亂無序之情則提供全真教開枝散葉的基本條件。

第三章　全眞七子之生平道蹟

　　道教作爲中國本土的宗教，其民間性格非常強烈，而全眞教在當時的新興教派中，卻顯現出中上階層知識分子氣息濃厚的教團趨向。這顯示在長期動亂與異族統治的政治、社會環境下，一般知識分子的地位、身分較低，其一生的生命無法藉由科考或舉薦等傳統方式在現實環境中找到安身立命的生命場域，轉而在宗教世界中尋求發揮他們的智能，並以此安頓靈魂，這一追尋的過程其實就是證道的過程，所以本章分出身家世、悟道過程及證道事蹟三方向以宗教學的「皈依」理論分別加以論述。

　　「皈依」在宗教界和學術界一直是個被廣泛討論的問題，藍伯（Lewis R. Rambo）指出皈依（conversion）本是轉變，轉換的意思，也就是由一個狀態轉換到另一個狀態。至於從什麼狀態改變的另一狀態，藍氏不願給皈依下一個標準定義，而願按照眞實的皈依情形來觀察、了解、表達及解釋。〔註1〕

　　藍氏強調「皈依是一個動態性的宗教過程，它與人物、事件、意識形態、制度、期望、經驗都有關係。這個意思包括：一、皈依是一個過程，而不是一個事件；二、皈依是和許多條件配合的，無法從有關的人際網路、過程和意識形態中脫離開來的；三、影響皈依過程的因素是複雜的、交互作用的、彼此累積的。」〔註2〕在這過程中，準皈依者和傳道者之間的動態尤其重要。

〔註1〕藍氏的皈依理論見於 Understanding Religious Conversion (New Haven, Conn, Yale Universioty Press, 1993); "Conversion: Toword a Holistic Model of Religious Change", Pastoral Psychology 38(1989):48.亦見引用於許惠芳《皈依的過程理論與個案分析》輔仁大學宗教學研究所碩士論文，民國 86 年。

〔註2〕Conversion: Toword a Holistic Model of Religious Change", Pastoral Psychology 38(1989):48。

藍氏提供一個皈依的過程模式，以使用此方式系統化的組織相關的資料。這個模式共分七個階段：一、環境（context）；二、危機（crisis）；三、探問（quest）；四、會遇（encounter）；五、互動（interaction）；六、投身（commitment）；七、結果（consequences）。

在此擬以藍氏此一皈依過程論述全真七子生平，依此模式解讀七子的求道、證道、傳道歷程，在資料的解讀上因史傳的敘述偏向於與政治關連的事件，而未能呈現宗教人心路歷程，因此採取宗教傳記，做為解讀材料。

關於全真七子生平的事蹟〔註3〕，元代全真道士記錄頗多，現存於《正統道藏》者有《金蓮正宗記》、《七真年譜》、《終南山祖庭先真內傳》、《甘水仙源錄》、《金蓮正宗仙源像傳》、《長春真人西遊記》、《玄風慶會錄》、《歷世仙真體道通鑑》，這些傳記多出於全真教徒，是教門內部的資料，其敘述重心自然以宗教人所關懷的宗教生命為主軸，因而解讀這些材料應著重於其中呈現的宗教思想與宗教情感及宗教經驗，就宗教人而言宗教經驗是真實的、有意義的，道教作為中國本土的宗教，有其具特色的終極目的，得道成真、成仙即為道教徒的終極目標，因此這些記載道教修行者宗教生命的傳記，題以仙、真之名，如《甘水仙源錄》、《金蓮正宗仙源像傳》、《七真年譜》、《歷代仙真體道通鑑》之名，顯現的即是道教徒的終極意義。

有了以上的理解，對於這些傳記內容中大量的神異性質，即可擺脫刻板的真實與虛幻的迷思，而以宗教經驗與宗教體悟的角度，了解其中所蘊含的宗教意義，故而本章採用皈依理論，以這些道教內部記載的傳記為文本分析全真七子的皈依歷程。

第一節　全真七子的出身家世

壹、出身家世

馬鈺，初名人從義，字宜甫；入道後王重陽訓名為鈺，又名通一，字玄寶、山侗，又字全道，號丹陽子、雲中子，又號無憂子〔註4〕世稱馬丹陽，或

〔註3〕 全真七子的生平事跡，陳宏銘於其博士論文《金元全真道士詞研究》中有詳
　　　　細考定，於此考據部分不再多作論述。

〔註4〕 關於馬鈺的名字號，一般均據王利用〈全真第二代丹陽抱一無為真人馬宗師
　　　　道行碑〉所載，名鈺字玄寶號丹陽。陳宏銘又據《甘水仙源錄》、〈丹陽真

丹陽眞人山東寧海（今山東省牟平縣）人。生於金太宗天會元年（西元 1223年）卒於金大定二十三年（西元 1183 年），年六十一。祖籍陝西扶風，據說其先祖爲漢朝伏波大將軍馬援之後，唐末避亂，兄弟四人遷居山東，分居萊陽、黃縣、文登、牟平。馬鈺一支即爲牟平馬氏之後。

馬氏家族在寧海頗具聲望，爲當地冠裳大姓，富甲寧海，馬氏之坊，甚富於訾號爲「馬半州」。宗族皆爲通儒顯官；祖父諱覺，字華叟，通五經，爲人信義，言無宿諾，寬厚仁愛，疏財好義，樂善好施，爲鄉人所重；父諱師揚，字希賢，姿貌魁秀，富而好禮，沈靜有度量，事親爲學，綽有父風。弟姪擢進士者三人。馬鈺兄弟五人，取仁、義、禮、智、信爲名，號曰馬氏五常，鈺排行第二。孫忠顯愛其才德，以女兒孫富春（不二）妻之，生子三人，曰庭珍、廷瑞、廷珪。鈺以孝悌見稱，夙賦聰明，自幼業儒，長通經史，遊庠序爲秀才，工詞章，爲人輕財重義，喜行善事、好虛無，樂恬淡，深悟玄玄之理，時誦乘雲駕鶴之語，夢中屢從道士登天。

譚處端，字通正，號長眞子，初名玉，寧海人（今山東省牟平縣）生於金太宗天會元年（西元 1123 年），卒於金大定二十五年（西元 1185 年），年六十三。其父爲鏐鐐之工，屢輟己生資，濟助貧窘，積善累行，受譽鄉里。處端幼而秀發，聲韻琅然，十五歲志於學，詠物警策，所作〈葡萄篇〉已膾炙人口。弱冠涉獵詩書，工諸草隸。

劉處玄，字通妙，號長生子，初名不可考。東萊（今山東省掖縣）之武官莊人生於金熙宗皇統七年（西元 1147 年），卒於金章宗泰和三年（西元 1203 年）年五十七。事孀母以孝聞，發長誓不婚宦，屢欲出家，母未之許。

丘處機，字通密，號長春子，小名丘哥，山東登州棲霞（今山東省棲霞縣）人。生於金熙宗皇統八年（西元 1148 年），卒於元太祖二十二年（西元 1227 年），享年八十。幼亡父母，未嘗讀書，世代業農，樂善好施，故稱善門。自小聰敏，成長以後始知向學，日記千言，久而不忘，以後能文擅詩，均賴自學。

王處一，號玉陽，舊名不詳，寧海牟東人（今山東省牟平縣）。生於金熙

人馬公登眞記）、《金蓮正宗記》、《金蓮正宗仙源像傳》、《七眞年譜》、《歷世仙眞體道通鑑續編》、《逍遙墟經》、《新元史》等資料多有補充。陳氏資料整理的工夫相當深厚，只是在資料擇取上未將仙傳和史傳的性質予以區隔，將所有資料等同視之，稍爲可惜。

宗皇統二年（西元 1142 年），卒於金宣宗興定元年（西元 1217 年），享年七十六。自幼喪父，事母至孝。七歲時，無疾死而復甦，由是知死生之事。十四歲，偶步山間，遇玄庭宮主語之曰：「汝他日必揚名帝闕，當與玄門大宗師。」自茲之後，語言放曠，不與世合，行止顛狂。

郝大通，字太古，道號廣寧子，初名昇，寧海人（今山東省牟平縣）。生於金熙宗天眷三年（西元 1140 年），卒於衛紹王崇慶元年（西元 1212 年），享年七十，家故饒財為州首戶。少孤，事母孝。秉賦穎異，識度夷曠，蕭然有出塵之資。喜讀易經，研精尤甚，因而洞曉陰陽律曆之術。

孫不二，號清靜散人，初名不詳，寧海人（今山東省牟平縣），孫忠翊之幼女。生於金太祖天輔三年（西元 1119 年），卒於世宗大定二十二年，年六十四。性甚聰慧，在閨房中，禮法嚴謹，素善翰墨，尤工吟詠。及笄，適馬鈺，生三子，皆教之以義。

貳、七子出身背景的環境

在藍伯的皈依理論中，皈依的環境包括文化、社會、個人及宗教四個層面，若依影響層次來畫分，可分大環境、中環境、小環境。大環境指的是政治系統，中環境指的是地方發展、小環境指的是個人範圍有關的，直接影響個人思想、感情、行動的生活層面。〔註 5〕本節將大環境的範圍鎖定為國家，大環境中的文化、社會、宗教等問題，已於前章處理，本章即直接在此基礎上，直接就與中環境相扣最緊的政治情勢作分析，中環境以七子的鄉里山東地區為界，探討當時山東地區的文化、社會及宗教背景，小環境則探討七真的家庭及個人心性。

一、詭譎多變的大環境

就大環境而言，全真七子出生至求道期間，約略為金太宗至金世宗之間，女真政權由紛爭進入統一階段，就朝廷政局而言，金太宗、熙宗時期於內政爭頻仍，於外與南宋時有爭戰，女真初主中原，中原各地也還有不願屈服的勢力，不斷發生武裝抗爭。

海陵王以篡弒稱帝，為鞏固勢力而排除異己的一連串措施，不但令女真宗室不安，也多有漢人受波及，由於海陵王猜忌多疑，朝臣多不能久在其位，

〔註 5〕同註 2，頁 52。

又積極從事政治改革運動，並對履次對南宋發動戰爭，因應戰爭的人力及物力需求而徵役及加重賦稅，因此金代在海陵王時期，是個充滿變革又戰亂不斷的時代，處在如此多變的時局，社會人心的浮動不安，對未來難以掌握的焦慮以及現世虛幻的感觸都容易讓人引發對生命更深一層的體悟與省思，在宗教世界中尋找生命的眞義，或是在宗教的國度裏安頓無依的靈魂，是自然的一種趨勢。

金世宗在位期間，雖有小堯舜之美稱，仔細分析其政情發展，仍是暗潮不斷，金世宗初即位之際，對內需調整海陵王朝的舊勢力，對外與南宋仍時有爭戰，雖然世宗對於異己的排除手段較爲和緩，對南宋也採議和相安的和平共處政策，使爭端稍減，但因政治改革而產生的變動，並不下於海陵王，加以世宗對他族的人才任用的態度較海陵王保守，金廷之中女眞貴族勢力抬頭，再一次影響漢族士人的政治生存空間。

二、面臨劇動的中環境

全眞七子均爲山東人，山東古稱「齊魯」，位於黃河的出海口，史家多稱山東地區「民性慓戾而好訟鬥」、「民少樸野、性皆獷直」〔註6〕或稱「民悍而喜寇」，〔註7〕或稱「民俗獷戾，揭竿嘯聚，率以爲常」〔註8〕或稱「齊俗兇悍人輕爲盜劫」〔註9〕山東地區民風強悍而樸質，直迂的性情自然容易在以際溝通上產生困境，全眞教以忍辱教風勸化教眾，除了因應詭譎動湓的時代環境之外，也有其地域因素。

以山東民風的強悍獷直，面對暴力統治自然是全力反抗，因此在金初山東民眾與女眞的抗爭激烈。太宗時金兵攻破汴京「縱兵四掠，東及沂（今山東臨沂）、密（今山東諸城），西至曹（今山東荷澤）、濮（今山東聯城）、兗州（今山東兗州）鄆（今山東東平）……皆被其害，殺人如刈麻，臭聞數百里。」〔註10〕女眞初入山東嚴禁漢人服漢服，金兵在各地檢查服裝髮式，稍

〔註 6〕 見《元一統志》（北京：中華書局，1966 年），頁 100。
〔註 7〕 宋蘇轍：《欒城集·陳游古知沂州》，（台北：中華書局，四部備要叢刊本，民國 78 年），卷 29，第 482 冊，頁 9 至 10。
〔註 8〕 元王禹偁《小畜集·濟州龍泉寺修山門記》（台北：商務印書館，民國 68 年），卷 16，第 39 冊，頁 110。
〔註 9〕 《宋史·范純仁傳》（台北：鼎文書局，民國 67 年）卷 314，頁 10281。
〔註10〕 《建炎以來繫年要錄》卷四，建炎元年四月。安作章編：《山東通史》（山東：山東人民出版社，1994 年），頁 25 引。

不如式即被殺頭，許多無辜漢人被害。由於變服引起布帛價格猛漲，窮者無力購買，只得藏在家中。在山東飽受戰亂，全部陷金的同一年，發生大飢荒，又逢黃河決堤，民不聊生。

金兵佔領山東之後，各地不時有反抗的武裝勢力，女真貴族深感漢人難治，採取以漢制漢措施，立劉豫為齊王，在東平府建都，將山東百姓六十以下二十以上，皆簽發為兵，將大批漢人送至與南宋作戰是前線，又改加重稅賦徵收，山東百姓備受苛虐。

雖然大環境的政爭氣氛，不見得直接造成中環境平民百姓的生活困境，然而大環境的政策更動頻仍，勢必直接波及中環境的人民生計，山東地區在陷金的那一年中飽受人禍天災，繼而又受劉豫政權的荼毒，待金太宗廢劉豫，金人直接統治之後由熙宗開始初步的政治改革，經海陵王的大舉革新，至金世宗才完成的一連串政令更動，由於山東臨近金朝都邑，更動革新的腳步更速，其中以猛安謀克戶及稅賦政策及對南宋發動戰爭時的徵調搜括，對山東地區的影響最劇。

以山東粗獷直率的民風，面臨適應異族政府不斷變革所造成的損傷，難以調適者，紛紛以武力反抗，因此在這段期間內，地方勢力的抗爭活動，也經常發生。在海陵王時期，沂州（山東臨沂）有趙開山，濟南有耿京起義，據《三朝北盟匯編》記載：「濟南府民耿京，怨金人徵賦之騷擾，不能聊生……」〔註11〕由上引文可證生存於那個時期的山東人，經常直接面臨變異動亂的局勢。

從文化歷史的角度看，齊人多逸思，鄒衍陰陽五行學說起於齊，齊地為神仙思想的盛行地，神仙思想自來蓬勃，司馬遷在《史記‧封禪書》中記載道：

> 自齊威、宣、燕昭使人入海求蓬萊、方丈、瀛州。此三神山者，其傳在勃海中，去人不遠，患且至，則船風引而去。蓋嘗有至者，諸仙人及不死之藥在焉。其物禽獸盡白，而黃金銀為宮闕。未至，望之如雲，及到，三神山反居水下。臨之，風輒引去，終莫能至云。世主莫不甘心焉。〔註12〕

〔註11〕宋徐夢莘編《三朝北盟會編》（上海：古籍出版社，1987年），卷249，頁1787。
著名文學家辛棄疾，即於此時投入耿京抗金行列。
〔註12〕司馬遷《史記‧封禪書》（台北：鼎文書局，民國76年），卷28，頁1328。

這是史籍中首見的神仙思想資料,而齊地的宗教信仰自來多元,祠廟信仰豐富泰山的封禪更是歷來統治者象徵天命所歸的重要儀式,在這樣富有歷史傳承且宗教思想氛圍濃厚的地域特色薰陶下,宗教信仰的追求自然形成,因而真大道創教於山東、王重陽於山東立全真道,實有其地域背景因素。

七子成長時期的山東地區,正是真大道發展極盛的階段,劉德仁的真大道教義與王重陽的全真道教義,多所契合,特別是在苦行與心性修行上的強調,真大道在教義上已有三教融合的傾向,全真道則是更有系統地拈出三教一家風的教門特色。從教義的異同上看,七子在接受重陽度化之前的成長環境,瀰漫著真大道刻苦功行,清靜儉約的教風,在這樣的基礎下,王重陽以涵攝真大道的教風,且更具理念系統的全真教義在山東傳道,七子自然能很快接受。

山東在宋金之際,為主要戰場,人口大減,自金世宗大定以後才逐漸恢復,〔註13〕金元之際,山東地區再次遭到戰禍,從金大安三年(西元1211年)蒙古軍大規模入侵,到金哀宗天興三年(西元1234年)金朝滅亡為止,的二十多年中,山東多次遭受戰火焚劫。

就當時文化發展上看,過去在歷史上一直是重要的人口遷入、遷出區的山東地區,到宋元時期,由於政府移民、災害、戰爭等原因,使人口遷移更加頻繁。山東地區為北宋時期安置移民和流民的重要地區,徽宗宣和四年,僅德州、安德、平原三地安置流民即達千餘戶。入金以後,山東又成為女真猛安謀克遷入的主要區域。〔註14〕

金政府曾於正隆元年(西元1156年)、大定十七年(西元1177年)、承安五年(西元1200年)三次在山東進行大規模的括地,有數十萬頃土地拔賜猛安謀克戶耕種。有金一代女真族幾乎遍布各州縣。

因人口結構變化所產生的文化衝突與融合,絕對是居住在宋、金、元之際的山東地區居民,所必須共同面對的問題,北宋時的流民大舉遷入山東,山東地區所面對的是地域文化差異所產生的摩擦與調和,至金代猛安謀克戶的遷入,則又面對更大的民族文化衝突與融合。

因此在全真七子所成長的時代裏,無論就大環境的政治波動或是從山東

〔註13〕詳見安作章編《山東通史‧典制》宋元卷,頁96。
〔註14〕金朝在山東確立政權後,一項重要的政策,便是大規模遷徙女真族入山東與和人雜居。《山東通史‧典制》,頁98。

地區的發展而論，都是劇烈變動的局面，正值文化融合的另一高潮。在衝突對立的過程中價值觀的混亂，倫常秩序的破壞，往往直接衝擊著每一個個體，在這樣的環境中，宗教的皈依是安撫心靈的一種選擇。

三、小環境

再從小環境觀察，馬鈺出身大家族，並且家風仁厚，父祖均於鄉里所敬重，宗族都是通儒顯官，家學淵源深厚，自己本身稟性聰明，他成長的小環境非常良好加上婚配的對象又是門當戶對、知書達理的女子，從世俗的眼光看，他的現實生活安穩舒適，並沒有特殊的情境決定他走向宗教追尋之路，從平素為人輕財重義這一點看，可見他不把物質看得重，喜歡做好事，這種性格傾向宗教胸懷，好虛無，樂恬淡，深悟玄玄之理，則是傳統士人在儒道兩家思想薰陶下的結果。

譚處端的父親只是個有一技之長的鏐鐐之工，但是每每將自己的生活物資捐出幫助窮困者，積善累行，受譽鄉里，這是種無形的生活教育，而譚處端自小聰慧，除了來自遺傳的心性肖類之外，自然也會在父親的身教中，潛移默化，可說在他的小環境中，有著宗教人仁愛慈悲的養分供他吸取。

劉處玄，與寡母相依為命，孤兒寡母要在社會中生存，無論古今，都比常人所要面臨的問題多，這樣的成長環境和背景，勢必影響他的人生觀，對於生命、對於世事，將有別於有父兄族親可依靠的人，從他事孀母以孝聞的事蹟不難看出，和所有寡婦的孩子一樣，孤兒寡母在乏人照顧缺乏安全感的情況下，很本能地強化了彼此之間的感情，缺乏安全感的心，需要尋求心靈的歸處，劉處玄的小環境也提供了他走向修行的基礎。

丘處機和劉處玄有相近的身世，幼亡父母的他，出於樂善好施的善門，打小就聰明機敏，這樣的個人環境，配合整個外在環境，對於現世生命的體會他定然與世人有所不同，選擇回歸宗教，自不意外。

王處一和譚處端相同，也是自幼喪父，事母至孝。而他個人的長成過程中又曾有神祕經驗的體會，七歲時，曾無疾死而復甦，十四歲，遇神人，有這樣的神祕經驗基礎，思想與行為自然和常人不同，從他語言放曠，不與世合，行止顛狂的外在表現看，他走向宗教人之路則是必然的。

郝大通，有富饒的家業，郝氏一族為當地首戶，但同樣是少孤，事母孝，秉賦穎異，又特別喜歡讀易經，因而通曉陰陽律曆之事，易經有義理與象術兩種不同方向的傳承，而喜歡讀易經的郝大通，讀了之後，通曉的是陰陽律

曆之事，從客觀的觀點說，這與他師習的師法有關，但從他「喜讀」進而「通曉」兩者的因果關係看，可以說他本身的個性就對於神祕之事有著濃厚的興趣，因此從他的個性喜好與成長的小環境看，也有選擇修行的基礎因素存在。

　　孫不二是出身名門，聰明穎慧而又有著良好教養的女子，從她嚴謹地遵循禮法上看，她有擇善固執的性格，並且有很好的心性自律能力，至於她善翰墨，工吟詠，則表示她個人多才而有敏銳的感思之心，這樣的個人條件，放在當時的整體環境之中，又受配偶影響，最後能與馬鈺雙雙出家也是其來有自。

　　七真的出身大致均屬中上之家，在混亂的時局中應是生活較穩定的一群，然而均──選擇出家修行的道路，類此生命的抉擇就不能簡單地視為在亂局之中，藉出家逃避賦稅徭役，或謀得溫飽的經濟因素使然，而是一個靈魂為成全其生命所作的抉擇。什麼原因使他們選擇成為一個宗教人？除了大時代氛圍和環境因素外，也不可忽略個人的因素。

第二節　全真七子的尋道過程

　　尋道過程是宗教人追求成全的旅程，藍伯皈依理論中的危機、探問、會遇、互動的歷程，用於探討全真七子尋道過程的進路中，將著重於七子追尋真道是緣契至師事重陽的過程，為免過於主觀套用理論於基本資料之上，於此先讓七真史料客觀呈現其本貌。

壹、全真七子的尋道記載

　　大定七年（西元 1167 年）秋，馬鈺偕高巨才、戰法師遊於范明叔之怡老亭，酒酣賦詩曰：「抱元守一是功夫，懶漢如今一也無，終日銜杯暢心思，醉中卻有那人扶。」中元復會，重陽追其席，戰法師曰：「布袍竹笠，冒暑而來，何勤如焉？」重陽曰：「宿緣仙契，逕來訪謁。」與之瓜，即從蒂兩食，詢其故，曰：「甘向苦中來」，問所來處，曰：「終南，不遠三千里，特來扶醉人。」鈺心自謂前所有「醉中人扶」之語，此公何以得之，復叩云：「何名曰道？」重陽曰：「五行不到處，父母未生時。」鈺愕其言，席間談道，多與契合，乃邀居私第，出示所述羅漢頌十六首，重陽賡和宛若宿成，遂心服師事之。先是鈺夢南園地中，一鶴湧出，今欲為重陽結庵，重陽即指鶴出之地，鈺大異

之，庵成，重陽字之曰「全眞」。鈺欲從重陽雲遊，以家累繁重恩情難捨，遲疑未決，重陽乃盛陳離鄉遠遊之樂以開釋焉。是歲十月朔，重陽令鈺鎖庵齋居百日，分梨十化之，且以詩詞往復酬和。八年（西元 1168 年）春正月十一日，庵始啓鑰，鈺遂以資產付庭珍輩，以離書付孫氏，書誓狀易道服，離家隨重陽居崑崳之煙霞洞，重陽爲更今名字及號。〔註 15〕

譚處端因醉遇雪，臥於途中，而感風痺之疾，喟然而嘆曰：「玉平昔爲行於世，略無鮮益，中復遇奇疾，必非藥石可療之。」乃暗誦《北斗經》以求濟。忽夢大席橫空，欲飛昇據之，見北斗星君冠服而坐，處端而叩首作禮之間，恍然而覺，自茲奉道之心篤矣，至大定七年（西元 1167 年仲秋，聞重陽眞人度馬鈺爲門生，遂迤赴重陽之所，祈請棄俗服羽，執弟子禮，重陽付之以頌，使宿於庵中；時嚴冬飛雪，藉海藻而寐。重陽展足令抱之，少頃，汗流被體，如置吹竈中；拂曉，重陽以盥洗餘水使處端滌面，從滌月餘，宿疾頓瘉，由是推心而敬事之。其妻嚴氏詣庵呼歸，處端怒黜之，重陽授以四字祕訣，遂立今之名字，又道號長眞子。

丘處機年十九，棄俗學道，隱居山東寧海州（牟平）之崑崳山煙霞洞，於大定七年遇王重陽，甚爲投機，執弟子禮，重陽訓名爲今名字號，爲重陽掌文翰，學業更進，並善吟詠。

劉處玄於大定九年（西元 1169 年）忽睹鄰居壁間人所不能及處書二頌，墨跡尚新，不留名姓，其末句云：「武官養性眞仙地，須有長生不死人。」處玄見其筆力遒勁，疑爲神物所化。是歲九月，王重陽攜馬鈺、譚處端、丘處機至東萊，處玄往迎拜之，重陽顧而笑曰：「壁間墨痕汝知之乎？」三子於相視而哂，處玄驚悟，於是鏤肝傾誠乞爲弟子。重陽愛其專勤，贈以詩曰：「釣罷歸來又見鼇，已知有分列仙曹，鳴榔相喚知子意，躍出洪波萬丈高。」乃壁間語意，爲命今名字號，時年方廿三。

王處一於大定八年（西元 1168 年）自牛仙山謁王重陽於寧海全眞庵，願爲門弟子，重陽訓爲今名字號。其母周氏於願出家學道，重陽訓名德清，號玄靖散人，二月晦日處一隨重陽入崑崳山煙霞洞修行，八月遷文登姜實庵。大定九年（西元 1169 年）春奉師命隱居鐵查山雲光洞，四月重陽攜馬鈺、譚處端、丘處機、郝大通遷居寧海州金蓮堂，道經龍泉，時炎暑，重陽持傘，忽傘自手中飛去，墜查山，處一於傘柄中得一詩，並「　陽子」三字傘 因以爲號。

〔註 15〕此小節內容節自《金蓮正宗記》、《金蓮正宗仙源像傳》。

郝大通於大定七年（西元 1167 年）貨卜於肆中，適王重陽遊於海寧，見大通言動不凡，仙質可度，思所以感發之，遂背肆而坐，大通曰：「請先生回頭。」重陽應聲曰：「君何為不回頭耶？」大通悚然異之。重陽出，大通閉肆，從之，及於館所請教焉；重陽授以二詞，覽之大悟，不覺下拜，自是日往親炙，以有老母，未即入道。明年母捐館，三月乃棄家入崑嵛，求為弟子，重陽賜名璘，號恬然子，仍解衲衣去其袖而與之曰「勿患無袖，汝當自成。」蓋傳法之意也。大定九年（西元 1169 年）六月，辭重陽，往居鐵查山，與王處一同修。

大定七年（西元 1167 年）王重陽自終南來，馬鈺待之甚厚，不二未之純信，乃鎖重陽於庵中百餘日，不與飲食，開關視之，顏采勝常，方始信奉。仍出神入夢，種種變現，懼之以地獄，誘之以天堂。馬鈺既從重陽入道，不二尚且愛心未盡，猶豫不決，更待一年，始拋三子，竹冠布袍，謁本州金蓮堂，禮重陽而求度，重陽乃賜之今法名及道號，授以天符雲篆祕訣。

貳、七子的皈依歷程

一、危機

危機是皈依的催化劑，某些類型的危機會導致個人開始進入皈依的過程，因此說危機是皈依的第一步實不為過，藍伯將皈依的機會稱之為危機的催化劑，他一共列出了十一點：

1. 意料之外的神祕經驗。
2. 瀕死的經驗。
3. 生病及痊癒。
4. 自問生命的全部就是如此嗎？
5. 渴望超越。
6. 意識狀態的改變。
7. 精神疾病。
8. 追求新的生活變化，或在不斷變化的社會中追求穩定不變的依靠。
9. 離開原來的信仰。
10. 外界刺激。
11. 追求自我實現。〔註16〕

〔註16〕見 Understanding Religious Conversion (New Haven, Conn, Yale Universioty Press, 1993) p48。

　　危機的催化作用往往是複合的，一個皈依者可能經過數種危機的催化，而產生皈依的需要與作出皈依的決定，以第一點意外的神祕經驗而言，七子的尋道過程中，多有意料之外的神祕經驗，馬鈺夢中屢從道士登天，曾有待宰的豬隻到夢中向他求援；劉處玄因於壁中人所不能及之處，見頌詞疑為神物所化而成；丘處機遇善相者，預言必為帝王師；王處一七歲遇東華教主授以長生久視之訣，十四歲又遇玄庭宮主言必為玄門大宗師；郝大通兩度遇神人；孫不二鎖王重陽百日，見王重陽容色益佳，才純信重陽。

　　神祕經驗之所以成為皈依的催化，實是在現實世界中，將理性的有限認識權威作一鬆動的結果，從認識論的觀點看，人對於事物的理解，由經驗而來是最直接的認識方式，對於世界的建構也由此認識經驗而來。在經驗之中的為合理，超出經驗之外為虛妄是一般人對現實世界中各種事件的判斷標準，以此標準組成秩序井然的現實世界，人們透過認識的判斷，自然地排除了許多非普遍經驗事件，而將思考的空間及生命的場域局限於有限的普通經驗世界中。

　　神祕經驗，同樣地以經驗認識的方式，擊破人們對普遍經驗的絕對界線，以一種感知的方式挑戰普遍經驗所建構出來的理性世界，將人的思考在絕對理性權威中提拔而出，鬆動原本的思考與認知方式，同時對於原本的價值意義也重新有了省思的空間，在宗教皈依的催化上，神祕經驗的體驗與感應往往是效果最著的。

　　就馬鈺的夢境而言，夢在現實世界中，被人們視為虛幻不實，但虛幻不實的夢，仍會影響人的思考與感悟，莊周因夢蝶而對生命的意義有所省思，馬鈺夢中與道士登天，在實際生活中，常頌乘雲駕鶴之語，顯然並未把夢境當作虛妄，而將夢境視為一種提示，二豬夢中求助，翌日即得到證實，夢就馬鈺而言成了一種訊息而非虛妄。

　　劉處玄於不可能處見頌詞，以為是神物所化而成，顯示在他原本的思想中，本將超自然現象視為實有，被他視為神物所化的頌詞則加強了他對追尋此超越世界的動機。

　　丘處機遇善相者的預言和王處一遇玄庭宮主的斷言，均加強他們追尋大道的決心，丘處機以十九之齡遇重陽即拜師。王處一更是自此以後語言放曠，不與世合，行止顛狂，即以違世逆俗的行上明顯地區隔世俗，而邁向玄門宗師的生命之路。

　　孫不二則在實際體驗了王重陽的神異之後,信服重陽之教,《金蓮正宗記》以「純信」二字,強調孫不二在神祕經驗之前與之後的態度,正可看出此神祕經驗的催化強度,有了切身的神祕體認之後,在原先以普遍理性所建構判斷準則下的種種疑慮。全然消失,純然信奉的皈依自然產生。

　　郝大通的神遇則是在他奉道修行之後,神遇的作用,雖在於修煉的精進,而非尋道的引發,然而若將皈依視爲尋道者的持續歷程,而不是只有初入道門的最初階段,遇神人的神祕經驗,可說是促進其修行進程,對其修行有所突破,在悟道的境界上有所啓發,進入深度的皈依境界。

　　譚處端爲風痺所苦,纏綿不得其解,因而引發他對生平行事的一些反思,感歎所行,略無鮮益,暗誦北斗經,於夢中有所感應使得奉道之心更加篤定。疾病所引發而起的痛苦,事實上是更加突顯出現實生活的侷限,經常面對病痛的折磨,也就經常面臨死亡的壓力,強烈感到生命有限時,自然對於生命的眞義比常人有更強烈的追問與尋求,所謂的「略無鮮益」即是在死亡的陰影中省思到:日復一日的世俗生活,除了消耗有限的生命旅程外,並不能對生命有任何的建樹。加上現實生活中的醫藥無法解決他的病痛問題,使他將解脫的方向朝超越的宗教世界尋找,因誦北斗經而有所感應,更堅定他追求超越、終極的奉道之心,而後遇其師王重陽,王重陽治好他的風痺之疾,使他有更進一步的皈依。

　　王處一七歲無疾死而復生,則是所謂的瀕死經驗,瀕死經驗對於一個人的心靈衝擊更甚,等於是直接面臨死亡,而非僅感受到死亡的威脅而已,這個經驗可以使人跳脫原來的人生觀,從而對生命有更深一層的覺醒,追尋生命究竟之心自然使他走向皈依之路。

　　丘處機與郝大通的危機催化可視爲分別是渴望超越、和追求自我實現及意識狀態改變的因素,丘處機十九歲即棄俗學道,隱居棲霞洞,本就有煙霞之志,渴望追尋超越生命,遇王重陽讓他尋求超越生命,追求自我實現的證道生命有進一步的發展。郝大通與王重陽初遇時的言語對答,表現的則是意識狀態的改變,回頭指的是在擾攘無窮的世俗牽絆中悟出生命的眞諦,放棄俗世的塵累,回頭找回生命本源。

　　誠如藍伯所言,皈依是一個動態的過程,則他所舉列這十一項的皈依催化危機,自然不會是單一直線的發展,除了是複合的組成之外,更有網絡的組合性,就自問生命的全部就是如此嗎?渴望超越、意識狀態的改變、思考

追求新的生活變化，或在不斷變化的社會中追求穩定不變的依靠、外界刺激、追求自我實現。這幾項催化因素而言，在皈依的過程中都會出現的，當人對生命的意義因疾病、瀕死、或神祕經驗的經歷而有不同的體認時，自然會產生對於生命終極的探求，詢問生命是否就是如此。認識了世俗生命之外的另一種存在，連帶地改變其原有的意識狀態，渴望追尋終極真實，渴望得到超越，追求自我的生命實現於超越的終極真實之中。加以七子所處的外在環境是如此的變動不安，外界刺激強烈，這些因素都是互動的，彼此連結成一個皈依網絡，更加強化皈依深度。

二、探問

探問的階段，包括人們如何面對危機，以及人們由此引導自己未來的人生方向。這階段包括三個方面：

（一）反應型態　反應型態可以分為五種：

1. 主動尋求：一個對舊有生活不滿，渴望革新，尋求自我實現與成長的人。

2. 樂於接受：一個已經準備好可以接受新生活方向的人。

3. 排斥：一個人在意識上排斥新生活方向。

4. 冷漠：一個人對新的宗教提不起興趣的人。

5. 被動：一個個性較軟弱以致於容易受外在影響的人。

（二）深度改變的能力　改變的能力是指一個人由舊有的生活結構轉變為另一種方向的能力。

（三）動機結構　指一個人面對危機催化，而使出改變的動機。在動機結構中，藍伯歸納出六點：

1. 求樂避苦的需求。

2. 肯定自我。

3. 追求意義系統。

4. 建立並持續各種人際關係的需求。

5. 追求力量。

6. 渴望自我超越。〔註17〕

〔註17〕Understanding Religious Conversion (New Haven, Conn, Yale Universioty Press, 1993) p60～63。

在七子的事例之中，七子對於面臨危機的反應，都是主動尋求自我實現與追求自我成長的，這從由前述七子在危機階段中的反應，可以得知。而在深度改變的能力而言，除了孫不二在經過神祕經驗之後，愛心未盡，猶豫不決，在情緒方面表現出因先前深刻情感生活，不易放下子女，在一年之後，才棄子出家。其餘六子表現出來的深度改變能力都很強。

從動機結構看，求樂避苦的需求表現在七子的尋道生命中，所謂的樂是超越所帶來的自由，所謂的苦是在擾攘俗世之中不得解脫所引起的束縛，因此追求意義系統、肯定自我、追求力量、渴望自我超越這機動機都是存在的，至於建立並維繫各種人際關係，這一動機在全真七子的皈依歷程中，只見建立師門的人際關係，而非各種人際關係，這自然是由於道教出家修行的宗教性格使然。

三、會遇

會遇是傳道者和準皈依者之間的相會逢遇，在這個階段中傳道者本身的背景，包括：世俗條件、宗教條件；傳道者的動機、策略、準皈依者的益處等因素，都會在這一階段對準皈依者的皈依決心有所影響。〔註18〕

從傳道者本身的背景而言，值得注意的是王重陽出自「以財雄鄉里」的大富豪之家，系籍於京兆府學的儒士身分，善文墨，以此背景王重陽至山東，首先度化的是和他同樣出自富室而業儒的馬鈺，而他的度化策略中，採詩詞贈答的方式自然也和他儒士背景有關，就宗教條件而言，道教的祕傳系統與講究機緣的傳承觀，影響王重陽的傳道策略。

在金源璹的〈終南山神仙重陽真人全真教祖碑〉中記載，重陽自言「我東方有緣爾」〔註19〕在《金蓮正宗仙源像傳》也見重陽言「我東方丘劉譚中尋馬去也」、《金蓮正宗記》述重陽觀王處一骨格非凡，而收以為徒，這些記載都呈現了著重仙緣與仙契的道教神學觀，在強調機緣的傳承觀念之下，王重陽的傳道策略在點化的過程中，著重經營適當環境，使受度者有所觸發，透過思考對於所處的情境有深一層的體會，重陽再進而提出關鍵性的提點，讓受度者翻然徹悟。

在度化馬鈺夫婦時，王重陽先顯以神異，使二人震服，在這個階段中，馬孫二人信服重陽為有道之人，自己卻還沒有將生命全部交付於尋道旅程

〔註18〕同前註，P68。
〔註19〕收於李道謙集《甘水仙源錄》，《正統道藏》第 5 冊（臺北：新文豐出版公司，民國 84 年）。

中，而重陽分梨、芋與栗二人共食，即暗示二人即早省悟「道」為生命的最終依歸，及早分離，斷絕家累，求道需趁早等觀念，讓馬鈺斷絕家恩親情。重陽以入夢的方式對孫不二顯化天堂地獄之別，同樣是宗教氛圍的營造技巧，主要目的仍是希望孫不二因夢中的經驗，對生命有所省思，輪迴不斷的生命是無盡的磨難，跳脫輪迴證成大道才是究竟。

這種著重緣與契的結合是道教傳承在勸化技巧上最為殊勝之處，在傳道者與受度者之間保持的是種雙向交流的互動關連，而非絕對的傳授與接收的單向教導。受度者本身透過自我的體會感觸，而在性靈上有所自覺，始能默契於傳道者所告知的訊息。必得默契於傳道者所授與的真義，此時才能真正領會傳道者所傳之道，也唯有透過這一層領會與契認，才能讓一個人將習以為常的世俗生活中營建起來的恩情愛戀重新定位，而出自於自覺地在現實與終極之間做智慧的抉擇。

這一默契與抉擇的歷程，在七子與重陽會遇的過程中，有著非常明確的線索，重陽與馬鈺初見的場景中，重陽以「扶醉人」一語契會馬鈺日前所賦之詩，在馬鈺心中留下深刻的迴響。這一默契更在分梨十化的過程中，雙方以詩詞應對的方式作更深的交流與互動，因此馬鈺於分梨十化之後，從重陽出家入道。

劉處玄和郝大通與重陽會遇的過程中，同樣也是緣契的重合，重陽先在壁上顯神跡以吸引劉處玄的注意，就劉處玄而言，他本就有辭故山欲訪異人的心願，因母親的不捨而未能如願，然而訪異人以求更精進於道的心念，一直在他心中蘊釀著，所以壁中「武官養性真仙地，須有長生不死人」二句能讓他深契領會，這時的領會自然是初步的領會，加強了他尋異人的心念，直至會見重陽之後，經由重陽提點，方悟其頌，這時的悟是徹底的悟，所以鏤肝薦誠，刻骨效盟地師事重陽。郝大通則同樣以重陽一句「只恐先生不肯回頭」而驚悟，透過閒話往來的問答如投石的會契，讓他得意而歸，這驚悟與得意的過程，是會遇的有效結果。

重陽與譚處端之間的會遇，起於處端苦於風痺之疾，求治於重陽居所，重陽初不接納，處端堅守終夕，剝啄不已，直至門忽自開，重陽大悅以為仙緣所契。在重陽與處端會遇之時，仙緣所契與傳道者和受道者之間的契會是同時俱備的，所以當重陽以為時機成熟，可以接納處端後，召之同衾而寢，能夠談話親密過於故交。而這師徒之間契會的盟發一方面是基於仙緣，同時

也由於重陽的傳道策略，欲度還拒的策略，讓處端能在這一過程中有更深層的謁見心志，才能在會見之後有所徹悟。

在道教的傳承傳統中，傳道是道人的天生使命，然而道法的傳承有嚴格的限制，非其人而傳，非其時而傳都是犯戒的，何時傳何人，講究的就是機緣二字，時機成熟時傳給宿有仙緣者，才不負道法。

從七真與重陽的會遇過程中，看重陽傳道的動機，可以看出非常鮮明的道教色彩，重陽所以由攜鐵罐、拄杖東行，由陝西跋涉到山東，始於甘河遇仙時二仙的指點及醴泉遇道人的催促：

> ……既畢，指東方曰：汝何不觀之，先生回首而望，道者曰：「何見？」曰：「見七朵金蓮結子」……道者曰：「速往東海，丘劉譚中有一俊馬可以擒之。」（《金蓮正宗記》卷二）

這是典型的仙人點化過程，說明了重陽東向傳道的動機在於仙人的吩咐，從重陽與所遇的仙人與道者之間的相互關係上看，很明顯的二仙和道者都是傳道與重陽者，重陽在〈玉女搖仙珮〉一詞中記錄了這兩番奇遇：

> 終南一遇，醴邑東逢，兩次凡心蒙滌，便話修持、重談調攝，莫使暗魔偷適。養氣全神寂。稟逍遙自在步閒閒遊歷。覽清淨，常行穴迪，應用刀圭、節要開劈。三田會明靈，結作般般，光輝是勘。先向天涯海畔，訪友尋朋，得箇知音成閩。直待恁時，將相同步，處處嬉嬉尋覓。暗裏欄欄檄。覷你為作，如何鋒鏑。會舉箭、張弓對敵。百邪千魅，戰迴純皙。無愁感，方堪教可傳端。（《全金元詞》，頁165。）

重陽自言受點化之後，修持有成，於是向天涯海畔，訪友尋朋，得個知音成員，經過一番尋覓，找到傳承的對象之後，仍經過一段時期的觀察，才予以傳道，觀察的目的，自然是確定緣契的相合。

經此兩回指點重陽向東傳道，凸顯了道脈傳承的意義，重陽詞作〈滿庭芳〉即將此一道脈傳承勾勒鮮明：

> 汝奉全真，繼分五祖，略將宗派稱揚。老君金口，親傳與西王。聖母賜、東華教主，東華降、鍾離承當。傳玄理，富春劉相，呂祖悟黃梁。登仙弘誓願，行緣甘水，復度重陽。過山東，直至東洋。見七朵金蓮出水，丘劉譚馬郝孫王。吾門弟，天元慶會，萬朵玉蓮芳。
>
> （《全金元詞》，頁266。）

從重陽傳道的動機看重陽傳道的策略，益加能凸顯緣契在道教道法傳承上的

特殊性質，在重陽心中早有傳承的對象，因此他能妥善地營造度化的氛圍，讓受度者在適度的引導之下，啓悟他們宿有的慧具，讓本有的道性撥除世俗習染的遮蔽，與度化者所傳之道相契。

四、互動

互動著重的是準皈依者與傳道者之間往來的態度和作法，會遇與互動在發展階段上是緊連的，會遇之時即有互動的產生，而在互動階段，要更深一層探討的是傳道者使用何種方法，持續其影響力，使皈依者繼續往來，而顯得更投入。〔註20〕

王重陽與七子之間的互動，充滿道教神異色彩，已從上一階段會遇的探討中可見，神異的顯跡就重陽的傳道策略而言，是營造強烈的宗教氛圍，使弟子在強烈的震懾情境中，曉悟超越世界的存在的方便法，但並非他傳道策略中的不二法，在引得弟子對他們人敬服之後，進一步引領弟子入道，則需弟子對自我生命有更深一層的內在省思，對此重陽也有因材施教的一連串策略。

對馬鈺的度化，重陽特別令馬鈺鎖庵百日，以隔離的方式，讓馬鈺省思參悟，在這過程中，並以詩詞贈答的方式和馬鈺互動，鎖庵百日的目的即在以身體的隔離，減去不必要的干擾，同時這樣的隔離也達到社會隔離的目的，這百日之間，親友一律在隔絕之外，詩詞贈答的方式，則進行的是思想的隔離。這點可由重化馬鈺的詞得到佐證：

〈宣靖三臺〉化丹陽

> 有限形軀，無限火院，剎那催促光陰。想人生、有似當風燭，整日家、
> 晝忙夜驚。有等愚迷，千思萬想，家緣逼迫渾沈。愛子憐妻，被冠家、
> 繫纏縈身。猛悟迴頭，名韁割斷，恩山推倒重重。將愛海跳出，清閑
> 樂道逍遙，半張紙，一張琴。土榻安眠，牢拴意馬，莫教鬥亂身心。
> 慧劍揮時，斬群魔、萬神自寧。二炁相交，龍奔虎走，金烏玉兔相迎。
> 入玉爐、金鼎丹砂，煉陽神、出朝玉京。此箇家風，冰清玉潔，點頭
> 多謝知音。欲要成雙全後，價值千金。（《全金元詞》，頁267。）

功名利祿、妻情子愛是現世生命中人們所經營追求的，然而從超越的觀點看，這些人生慾求正是將有限形軀逼入無限火宅的因素，因此必須從愚迷的恩山情海之中醒悟，才不會把有限的人生，限於整日驚忙的不安狀態。這明顯是

〔註20〕同註2，p102。

思想的改造，重陽在馬鈺鎖庵百日之中，經常贈與的都是此類勸化丹陽出家修行的作品。

　　鎖庵百日將馬鈺身心隔離於日常生活的習境中，在這過程中鎮日專注省思，唯一能接觸互動的是王重陽以詩詞方式傳達的勸化思想，這些勸化思想都是要求他放棄以前的世俗生活中人子、人夫、人父的角色，改變整日驚忙的行為，拋棄名利恩愛的價值觀，從而以道教鍛鍊修行昇脫凡境、出朝玉京的世界觀、性命雙修的信仰系統、大道之中清閑逍遙的眞自由意識形態，使馬鈺脫離習染的現世意義系統。

　　馬鈺在鎖庵百日之中，對重陽的勸化詩詞多有唱答，〈心月照雲溪〉一詞正可看出對重陽勸化之詞的反應：

> 我今得遇，便向難中做。決要脫家緣，細尋思、不堪回顧。黜妻屏子，
> 絕利更忘名，離鄉關，歸物外，稱個超然悟。馬猿捉住。修葺眞圜所，
> 豈敢戀冤親，要龜蛇、時時廝覷。援其性命，出自太原公，掌元初，
> 成圓相，踏碎根源路。（《全金元詞》，頁291。）

由上引詞作可看出馬鈺對重陽勸化是全然接受的，並把與重陽的會遇當作是人生重要的旅程，得遇前與得遇後是一個截然的畫分，得遇前的種種是不堪回顧的，雖然成眞之路異常艱難，那些個曾經攀緣追逐的名利全是虛假，癡纏愛戀的妻子都是冤家，必須絕棄黜離，進而歸於物外才能有所了悟。

　　這一詞作顯示的意義系統和王重陽所諄諄勸誘的逍遙眞道是相同的，得遇後馬鈺省悟了生命的意義，在於尋回本初的眞圓，接受了重陽性命雙修的教義，重建他個人生命的意義系統——掌元初，成圓相。

　　在孫不二與王重陽的互動過程中，孫不二對重陽的勸化，並不像馬鈺有著強度的接受效果，而是在馬鈺隨重陽出家後的一年，才做進一步的皈依決定。而影響其決定的原因，自然是對親子的牽掛，同樣的原因使郝大通與王重陽會遇之後，重陽授與二詞，大通有所悟卻並未立刻受業為弟子，直到其母捐館，才棄家修行。至於王處一則因其母願出家從重陽為師，因此在與重陽會遇之後即毫無牽累地出家修。七子中的其餘三人，譚處端、劉處玄、丘處機都是在會遇的互動之中，很快做了皈依的決定。

五、投身

　　在藍伯的皈依理論中，投身階段通常必須要做個決定，並以一種公開的個

人見證儀式，表達他在身分及態度上的改變，但不是所有團體都要如此。〔註21〕

　　就全真七子的皈依過程而言，這一個階段也是富有全真色彩的。當七子決定奉重陽爲師，棄家修道之後，首先要做的是棄家，馬鈺將家資教與諸子，給孫不二休書，孫不二也在第二年拋子出家，譚處端於其妻子謁重陽處呼歸時斥黜妻子，丘處機則早就棄俗修道，一個人在山中修行，王玉陽母子師事重陽同時出家，劉處玄誓不婚宦早有投身修行的準備，郝大通則待母親去世後才投身出家。

　　出家是王重陽修道的要求，事實上也是道教傳統，雖然道教的叢林制直到全真才確立，但是棄家絕俗棲隱山林卻是仙道思想的重要內容，因而以全真七子爲例，投身這一階段不是一個沒有信仰的人成爲一個信仰者，而是更深一層的投入於信仰之中，棄家作爲投身的第一步，深具道教色彩。

　　在全真七子的皈依過程中，奉師、命名的階段，即表達了身分和態度上的改變。從全真七子的師徒關係上看，可見儒家師徒之間比照父子的倫理關係，王重陽授與七子每人新的名字和道號，透過這樣的命名，象徵的是道脈的傳承，牽連整個團體的關係網絡，道號的授與代表著與道團建立關係，成爲王重陽教團組織的一分子，表示的也是和從前身分的是種畫分。馬從義是現實世界中的富豪之人，世俗人眼中的馬員外；馬鈺則是追求超越的修行者，全真教中的開創發揚者。雖然兩個名字指的是同一個人，代表的卻是不同的生命內涵，因此把命名當作是種儀式，這種儀式的象徵意義就在表達身分上的改變。

結　語

　　依藍伯的皈依理論，討論全真七子的皈依歷程，可發現每一個階段都是環環相扣的，全真七子的皈依歷程，並不是如理論所畫分的幾個階段，呈現出一個機械程式的階段性歷程，而是一個連續性的有機組合。

　　特別是基於道教殊勝的神學性格，在緣契的牽引之下，若執著藍伯的階段性皈依歷程分析，會顯得有些匠滯之氣，七子中有三人在與王重陽會遇之時，即機緣合契，即時投入重陽門下，難以特別析出互動這一階段的觀察，所以此一皈依歷程理論，可作爲原則性的架構運用，特別注意到藍伯所謂動態的歷程這一觀念，既是動態歷程，就不會是僵化的直線階段性發展，而可能有其跳躍與變動性。

〔註21〕同註2，p.124。

依藍伯的皈依理論，檢視七真皈依歷程中的互動階段，這一小節的討論，顯出馬鈺和王重陽之間的互動關係，最為明確而豐富，主要的原因在於資料的齊全，事實上從七真的皈依歷程可發現，在每一個階段中，都以馬鈺具有豐富的分析內涵，原因在於王重陽視馬鈺為衣缽傳人，重陽有意讓馬鈺傳教其餘六子，因此對馬鈺的教化特別用心，此外馬鈺為全真教第二代掌教，七子中的大師兄，基於教門倫理，全真發展初期，馬鈺在教門中聲望最著，加上他是七子之中與重陽互動最頻繁而久的，所以他這一段期間的資料也被保存較多。這一點可以從其他六子的傳記敘述結構中得到印證，其他六子的傳記，在師事重陽後的個人悟道過程及佈道行化事蹟與前一階段與重陽的會遇互動比例，前後有懸殊差距，而丹陽的傳記在這方面的差距不那麼懸殊。

第三節　全真七子的悟道及證道事蹟

皈依，是宗教人追尋超越的最初階段，皈依的整個歷程僅一再強化投入的過程，而這一過程直至投身皈依的具體行動以特定儀式完成，就整個宗教人的尋道生命而言，也只是和過去生命做一階段性的畫分，尋道的路從此才算明確的起步，而皈依儀式之後宗教人開始的悟道及證道生涯是宗教生命中的精華。

在全真七子所留下的大量著作中，可以清晰地看到他們悟道及證道的內涵，此節特選其悟道及證道事蹟，〔註22〕以傳記記載的內容分析其悟道、證道事跡，呼應及強化前二節的論述。

壹、全真七子的悟道及證道事蹟

王重陽於文登創「七寶會」，寧海立「金蓮會」，福山立「三光會」，蓬萊立「玉華會」，掖縣立「平等會」，馬鈺皆參贊其事，王重陽卒後，馬鈺於劉蔣村築環堵守喪。鈺頭分三髻，以念重陽。十四年（西元1174年）秋夕，與三道友言志鄆縣秦度鎮，真武廟，鈺曰「鬥貧」，譚曰「鬥是」，劉曰「鬥志」，丘曰「鬥閒」，翌日乃別。鈺復歸劉蔣村，構一廣庭為環居之所，手書「祖庭心死」以表其願。由是專心致志，以精窮內事，雖祁寒酷暑，不易常服，行化度人，利生接物，聞其風者，咸敬憚之，杖履所臨，人如霧集，有求教言，

〔註22〕本事跡節自《金蓮正宗記》。

來者不拒，人心歸嚮，無賢不肖咸願為門弟子，儒士名流慕其德，不憚數千里之遠，往而求見者，無虛日。

大定十八年（西元 1178 年），鈺離祖庭，赴隴州、華亭、京兆等地傳道，徒弟雲集，不可勝數，於是教門大興，教義大闡，奠全真一派日後之宏基者，鈺實居首。二十三年（西元 1183 年十二月，赴萊陽遊仙觀，忽肆筆書委形贊，寓其歸真之意，是月二十二日，謂劉真一曰：「汝等欲作神仙，須要積功累行，縱遇千魔百難，慎勿退惰，果爾，然後知吾言不妄矣。」又曰：「我開眼也見，瞑目也見，元來不在眼，但心中了然，無所不見耳，汝緣在北方，可往矣。」時將二鼓，東首枕肱而仙蛻。

譚處端於劉蔣村守喪畢後，往來於洛川之上，行化度人歷十餘載，從其學者甚眾，晚年遊洛陽，見洛南朝元山水明秀，遂其東誅茅拾礫而菴焉。大定二十五年（西元 1185 年）孟夏朔日，無疾留頌而逝。

劉處玄於大定十四年（西元 1174 年）秋遊洛京，鍊性於塵埃混合之中，養素於市廛雜沓之藪，心灰益寒，形同枯木不春，人饋則食。不饋則殊無慍容，人問之則對，無問則終日純純。大定十六年（西元 1176 年）還武官拜母氏，相見甚歡，卜大基之陰，建靈虛之祖堂，手植檜柏，蒼翠成行。居無何，鄉里誣告處玄殺人，不辭而就縛，坐狴犴者將十旬；後殺人者自首，乃得免。大定十八年（西元 1178 年）遷居洛城東北溪洞，門人為鑿洞室，忽得石井，眾方駭異，處玄笑曰：「不遠數尺，更有二井，此乃我三生前修練處」鑿之，果然。二十一年（西元 1181 年）秋，東歸萊州。明年，復就武官故居建庵，於是玄風大振，四方受教日眾，遂註《道德》、《黃庭》、《清靜》等經。

大定二十三年（西元 1183 年）十二月二十二日，馬鈺羽化，處玄與王處一同主葬事，守墳百日乃使門人張順真等持書詣洛，請譚處端主掌教門，處端於大定二十五年登霞，處玄於二十九年嗣教為全真第四任教主。承安二年（西元 1198 年），金章宗聞風聘召，問以至道。處玄對曰：「至道之要，寡嗜欲則身安，薄賦斂則國泰。」上曰：「先生廣成子之言乎！」敕近侍館處玄於天長觀。明年三月，得旨還山，賜臨固辭不受。

泰和三年（西元 1203 年）正月，東京留守劉昭毅、定海軍節度使劉師魯東來禮問道，處玄告曰：「公等皆當代名臣，深荷顧遇，吾將逝矣，不足為公等友。」復示頌云：「正到崢嶸處，爭如拂袖歸。我今須繼踵，回首返希夷。」二人覽之，愴然。二月初六日，鳴鼓集眾，告以去期，謂弟子曰：「各自善護

持，毋生懈怠。」乃曲肱而逝。

　　丘處機於大定十四年（西元 1174 年）西入陝西寶雞之磻溪，持心修練六年，脅不沾蓆，寒暑不移，大定二十年（西元 1180 年），遷居隴州（今陝西隴縣）西北之龍門山七年，苦修如磻溪時，並博覽詩書，真積力久，學道乃成，遠方學者咸禮敬之。大定二十七年（西元 1187 年）移居終南山祖庵。次年，奉金世宗詔見於燕京，主萬春節醮，剖析天人之理，頗邀天聽，蒙賜巾袍，並錢十萬，表而還山。金章宗明昌二年（西元 1191 年）由終南山東歸，隱居登州棲霞太虛觀，修建壇宇，氣象一新。泰和三年（西元 1203 年），長生真人劉處玄仙逝，處機繼掌教門，是為全真教第五任教主。泰和八年（西元 1208 年），金章宗敕其居太虛觀。李元妃重道教，加賜玄都寶藏六千餘卷，驛送太虛觀，由是全真教名滿宇內，達官貴人，奉道日眾。

　　興定三年（西元 1219 年）丘處機移居萊州（今山東掖縣），元太祖成吉思汗，統兵征伐花剌子模，行至乃蠻國，欽重處機盛名，乃遣使返國徵召，持虎頭金牌，文曰：「如朕親行，便宜行事。」近侍劉仲祿奉詔率蒙古二十騎，來漢地敦請。興定四年（西元 1220 年）離萊州，應召北觀，有弟子尹志平、李志常、宋道安……等十八人隨行。至盧溝橋，燕京士庶僧道來迎，並應道眾要求，作醮於天長觀，時有數鶴飛來，乃作瑞鶴圖，燕京士大夫多有題詠。五月至德興府（今察哈爾涿縣），八月至宣德州（宣化縣）興定五年（西元 1221 年），正月時，寄詩燕京道友言志，詩云：「十年兵火萬民愁，千萬中無一二留，去歲幸蒙慈詔下，今年須合冒寒遊，不辭嶺北三千里，仍念山東二百州。窮急漏誅殘喘在，早教身命得消憂。」時處機已七十四高齡，不辭艱遠，萬里西行，慈心救苦，千古欽敬。

　　西行以宣德州為起點，至成吉思汗大雪山行宮，自元太祖十六年（西元 1221 年）二月至十七年三月抵撒馬爾干，在此候至十月，轉至行宮覲見，上問：「真人遠來，有行長生之藥？」對曰：「有養生之道，而無長生之藥。」此後，凡講道三次。太祖時方西征，日事攻戰，處機每言欲一天下者，必在乎不嗜殺人；及問為治之方，則對以敬天愛民為本，問長生久視之道，則以清心寡欲為要。太祖深契其言，曰：「天錫仙翁，以寤朕志。」命左右書之，且訓諸子焉。時太祖行在設大雪山之陽，故史稱雪山講道。元太祖十八年（西元 1223 年），處機隨軍，至三月懇辭先行，太祖飭阿里鮮陪同，八月抵宣化，往返整三年。三月抵返燕京住太極宮。

郝大通（西元1171年）聞重陽昇仙，馬譚丘劉四子已入關，遂西遊訪之。以十二年（西元1172年）四子遷重陽靈柩，葬於劉蔣村故地，大通欲與四子同廬墓側，譚處端激之曰：「隨人腳跟轉可乎？」明日遂行，至岐山遇神人，授今名字及道號。十三年（西元1173年）度大慶關而東，翱翔趙魏間（趙州、魏縣皆在今河北）。十五年（西元1175年）坐於沃州（河北趙縣）石橋下，緘口不語，河水泛溢，身不少移，水益弗及；人饋之食則食，無則已，雖祁寒盛暑，兀然無變，身槁木而心死灰，如是者六年。二十二年過灤城，又與神人遇，受大易祕義，自爾為人言未來事，不差毫髮。至鎮陽居觀升堂演道，遠近來聽者常數百人，已而闡化諸方，專以利物度人為務，由是郝太古之名聞天下。金章宗明昌初（西元1190年），東還海寧，一日欲作易圖，遽索紙筆，適粥熟，弟子不即與，請俟食已。大通曰：「速持來，我方得意，何暇食粥。」筆入手揮染，疾若風雨，不終朝而成三十三圖，其旨意皆天人蘊奧，昔賢所未發者。咸平高士王賢佐占筮素精，見師進服，盡棄其學而學焉。其他靈異之跡，如天長預告侯子真之火，恩州夜入王鎮國之夢，不可殫記。

崇慶元年（西元1212年）臘月晦日，仙蛻於寧海州之先天觀。前此三年，敕其徒營塚壙，告以歸期，及是果然。

孫不二於王重陽仙蛻後，迤邐西邁，穿雲度月，臥雪眠霜，毀容敗色而不以為苦，至大定十二年（西元1172年）春，抵京兆趙蓬萊家中，與馬鈺相見，參同妙，轉涉理窟，丹陽乃贈之以〈煉丹砂〉曰：

> 奉報富春姑，休要隨予，而今非婦亦非夫，各自修完真面目，脫兔三塗，鍊氣莫教麤，上下寬舒，綿綿似有卻如無，簡裏靈童調引，動得赴仙都。（《全金元詞》，頁398。）

孫不二謝而受之，相別東西，各處一方，鍊心環堵，七年之後，三田返復，百竅周流，遂起而東行，遊歷洛陽，勸化接引度人甚多。大定二十二年十二月忽沐浴更衣冠，問弟子天氣早晚，對曰：「卓午矣。」遂援筆書〈卜算子〉，書畢謂弟子云：「吾今歸矣，各善護持。」趺坐而化。

貳、全真七子悟道及證道事蹟意涵

一、絕俗苦修

丘劉譚馬四子師事重陽之後，隨重陽在煙霞洞修行，命王玉陽與郝大通於鐵查山修行，授孫不二天符雲篆祕訣，讓其自行修行，可見王重陽對弟子

的引導，取因材施教的方式。王重陽見王玉陽骨格非凡而收為弟子，對於玉陽的根器早有慧見，很快就命他往鐵查山雲光洞修行，並直言為玉陽「登真之所」只吩咐他「幸無懈怠」，而後以飛傘送玉陽 陽子號，對郝大通則剪去兩袖，以象古人傳衣之法，並命他前往鐵查山和王玉陽一同參修，大通直到重陽沒後，方悟重陽密語。王重陽傳法要訣取禪宗頓悟之妙，著重在讓弟子自我省悟，七真之中備受親炙的馬鈺，也是在與重陽的互動中，一再地參玄領會，自己領悟重陽的意旨。

由於重陽的傳法訣要在於讓弟子尋找自己本身的道性，因此七子均經歷了一段苦修參悟的真功修行歷程，丘劉譚馬守重陽墓廬後，各以「鬥貧」、「鬥是」、「鬥志」、「鬥閑」為修行功課，專心致志以精窮內事，這一階段自然是將重陽所授之法更進一步地體會精研，以求真正的領會，道行更加精進。

宗教不是議論，而是體驗的事實，特別是王重陽融合儒釋道三教之義，所闡述的修行要旨及精義，不但在心性的鍛鍊上強調了性體悟，也注重內丹真氣的煉養，從性命雙修的進路經營宗教生活，內丹的煉養，乃是透過呼吸吐納等氣功的操作，讓人體體內的機能發揮到最極至，引發大能量，同時是生理操作也是心理訓練。王重陽於其《立教十五論》中首先強調的即此身心調和的問題：

> 凡出家者，先須投庵，庵者舍也。一身依倚，身有依倚，心漸得安，氣神和暢，入道真矣。凡有動作，不可過勞，過勞則損氣，不可不動，不動則氣血凝滯，須要動靜得其中，然後可以守常安分，此是住安之法。〔註23〕

在身心調和的前提下，逆則成仙的修煉方法才有可依的載器。尋道生涯，有別於般世俗生活，所以出家是修行的第一步，出家的作用在於環境的隔離，以脫離現實的空間環境方式，阻隔世俗活動中的種種牽扯，同時也是心境上的隔離，以出家的動作斬斷親情的牽掛，可見出家並不代表人身不需依靠，而是對世俗關係的斷絕，出家之後最先要做的是替身體找到依靠的場所，身有所依，心才能漸得安寧，可見出家雖是以決絕的態度斬去俗緣。對宗教追尋的過程而言，卻只是個起步，斬去了俗緣不代表了無牽掛，身是離了紛擾塵世，心卻還未有依歸，得適當的安頓才能漸安，而安頓的方式自然是宗教的修行生活。

〔註23〕見《正統道藏·重陽立教十五論》la，第 54 冊，頁 237。

馬鈺曾對其徒在修行上有一番懇切訓誡，《丹陽真人語錄》記載如下：

師曰：「晝夜十二箇時中，天道運行，斡旋造化，還有頃刻停息否？」

門人對曰：「無停息」

師曰：「凡學道之人，切須法天之道，斡旋己身中造化，十二時中，常清淨，不起纖毫塵念，則方是修行。」〔註24〕

行住坐臥都是行道，如此密實的修行生活，所要排除的就是在世俗中所習染的一切俗念。

一個人要控制自己的思維，讓思緒在任何時刻都符合超越向上的要求，當然是件鉅大的改造工程，需要時時刻刻在心上用心，自然不堪俗事一再干擾，出家是斷絕干擾的方式，讓心靈與生活留下空間，控制思維的工作才能進行。

由凡俗超拔到神聖，必定要經過這種思維自我改造過程，宗教生活就是改造工作的方式，而這個工作除了自己，沒有他人可替代，馬鈺的另一段話這麼說：

諸公休起心動念，疾搜性命，但能澄心遣欲，便是神仙。別休認，休生疑，此是端真實語，惟要常清淨，勉力行之，但悟萬屢假，自心證，欲自遣，性自停，命自住，丹自結，仙自做，他人不能替，得自家做修行。各各用力，休太急，常逍遙自在，弟子若不是，師父說破，不能認此為妙法。〔註25〕

於此正可說明，何以全真七子在經過王重陽的點化傳授之後，或隨重陽修行（丘劉譚馬），或自行參玄（孫不二），或師兄弟同悟（郝、王），最後仍有一段絕俗苦修的階段。這一階段所參悟的，正是師者所不能言，須弟子真修實參，若非弟子自悟，說破了也不能讓弟子在修行上有所認證。

馬鈺在劉蔣村中「早晨則一碗粥，午間一缽麵，過此以往，果茹不經口。」〔註26〕冬夏披一布懶衣，食粗取足，隆冬雪寒，庵中無火，兼時用

〔註24〕見《正統道藏‧丹陽真人語錄》14b 至 15a，第 40 冊，頁 16。此言亦見於《丹陽真人直言》，字有微異，掇錄如下：師父言曰：「十二時辰天地運行，斡旋造化，還有息否，凡行道之人須象天之道，亦要十二時中無暫停住，自己斡旋造化，常要清淨，莫起纖毫塵念，乃是修行。（《正統道藏‧丹陽真人直言》1b，第 54 冊，頁 241）。

〔註25〕同前註，前書。

〔註26〕《正統道藏‧丹陽真人語錄》4a，第 40 冊，頁 10。

冷水。〔註27〕將生活所需降到最低的程度，自言：「予在終南，居環堵，跣腿赤腳，並無火燭相，僅六年矣。」〔註28〕如此苦修的目的自然是在克制心性，以成其鬥貧的心志，所以他對門人說：「道人不厭貧，貧乃養生之本，飢則餐一鉢粥，睡來鋪一束草，襤襤縷縷，以度朝夕，正是道人活計。」〔註29〕

譚處端和劉處玄同在市井之間煉養心性。譚處端被拳擊至齒折血流而和血咽腹中，託宿於紅塵之間，練就心如土木，未嘗動念的功夫，則是直接面對欲望的惑，以堅定其認可的超越價值。「鬥是」的苦功下得既深又險，於此亦見其求道之心甚堅。〔註30〕

劉處玄煉性於塵埃混合之中，養素於市廛雜沓之聚，而心灰為之益寒，形木為之不春。人饋則食，不饋則殊無慍色，終日純純。被誣告也不作辯解，束手就縛，坐安然坐牢。〔註31〕和譚處端同樣也採的是隨緣順事和光同塵的歷練心態，在生命的每一個時辰中，鍛鍊心志。

王處一在雲光洞中，偏翹一足獨立九年，未嘗昏睡，夏迎陽立，冬抱雪眠，〔註32〕王處一如此苦修的原因，在段志堅《清和真人北遊語錄》中有珍貴的記載：

> 玉陽大師，自居家時不知慾事，出家不漏，後在鐵查山，忽一夕有漏，哭泣至慟，意欲食之，感諸天地以布沖和之氣，後三日，乃得心地，此後方是千磨百鍊，曾於沙石中，跪而不起，其膝磨爛至骨，山多礧石荊棘，赤腳往來於其中，故世號鐵腳。〔註33〕

從上引文可知，七真的苦修，在性功上用力的同時也在命功上有所鍛鍊，而一個凡人要超越有限追尋無限，所要克服的是天生自然的各種生理拘限，但這一項任非常艱鉅的，這種逆反自然的修行，每一時分、每一動念都必須面臨自然的挑戰。以王玉陽為例，七歲有奇遇，十四歲已有堅定的求道信念，從不知慾事，出家後更是修行有功。在鐵查山的修行，是他更進一步精進的階段，而在這鍛鍊的過程中他卻漏失了命功的修鍊成果。因為有這一次的考

〔註27〕《正統道藏・丹陽真人語錄》7b，第40冊，頁12。
〔註28〕見《正統道藏・洞玄金玉集》卷8，15b，第43冊，頁280。
〔註29〕《正統道藏・丹陽真人語錄》10b至11a，第40冊，頁13至14。
〔註30〕《正統道藏・金蓮正宗記》卷4，2a，第5冊，頁148。
〔註31〕《正統道藏・金蓮正宗記》卷4，4a至4b，第5冊，頁149。
〔註32〕《正統道藏・金蓮正宗記》卷5，2b，第5冊，頁155。
〔註33〕《正統道藏・清和真人北遊語錄》卷3，11b至12a，第55冊，頁750。

驗，使他益加苦修參悟。

郝大通在沃州橋下，默默靜坐，饑渴不求，寒暑不變，人饋則食，不饋則否，雖有侮狎戲笑者，不怒也，志在忘形。〔註 34〕如此苦修三年，意圖去除的即是習以為常的榮辱、饑渴等生命中最外在的形式。孫不二不以穿雲度月、臥雪眠霜、毀敗容色為苦，〔註 35〕所鍛鍊的仍舊是身心的堅忍度。

丘處機於大定十四年西入磻溪，隱居六年，這六年間，日乞一食，行則一簑，雖單瓢不置也。晝夜不眠六年，而後隱居龍門七年，苦行如在磻溪時。〔註 36〕丘處機以漫漫十三寒暑的苦修參悟，「鬥閒」的功夫下得徹底，這段期間的身心煉養基礎，讓他日後能以七十高齡北度沙漠，赴雪山向成吉思汗宣道。

經過這一階段的苦修真功後，在心性上才能真正領會離塵去欲，識心見性的真境地，此時七子所參悟的道，才算圓通，也才算達到十二個時辰專心在道上的要求，有這一番苦修的工夫，才能布道，馬鈺即明言：

> 或十二時辰中，未有一個時辰專心在道，將來怎得了達，受十方施主供養。〔註 37〕

必須有如此的修行，才可勝任度化他人的工作，因此絕俗苦修的階段，表現出七子悟道過程中真功修行的一面。

經過這一階段的歷練後，七子的傳道與布道活動，顯得異加活躍，他們的證道歷程，進入了度化他人，引導眾生的另一真功真行階段。

二、雲遊布道

王重陽遠自陝西東赴齊地度化七子，七子也均承襲重陽教化，在悟得道妙之後，度化有緣，光大教門。

大定十年（西元 1170 年）正月，王重陽留下王玉陽和郝大通兩人在山東，自己帶著丘、劉、譚、馬四人西行，在途中脫世。重陽在臨終之前交付馬鈺帶領其他三人繼續傳道。段志堅《清和真人北遊語錄》記載著丘處機所述，重陽的遺言：

> 祖師曰：「丹陽已得道，長真已知道，吾無慮矣。長生、長春則猶未也。

〔註 34〕《正統道藏・金蓮正宗記》卷 5，7a，第 5 冊，頁 157。
〔註 35〕《正統道藏・金蓮正宗記》卷 5，10a，第 5 冊，頁 159。
〔註 36〕《正統道藏・甘水仙源錄》卷 2，5b 至 6a，第 5 冊，頁 136。
〔註 37〕《正統道藏・丹陽真人直言》2a，第 54 冊，頁 241。

長春所學，當一聽丹陽，長眞當管領長生。〔註38〕

馬鈺的傳道自重陽仙蛻後，在守喪三年間，他已居全眞掌教之職，至四子在鄠縣秦渡鎭各言其志後，日人窪德忠認爲馬丹陽讓其他三人專心致力於內修，把教門的興廢的責任集於一身，盡心促進教團的發展。當時在陝西地區，幾乎沒有全眞的地盤，因而他直奔陝西中部發展教務。〔註39〕劉煥玲從馬丹陽的道行碑記等相關記載，以及《終南山祖庭仙眞內傳》中馬丹陽眾弟子之傳記內容推測，當時馬鈺一方面在終南祖庭闡揚全眞教法，一方面赴陝西中部咸陽、長安、奉翔、華亭、隴州、等地度人，積極布教。〔註40〕馬鈺被視爲全眞教的第二代宗師，是重陽蛻逝後，鞏固全眞教在陝西一帶基礎的功臣，《正宗金蓮記》稱美其行教「志如鐵石，行若冰霜，縱橫闡化，十有三年……迪啓全眞，發展玄教。」據丘處機弟子尹志平《清和眞人北遊語錄》所言以無爲古道爲主，〔註41〕以自身的苦行清修，感化道眾。在金朝下遣發道人更還本郡的詔書之前，已先有所感應，自謂門人東方教門年深殘破，將東還拆洗，於大定二十一年（西元1181年）東還，一路傳道而返，此後在山東發展全眞教務。〔註42〕

譚處端在大定十四年（西元1174年）秋居洛陽朝元宮。不久出關東行，雲遊河北一帶，行化於磁州、洛州一帶。據金源璹〈長眞子譚眞人仙跡碑銘〉說他有分身之術，歸禮師事者，頗有其人。他傳道對象「不擇貴賤，賢鄙不異，山林城市，俱以道化。」〔註43〕於大定二十一年（西元1181年）西赴關中，居華陽純陽洞，馬鈺卒後，繼任全眞掌教。

劉處玄在洛陽市廛修煉有成後，遷居洛陽城東北雲溪之濱門，度化信徒，門徒日集，而後東還家鄉武官，在山東傳教，譚處端卒後，繼任爲掌教。

王玉陽於雲光洞苦修有成後，來往於齊魯各地傳教，他是重陽攜四子西歸後，唯一留在山東傳教者，馬鈺在東歸山東前雖有拆洗教門之語，然而從

〔註38〕《正統道藏・清和眞人北遊語錄》，卷2，10a至b，頁737。

〔註39〕詳見窪德忠《道教史》（東京：山川出版社，1988年），頁313至314。

〔註40〕劉煥玲《全眞教體玄大師王玉陽之研究》，成功大學歷史研究所碩士論文，民國83年6月，頁56。

〔註41〕《正統道藏・清和眞人北遊語錄》卷3，15a，第55冊，頁752。

〔註42〕馬鈺的佈道詳情，可參蜂屋邦夫《金代道教研究》第二編，第一章第二至三節，（東京：汲古書院，1992年），頁243至324。

〔註43〕《正統道藏・甘水仙源錄・長眞子譚眞人仙跡碑銘》卷1，29b至30a，第33冊，頁132至133。

他東歸即刻受到寧海道眾的熱烈歡迎盛況，可知重陽西行至丹陽東歸這十餘年間，一直在山東傳道的王玉陽，並沒讓山東地區的全真教發展停頓，重陽東來之初所建的「三教五會」依然正常運作，大定二十七年（西元 1187 年）王玉陽獲得金世宗宣召，抵達金朝中都（今北平）他的傳道也由山東擴展到河北地區，據《雲光集》記載看，王玉陽的布道達當時金之北京大定府（今熱河平泉）〔註44〕

丘處機於大定二十六年還劉蔣村祖庭，當金朝遣發道人各還本郡時，處機曾言：「余雖在牒發之中，不能出關，若出關，則秦中教風掃地無餘矣。」〔註45〕可見此時丘處機正大力在關中進行闡教工作，大定二十八年二月金世宗召見，至汴京世宗館於天長觀主持萬春節醮事，四月住持全真堂，五月召見於長松島，八月復返終南山。致力於闡化玄風，金章宗明昌二年（西元 1191 年）東歸棲霞故里，章宗泰和七年春，元妃贈道經一藏，驛送太虛觀，金宣宗貞祐二年（西元 1214 年），楊安兒之亂，登州、寧海皆不平，處機牒喻安撫，所至皆投戈拜命，二州遂定，金宣宗貞祐四年（西元 1216 年）遣使召請，宋寧宗於嘉定十二年（西元 1219 年）遣使迢請，同年五月成吉思汗於乃蠻山遣使來聘。

丘處機以七十二之高齡不辭跋涉之苦，行經萬餘里歷時兩年多前去應召，與成吉思汗所言，不外「欲一天下者，必在乎不嗜殺人。」等敬天愛民、清心寡慾的道理。隨著丘處機的北行，教化也隨之而行，處機沿途在適當的地點，留下適當人選，立觀教化，全真教的影響力，固然因丘處機接受金、元兩方詔見而大展，實際上赴召的旅途，也是他勸化闡教的旅程。

郝大通在沃州修煉有成後北遊盤桓於真定府之間，州人敬信之，大定二十二年雲遊於灤州，復至鎮陽，居觀升堂講演宣教，聽眾常達數百人，繼而雲遊諸方。

孫不二自出家後在山東金蓮堂修行，於大定十五年西行入關，致醮祖庭，

〔註44〕《雲光集》有王玉陽應北京官民之請，前往祈雨之詩作，其前有小序題云：「大安己巳（衛紹王大安元年西元 1129 年）七月，師在北京華陽觀。時久旱，在城官民懇禱於師曰：「苗將槁矣！安得重蘇？」師乃閉目良久，復謂眾曰：「虛空許雨一尺，降於來日。」眾未純信。翌日果驗，官民致謝，作此絕以示之。」，《正統道藏雲光集》卷2，43b 第 43 冊，頁 379。又王玉陽的佈教活動詳見劉煥玲前揭碩士論文，第三、四章。

〔註45〕《正統道藏·正宗金蓮記》卷3，6b，第 5 冊，頁 143。

與馬鈺相見之後，鍊心環堵，遊歷洛陽，勸化接引，度人甚多。

在重陽仙逝後，七子分散各地行化，傳教據點分布陝西、河南、河北、山東各地，各人所行化的地區，互不重疊，使得全真教得以迅速在華北各地發展，因此蜂屋邦夫以爲七子之間可能商討過各自佈教的範圍。〔註46〕從馬鈺東歸自出關起，所到鄉邑，都受到老少民眾的熱烈歡迎。可見從關中到山東沿黃河附近地區，七真及其弟子在此已有卓著的傳教成績，所以沿途居民對全真教已有所認識。

三、神異事蹟的意義

綜觀全真七子的雲遊布道事蹟，可發現神蹟的顯示，是傳記中敘述的重心，爲地方興醮祈雨止旱，賑濟窮苦是他們主要的功行，馬丹陽爲東牟祈雨有應、中元焚詞感應至速、下咒讓苦井變甘、止雪、止風雨、使枯木回春等神異事蹟；收藏譚處端所書龜蛇二字得避火災；劉處玄有預知能力、又能分身、禱雨止旱，感應神速；丘處機祈風禱雨，刻期不差；王玉陽飲鴆酒殊不煩燥、煮魚療病、起死回生。

就七子的神異事件而言，明顯的看出，這些神異事件，富有兩層意義：一方面顯現七子修煉有成，在性功和命功上都有超越凡人的成就；另一方面顯示，這是布道的方法之一。就修煉有成的角度看，這是道教傳記的傳統筆法，神異事蹟的記載，目的在顯證修行者是否得道，得道即超越凡俗，成就了道士所追求的終極真實，修煉成仙，與道合真。當然成仙是最後階段，但尚未完成最後階段時，真正修煉有成的得道之士，已具有常人所未有的超能力，從七子均對於自己現世生命的終期都有所準備的神異事跡上看，七子的修行成果是明確的，他們各自留下的頌詞，顯現他們證道精義，在證顯修道有成方面的神異事件，可說是自然而樸實的，如齋醮有驗，預知歸期等。

在七子傳記中記載的神異事件，卻有許多是刻意顯現的記載，例如使枯木回春、起死回生、書字予人避災、煮魚療病等事件，從事件的發生前後可看出一切都在他們的安排預料之中，就這些事件的效果而言，可知這是他們的傳道策略。七子受重陽度化後，經過刻苦修行，其修行內容是內外均煉的性命雙修工夫，以們的修行過程看，在在顯現清淨無爲，樸實儉約的教風，

〔註46〕蜂屋邦夫，〈譚長真の生涯よ思想〉，《東洋文化研究所紀要》，第108冊，1989年。

何以在傳道的方式上，盡顯神通，甚至被以爲善幻誣民？〔註47〕

探索這些神異事件的意義，可發現七子的傳道策略傳承了王重陽的教風。重陽在度化七子時，以神異現象引發七子對現實世界及自我生命的省思，在七子出家後，才傳予修道要訣。七子未出家前，重陽一再顯其神異，使們從習以爲常的現實生活中，了解超越世界的存在，這是很強烈而明顯的刺激，目的自然是透過刺激，而產生反應。

姬志眞在〈重陽祖師開道碑〉中有一段記載，提供了尋繹重陽之所以會現神異而傳道的線索：

> 所謂得仙者，必稱其怪誕；所謂長生者，必使留形住世而已。殊不知神變出異，幻惑靡常，乃好奇者之所慕，而道家之所謂狡獪也。至於自本自根，自互古以固存而不壞者，豈尋俗之所易見易知哉？祖師之來傳此而已，……清淨本然，古今常若，祖師以此立本，以此應事。（《雲山集》卷七）

從本根之道而言，神異之事固然狡獪，然而本根之道卻是尋俗所不易見、易知的，所以針對人們對神異事件的好奇及超越能力的嚮往心理，變異幻化，引起人們的注意，讓世俗中人有心踏上尋求本根之道的路上，所以陳銘珪在《長春道教源流考》中，稱王重陽神異之蹟，其用意，在於扶世立教而已。〔註48〕

同樣的七子刻意顯露神通，也具有方便度化的作用，目的仍在扶世立教，對於一般的民眾以神功解決他們最引以爲苦的患害，無論是天災或是病痛，都是直接威脅到人們生命，引發人們焦慮的強大危機。在這種危機之下，人們渴望解脫的心自然強烈，再以強力刺激的方式，解除這種危機，宗教所特有的使人震懾力量形成一種全面籠罩的氛圍，最易令人信服。

神異的顯示，是七子承襲重陽的傳教策略，同時也是道教傳承上的特殊傳統，但七子的神異事蹟還具非常重要的全真道派特色，那就是功行的實踐。全真的修行除了以性命雙修的方式讓自我超脫於現世之外，更重要的是必須有功行才能得道，以齋醮的方式，祈雨止雪，替天下人解除災患是集體的救濟，是最有功行的表現。

從傳記編寫者的觀點言，因全真七子特別注重功行，自然他們的傳道度

〔註47〕見姚遂撰：《正統道藏·甘水仙源錄·玉陽體玄廣度眞人王宗師道行碑》卷2，14a，第 33 冊，頁 140。
〔註48〕陳銘珪《長春道教源流考》卷 1，頁 23。

化，關於這方面的事蹟也特別多，碑記撰寫者爲彰顯全真教風，採用這方面的資料是理所當然的，所以這方面的記載也特別多。

雖然神異的顯現是傳道策略的一部分，但是全真的教風仍是有別於以符籙見長的其他道教宗派，不以神異修練爲重。這點可以從七子在教門中督促弟子用功的內容看出，已出家的弟子，所要奉行的是著力功行，老實修練，十二個時辰中，時刻不可懈怠，住行坐臥都要修道。

結　語

七子傳記中所記載的悟道與證道事蹟，清楚地記載七子的修行歷程，七子在入道之後，均有過非常嚴格的絕俗苦修生涯，這個過程，一方面顯現尋道信念之堅定，同時也表現全真清淨苦修的教門風格，在物質條件寒儉的環境中，克服個人心性上的弱點，無論是鬥是、鬥貧、鬥志、鬥閒，均是淬煉頑心，當然以全真性命雙修的教義言，苦修的不只在性功上下工夫，命功的鍛鍊也同時進行，以全力致力於超越天生自然的生理拘限，是屬於個人悟道上的真功真行。

長期苦修不僅是七子個人悟道的重要法門，同時也爲其傳道宣教生涯奠下基礎，七子的雲遊布道路程，也就是全真教流傳開展的歷程，他們隨著個人機緣分別在不同的地區宣道傳教，傳道的對象也是隨緣，馬鈺、劉處玄、郝大通、孫不二等四人的宣教對象以基層民眾爲主，而譚處端、王處一、丘處機則因緣會，多與貴室相接，丘處機更赴雪山爲成吉思汗講道，將沿途留下弟子開展全真教化。基層民眾的傳教對全真教的發展有紮根的意義，對達官貴室的講道、爲皇室宗親演法、應地方官長之請主齋醮之事，則對於全真教的發展則發揮強力宣傳作用，使教團擴散迅速，是屬於彰顯道法的真功實行。

顯道的神異事蹟既是七子傳道的策略，同時也是七子道行的表徵，顯異的目的通常在於度化世人，將其苦修道果，或用以救助苦難、或是祈雨止雪，均是扶世立教的表現，極富道教神仙變化的濟度功行。

第四章 全眞七子證道詞的形式特色

　　全眞七子詞作現今可見的數量相當豐富，據《全金元詞》所收，馬鈺八八一首、譚處端一五六首、劉處玄六五首、丘處機一五二首、王處一九五首、郝大通、孫不二各二首。〔註1〕本章首論金代詞風，作爲探討全眞七子詞作的文學背景，之後進行七子的證道詞的題材歸類分析，論述七子以詞勸道宏道的功能性，再分別自詞牌運用的偏向、表現形式的特色、語言文字的運用風格，以此檢視全眞七子如何以詞這種文學體裁表現其悟道歷程，又如何運用詞的文學形式從事勸化宣導的宗教行爲。

第一節　金代的詞風

　　據張倉禮指出，金人詞作，收集最早的當推唐圭璋先生。此前，沒有人專門系統收集金代詞作。明吳訥輯《唐宋名賢百家詞》，有金詞三家。清末朱

〔註 1〕　《全金元詞》收錄金元兩代兩百八十二位詞人，七千二百九十三首詞作，該書所用底本，以善本、足本爲主，關於七子詞作部分，除了丘處機的《磻溪詞》，據影印金本及道藏校補《彊村叢書》本外，其餘均以道藏爲本。爲研究全眞七子詞最方便之書，該書蒐羅廣博，編印過程中，難免疏漏，自發行之後，學者多有提出修訂增補意見，如：王瑛〈《全金元詞》刊誤〉（《古籍整理研究出版情況簡報》99 期，1892 年）；麼書儀〈《全金元詞》中一些問題的商榷〉（《古籍整理與研究》1986 年）；楊寶霖〈《全金元詞》拾遺訂誤〉（《古籍整理出版情況簡報》181 期，1987 年）；周玉魁〈略談《全金元詞》的校訂問題〉（《文學遺產》1989 年五期）；周玉魁〈金元詞調考〉（《詞學》第八輯，華東師大出版社，1990 年）；羅杭烈〈《《全金元詞》補輯〉（《詞學雜俎》，成都：巴蜀書社，1990 年）；王步高〈《全唐詩》《全金元詞》輯佚〉（《文教資料》，1992 年一期）；施蟄存〈宋金元詞拾遺〉（《詞學》第九輯，華東師大出版社，1992 年）；張朝範〈金元詞辨〉（《文學評論》1992 年六期）；葛渭君〈《全宋詞》《全金元詞》訂誤〉（《文獻》1993 年四期）。

孝臧刻《彊村叢書》，搜集豐富，爲學人所稱讚，其中所收金詞也只有三家。唐圭璋所輯《全金元詞》，收金代詞人 70 人，詞作 3572 首，是今天所見金詞之全貌。〔註2〕金代詞人在女眞統治的北方，處於南北分割、戰爭頻仍、城鄉社會均遭破壞，人民生活在適應民族文化差異與衝突的特殊環境中，這種現實環境有別於北宋的積弱，同時和南宋的偏安也有很大的差別，反映這樣特殊的環境，金代的詞作自然和北宋及南宋的作品有著明顯的不同，然而從詞的發展而言金詞也有承襲北宋詞風之處，本節即從分期、風格、反映的時代意識三方面討論金代的詞風，以作爲探討全眞七子詞風的基礎。

壹、金詞的分期

關於金代文學的研究，均把金代的文學分爲三期，黃兆漢傳承歷來文學史的三分法，以初、盛、晚三個階段。〔註3〕周惠泉的《金代文學發凡》也是分三個階段，〔註4〕金啓華在〈金詞論綱〉論綱中同樣以三階段敘述金詞。〔註5〕金代初、盛、衰三期的分法以世宗、章宗爲區間，世宗、章宗以前爲初期，章宗以後爲末期。雖然學者或稱以一二三指稱（黃兆漢）或以金初時期；世宗、章宗時期；金末亡國時期（金啓華），但分期的時段均相同。唯詹杭倫《金代文學史》將金代文學的發展分爲五期，自太祖收國到海陵正隆末葉爲第一期，金世宗大定三十年爲第二期，章宗明昌至泰和末爲第三期，衛紹王至哀宗天興末年爲第四，金亡到蒙古至元八年爲第五期也是總結期。〔註6〕詹氏的分期較細，雖分五期，但是主要的分期年限和其他學者並無兩樣，將世宗和章宗兩朝的文學區分開來，在於世宗時文風剛柔兼濟而章宗時轉爲浮艷尖新，若就異而觀之如此細分自然妥貼，但就相同點而言，剛柔兼濟發展爲浮艷尖新可視爲階段性的變化，而詹氏的章節安排上，也以金中葉發展時期，

〔註2〕見張倉禮〈金代詞述略〉《中國古代、近代文學研究》（長春：吉林社會科學院，1988 年 1 月。

〔註3〕黃兆漢於〈金元詞的分期〉一文中，指出每一個朝代都大致上可依局勢的初興、大盛至衰落而分初、盛、晚三會階段，故每一朝代的文學亦可以按此劃分爲三個時期。這樣的分期不但能夠清楚的認識不同時代環境的不同詞風與詞人。

〔註4〕周文見氏著：《金代文學發凡》第一章（長春：東北師範大學出版社，1994 年）。

〔註5〕金文見氏著：〈金詞論綱〉收於《詞學》第四輯，（上海：新華書店，1986 年）。

〔註6〕詹杭倫《金代文學史》（臺北：貫雅文化，民國 82 年），頁 7。

與金中葉文學興盛與轉變期論述世宗章宗階段，都屬於金中葉，〔註7〕所以其他學者將此二期合併也無不可。至於金亡後流落異代的文人特列為一期，是就文人主體意識為導向的畫分法，在文學史的分期傳統中，自來有此分法，在時代替換之際把作家畫歸於其心所向之朝代，不過就時代分亦無不可，分期是便於相對比較的理解，於此採用三期分法。

金初由金太祖收國元年至海陵王正隆五年（西元 1115 至 1160 年），這段期間屬創業階段，文學相當樸素，到金熙宗當政，任用遼降將和宋朝被拘留金的使臣為金建立典章制度，清代莊仲方所編〈金文雅·序〉指出：「金初無文字也，自太祖得遼人韓昉而言始文。太宗入宋汴州，取經籍圖書，宋宇文虛中、張斛、蔡松年、高士談輩後先歸之，而文字煨興，然猶借人異代也。」〔註8〕文士自來就身具文學家與政治家的雙重身分，金初草創典章制度既是借人異代，自然也是借文異代的局面，因此這是個屬於遼、宋舊臣的文人學士擅場文壇的時期。莊仲方所提宇文虛中、蔡松年、高士談等人都有詞作留下，此外尚有吳激、邢具瞻、完顏亮。

由於這些遼宋舊臣仕金都有不得已的難言之處，加以受傳統士太夫進退出處理想的牽制，使他們在仕金之後，不可避免地必須經常面臨自我道德要求與社會輿論及現實環境的矛盾衝突，所以這時期的詞作，在內容上以故國之思，流轉之歎，遁隱之想為主調，下以宇文虛中〈迎春樂〉為例：

〈迎春樂〉立春

寶幡綵勝堆金縷，雙燕釵頭舞，人間要識春來處。天際雁，江邊樹。

故國鶯花又誰主。念憔悴、幾年羈旅。把酒祝東風，吹取人歸去。

（《全金元詞》，頁 3。）

在熱鬧的迎春場景中，心中關注的焦點卻是代表著可以傳遞遠方訊息的天際雁，想望故國景物，感慨自身羈旅，想歸的心因現實環境的阻撓只能憑借東風。回歸故國既然不可能，回歸山林就成為另一種轉化。

這段時間的詞作，只有身為一國之主的海陵帝完顏亮一掃故國之思與身不由己的感歎，而有除通天障礙、撥雲看月的豪氣：

〈鵲橋仙〉待月

〔註7〕同前註，目錄。
〔註8〕莊仲方《金文雅》（三重：文成出版社，民國 56 年），頁 2。

停杯不舉，停歌不發，等候銀蟾出海。不知何處片雲來，做許大、通
天障礙。蚍蜉撼斷，星眸睜裂，唯恨劍鋒不快。一揮截斷紫雲腰，仔
細看、嫦娥體態。（《全金元詞》，頁 26。）

金世宗、章宗兩朝金廷政治穩定，對外也以議和為政策，文治教育均興，清
阮元在《金文最·序》中說：「故當大定以後，其文筆雄建，直繼北宋諸賢。」
〔註9〕這一時期的詞人，都是科舉出身為金廷自己培養出來的知識分子，這時
知名詞人有：蔡珪、劉迎、李晏、王寂、趙可、任詢、馮子翼、劉仲尹、耶
律履、黨懷英、王筠、元德明、趙擷、孟宗獻、胥鼎、王磵、景覃、完顏從
郁、劉昂、高憲、王特起。〔註10〕

這一階段不但詞作多，也反映各方面不同的生活，擺脫前輩無限感慨之
作，寫北地山河、國際局勢、或感時抒懷、家居樂趣、別離相思、山居閒情
等題材多樣，情懷各異，如王寂〈瑞鶴仙〉：

轅門初射戟。看氣壓羣雄，虹飛千尺。青雲試長翮。擁牙旗金甲，掀
髯橫策。咸行蠻貊。令萬辛、縱橫坐畫，盪淮夷獻凱，歌來斗印，命
之方伯。赫赫功名天壤，歷事三朝，許身忠赤。寒陂湛碧。容卿輩，
幾千百。看皇家圖舊，紫泥催去，莫忘尊前老客。願年年滿把黃花，
壽君大白。（《全金元詞》，頁 37。）

這是對金朝將領的歌頌之詞，也反應了升平之際功臣處優的風姿，呈顯當時
的安康時局。在康樂時局中生活趣味的領略也豐富了詞作的題材，黨懷英的
〈青玉案〉即歌詠製茶之精：

紅紗綠篛春風餅。趁梅驛、來雲領。紫桂巖空瓊寶冷。佳人卻恨，等
閒分破，縹緲雙鴛影。一甌月露心魂醒，更送清歌助清興。痛飲休辭
今夕永。與君洗盡，滿襟煩暑，別作高寒境。（《全金元詞》，頁 42。）

金末一般指宣宗至哀宗時期，這段時期北方有蒙古南侵的軍事壓迫，南方與
南宋陷入交戰不已的局面，憂時傷亂是這個時期作品的主調，不同於初期被
異代借才的矛盾與感慨、緬懷和傷逝，這時期的作品有更迫切的國亡傷亂的
焦慮感。黃兆漢所列此時知名的詞人有：許古、辛愿、趙秉文、完顏璹、馮
延登、李俊民、王渥、高永、折元禮、李節、王予可、王澮、趙元、李獻能、
雷淵、元好問、段克己、段成己。

金末詞人自然也是金朝培育出的文人，他們認同的家國是女真人所建的

〔註 9〕 阮元：《金文最·序》（三重：文成出版社，民國 56 年），頁 3。
〔註 10〕 見黃兆漢《金元詞史》（台北：學生書局，民國 81 年），頁 21。

政權，面臨蒙古的入侵，在意識上仍然是對異族的入侵排斥，然而對於政府的腐化，他們同感無力，段克己〈鷓鴣天〉即唱出此調：

> 白首老儒身連蹇，不隨時世紛華。儘他人笑魯東家。皇天如欲治，舍我復誰耶？此道未行應有待，何須思慮無涯。男供耕稼女桑麻。薄軀何所事，問柳與尋花。（《全金元詞》，頁145。）

擇善固執待時而作的心志，在現實局勢的橫阻之下無力更改，只得轉化一下焦躁不安的思慮，努力耕稼之餘，只得問柳尋花來暫時沈潛。

　　從金詞不同時期的作品表現出不同的內容情思，可明顯看出，文學創作雖是主觀的情思呈現，但是影響作者個人主觀意識的時代環境、政局情勢、社會氛圍等因素也決定了作者創作出來的文學，文學創作是自主的，同時卻也是複合的，即使是單一的爲創作而創作爲文學而文學，都一定程度地表徵了創作者本身所處的社會，特別是中國文人多有士人意識，有著把現實生活中的所感所思，以文興懷以文遣懷，而士人的所思所懷縱使因人而小異，卻多少都有知識分子的優越感和使命感，在寄寓的文學創作動機傳統下，其作品與時代環境的關聯清晰可見。

貳、金詞的風格

　　《金文最》的編者張金文在自序之中指出：「金有天下之半，五嶽居其四，四瀆有其三，川嶽炳靈，文學之士，後先相望。惟時大夫稟雄深渾厚之氣，習峻屬嚴肅之俗，風教固殊，氣象亦異，故發爲文章，皆類花實相扶，骨力遒尚。」〔註11〕

　　金詞的風格自有一種清新俊逸之風，有別於南宋工緻典雅之詞風，況周頤在《蕙風詞話》中對於金詞與南宋詞有具體的分析比對：

> 南宋佳詞能渾，至金源佳詞近方剛。宋詞能深緻入骨，如清眞、夢窗是。金詞清勁能樹骨，如蕭閒、遯庵是。〔註12〕

就詞學的傳統看，有所謂「詩莊詞媚」，方剛清勁的金詞相較於綺羅薌澤的傳統自然不被視爲正宗，然而正宗別格之論，並不影響作品本身的價值，金詞之前有蘇軾以別格開創詞作的新境界，金詞也因其地理環境關係，與南宋詞形成兩種不同系統，黃兆漢認爲金詞的成就可與宋詞並駕齊驅，其差異只在

〔註11〕張金吾編《金文最》（三重：文成出版社，民國58年），頁3。
〔註12〕況周頤《蕙風詞話》（臺北：臺灣商務印書館，民國50年）卷3，頁57。

格調的不同，其比較例作如下：〔註13〕

〈霜花腴〉重陽前一日汎石湖，吳文英

翠微路窄，醉晚風、憑誰為整欹冠。霜飽花腴，燭銷人瘦，秋光做也
都難。病懷彊寬，恨雁聲偏落歌前。記年時，舊宿淒涼，暮煙秋雨野
橋寒。妝靨鬢英爭艷，度清商一曲，暗墜金蟬。芳節多陰，蘭情稀會，
晴暉稱拂吟牋。更移畫船。引佩環、邀下嬋娟。算明朝、未了重陽，
紫萸應耐看。

〈眉嫵〉新月，王沂孫

漸新痕懸柳，澹彩穿花，依約破初暝。便有團圓意，深深拜，相逢誰
在香徑？畫眉未穩，料素娥猶帶離恨。最堪愛、一曲銀鉤小，寶簾掛
秋冷。千古盈虧休問。歎謾磨玉斧，難補金鏡。太液池猶在，淒涼處、
何人重賦清景。故山夜永，試待他、窺戶端正。看雲外山河，還老桂
花舊影。

〈念奴嬌〉

僕來京洛三年，未嘗飽見春物。今歲江梅始開，復事遠行。虎茵、丹
房、東岫諸親友，折花酌酒於明秀峰下，仍借東坡先生赤壁詞韻，出
妙語以惜別。輒亦繼作，致言歎不足之意。蔡松年

倦游老眼，負梅花京洛，三年春物。明秀高峰人去後，冷落清輝絕壁。
花底年光，山前爽氣，別語揮冰雪。摩挲庭檜，耐寒好在霜傑。人世
長短亭中，此身流轉，幾殘花發。只有平生處樂，一念猶難磨滅。放
眼南枝，忘懷樽酒，及此青青髮。從今歸夢，暗香千里橫月。（《全金
元詞》，頁10。）

〈滿江紅〉登河中鸛雀樓，段克己

古堞憑空，煙靄外、危樓高矗。人道是、宇文遺址，至今相續。夢斷
繁華無覓處，朱甍碧甃空陳跡。問長河、都不管興亡，東流急。儂本
是，乘槎客。因一念，仙凡隔。向人間頻仰，已成今昔。條華橫陳供
望眼，水天上下涵空碧。對西風、舞袖障飛鴻，滄溟窄。（《全金元詞》，
頁137。）

這四首作品呈現兩種不同的風格，前兩首南宋詞人的作品，用語描摹渾圓細

膩，情感表現得婉轉深邃，兩首均著力於詠物，而蔡松年的作品，用蒼勁語表達身世之感，段克己以豪放言滄桑，即黃兆漢所謂地理環境的關係。蔡松年因隨父降金的無奈，有以有此身流轉之嘆，段克己身處金末亂局，胸中蘊含著一展抱負的雄心與欲振乏力的無奈，因而對時光的流逝、人世的變遷既想旁觀又想一顯身手，卻只得以滄溟窄的無奈作結。

　　從內容而論，金詞少有男歡女愛的綺情艷作，也不多見悲秋傷春的牢騷語，個人抱負難伸的抑鬱恨恨少，金詞中的愛戀之情表現在對家國的情感上，或者懷念北宋，也有熱愛大金的，這方面的作品所表現的情感，非常的深摯熱烈如吳激的〈人月圓〉：

> 南朝千古傷心事，猶唱後庭花。舊時王謝，堂前燕子，飛向誰家？恍然一夢，仙肌勝雪，雲髻堆鴉。江州司馬，青衫淚溼，同是天涯。(《全金元詞》，頁 4。)

此詞在技巧上承周邦彥融舊句爲新作之意，在內容上則結合時事抒懷，表現出對故國的懷念，據徐釚《詞苑叢談》卷八云：「吳彥高在燕山，赴張總持侍御家集。張出侍兒侑酒，中有一人，意狀催抑，叩其故，乃宣和殿小宮婢也。因賦人月圓詞記之，聞者揮淚。」〔註14〕此中同是天涯淪落人的感慨有別於懷才不遇的憾恨，而是故國不堪回首的悲慟，淪落的不僅僅是個人時運，也是家國的命運，以此傷懷寄情於物，故難掩淒涼情思，蔡松年的〈鷓鴣天〉即展現不同於悲秋傷春的情調：

> 秀樾橫塘十里香。水花晚色靜千芳。臙脂雪瘦熏沈水，翡翠盤高走夜光。山黛遠，月波長。暮雲秋影蘸瀟湘。醉魂應逐凌波夢，分付西風此夜涼。(《全金元詞》，頁 25。)

此詞寫荷花極其工巧，視角由遠而近，從花香、花色至倒影，無不將荷花出塵清雅的丰姿點畫得盈然可掬，收句結於西風、夜涼，表露出無限情思。

　　對家國的無限感慨除了借事抒懷，以景寓情外，遁世歸隱，寄情山水也是金詞中的主要內容，元好問即以十一首〈水調歌頭〉反復吟詠遁世之志：

> 灘聲蕩高壁，秋氣靜雲林。回頭洛陽城闕，塵土一何深？前日神光牛背，今日春風馬耳，因見古人心，一笑青山底，未受二毛侵。問龍門，何所似，似山陰。平生夢想佳處，留眼更登臨。我有一卮芳酒，喚取

〔註14〕引自金啓華：〈金元詞論綱〉，收於《詞學》第四輯（上海：新華書店，1986年）頁 125。

山花山鳥，伴我醉時吟。何必絲與竹，山水有清音。

（《全金元詞》，頁 72。）

在詞作中明顯地表現出時代特色，無論是在因政治因素而成的對家國懷念，或是感歎興衰，感慨時代、悲歡人生，或是嚮往退隱，金代詞人的作品均富有非常深切的情感，這種情感反映著金代特殊的時空背景，因此可以說北宋豪放詞風的影響、詞人特殊的際遇、金代社會民族融合的大環境，使詞人在詞的形式、內容、題材上呈現出有異於宋詞的特殊風貌。

參、金詞中的時代意識

隨著政治局勢的興衰以及大環境的變動，金代的詞作在三個不同的時期有著不同的基調，從這三期的主要基調中，已可看出這些作品代表著時代的脈動，金詞中的時代意識很明顯地印證了鍾嶸所言：「氣之動物，物之感人。故搖蕩性情，形諸舞詠。」〔註15〕在時代的氛圍下，文人的心敏感地隨著世局的變異而搖蕩，他們以筆深刻地畫下歷史的痕跡，發自性靈深處的謳歌替代了言語訴說著滄桑史話。

高士談以〈玉樓春〉記錄了故國文化的可戀與在天意難測的世局中，唯有樂天知足以自處的無奈：

少年人物江山秀。流落天涯今白首。形容憔悴不如初，文采風流仍似舊。百花元是仙家酒。千歲靈根能益壽。都將萬事付天公。且伴老人笑開口。（《全金元詞》，頁 3。）

描寫故人當年的風采，事實上也是歌頌故國秀麗的江山，落魄天涯、形容憔悴生命力喪失的不只是人同時也是國，然而縱使形容憔悴，蘊藉的風流文采仍是令人向慕不已的，比照著金初「馬上得之，馬上治之」的草莽氣，遼宋舊臣懷念北宋鬱鬱文教的情感，更能顯現當時民族文化懸殊差異下的衝突與矛盾。

在金世宗大定年間，金國走上軌道之後，和南宋各自偏安南北，在這段時期中家給人足，倉廩有餘，吏治清明，世宗將所有心力都放在建設國家上，提供了安定的社會環境給天下百姓，而王寂對邊塞將帥音容笑貌的自在描寫，即反映出天下宴然的時局：

〔註15〕鍾嶸《詩品》（香港：商務印書館，1995 年），頁 1。

〈水調歌頭〉上南京留守

聖世賢公子，符節鎮名邦。褰帷一見豐表，無語已心降。永日風流高
會，佳夕文字清歡，香霧溼蘭釭。四座皆豪逸，一飲百空缸。指呼間，
談笑裏，鎮淮江。平安千里烽燧，臥聽報雲窗。高帝無憂西顧，姬公
累接東征，勳業世無雙。行捧紫泥詔，歸擁碧油幢。（《全金元詞》，頁
36。）

無語心已降的基礎自然是建立在雙方當政者都有議和的共識，和平共存的時
局使得將領培養出愛好文藝的雅興，經常與風流高士以文相會，共享清歡，
正表現出世宗時朝廷上下鼓勵文學的風氣，詞中無憂西顧的帝王與談笑鎮邊
的將帥形象，正是時局穩定的指標。

　　金末平庸的衛紹王即位，蒙古軍大舉南下，長期的承平氣息頓消，宣宗
南遷後，蒙軍入燕京，此時金朝直接面臨危亡的威脅，詞人逢此國家危亡之
秋，對於國事的憂心不在言下，然而面對當權者的昏愚卻只能發出無可奈何
的感歎，李俊明的〈摸魚兒〉充分表現了那種心急與無力：

這光景能消幾度，大都數十寒暑。結廬人在山深處，萬壑千岩風雨，
朝復暮。甚不管、堂堂背我青春去，高情自許，似野鶴孤雲，江鷗遠
水，此興有誰阻？功名事，休歎儒冠多誤。韓顛彭蹶無數。一溪隔斷
桃源路。只有人家雞黍。歌且舞。更不住、醉中時出煙霞語。暫來樵
斧。貪看兩爭棋，人間不道，俯仰成古今。（《全金元詞》，頁62。）

以不如歸去之情暗寓天下的不可為，因為在惡劣時局出頭，有如萬壑千岩中，
朝暮受風雨吹打，韓、彭二人功成身死的結局，暗寓著朝廷權貴的傾軋，國
家正處危急，賢才屢遭打壓，只有平下欲進之心，退觀他人爭鬥，貪看兩爭
棋正表現出欲進不能欲退不甘的矛盾情結。

結　語

　　從文學史的發展上看，以時空而言金代可以說直承北宋文學的時空位
置，然而因人才大量隨趙構政府南移，所以金代詞人與南宋詞人不管是在人
數或作品的數量及佳作的品質上，明顯地和兩宋有明顯的差距，以形式上來
說，金詞多依詞牌填詞，較少製作新曲，金人作品中以長調居多，小令較少，
這或許和金詞多感慨興寄的抒發有關。以風格而言，很明顯得受北宋詞的影
響，特別是蘇東坡的豪放詞風，取材開闊，詞境豪邁蒼勁，常見在詞作中直

接用蘇軾的詞題、詞境、詞句。

　　金啓華指出明代卓人月《詞統》稱：「劉致君《龍山詞》，蓋參涪翁而得法者。」〔註16〕可見金代詞人以北宋詞人為師法，自然作品深受北宋詞的影響。吳梅《詞學通論》云：「余謂遺山竟是東坡後身，其高處酷似之。」〔註17〕而元好問在他的樂府自序中記載著：「東坡為第一，以後便到稼軒。」可見他以豪放派之後勁自居。〔註18〕蔡松年的詞魏道明多引東坡、山谷語作注，詹杭倫引例如下：

　　　《水調歌頭》其五：「酒前豪氣千丈，不減昔日不？」魏注：「下『不』字，方鳩切，無也。其字則如山谷云：『相憶猶能把酒不？』」

　　　《念奴嬌》其二：「我夢卜築蕭閒，覺來巖桂十里幽香發。」魏注：「『我夢』與『覺來』，字如東坡『我夢扁舟浮震澤，覺來滿眼是盧山。』」此體其句法。〔註19〕

金代詞人創作直接受到北宋詞的影響是非常明顯的。

　　就以上文人詞的探討，可見金詞以其傳承及特殊的時空環境，以致於在形式、內容、題材等方面均有其小異於唐五代及兩宋詞的地方，而形成特殊情調，就詞境與修辭言，豪放是金詞的主流。金詞最特殊的地方，在於大量道士詞的出現，一般論金詞者多半將充滿黃白術語及勸化思想的道士詞撇開不論，即使專論道士詞如黃兆漢、陳宏銘也不得不在文人詞的評鑑角度下認為道士詞質佳者較少。不過在探討金詞的基本背景的基礎下，將有助於了解道士詞與文人詞的共通之處，對於進一步了解道士詞異於文人詞之處是必要的基礎功課。

第二節　全真七子詞證道詞表現形式的藝術特色

　　全真七子的詞作在形式上與金代詞相同的地方是多用長調而少小令，自北宋柳永大量譜長調之後，北宋詞即有以長調抒情的傾向，而金代文人詞承繼抒情傳統，抒發其感慨，也多長調之作，就技巧方面全真七子的詞與文人詞相同的地方，即傳承自傳統詩詞的各種修辭技巧，然而在相對的比較上，

〔註16〕詳見金啓華〈金詞論綱〉，頁130。
〔註17〕吳梅《詞學通論・概論三》，（香港：太天書局，1964年），頁126。
〔註18〕同前註，頁138引。
〔註19〕詹杭倫《金代文學史》，頁44。

全眞七子的詞和金代文人詞則對一些技巧有特別強調的趨式，而在形式上顯現出特殊的風味。

　　全眞七子的證道詞作中對於詞調的改名，類疊技巧的強調、數字的運用、反復用句造成類似迴文形式的特殊效果、福唐獨木體、藏頭詞等特色，自然不是七子詞中所特有，特別是類疊與數字的使用，屬於修辭上的問題，可歸屬於語言風格，然而由於大量的使用，而明顯地在體製之下看似一種形式的樣態，其實它不是嚴格定義的形式，但是在效果上與特異體式、及改調的用意是相同的，因而併在一節共同討論。

壹、全眞七子詞所見改調名及改調意義

　　由於全眞七子的詞作，深受王重陽的影響，因此在探討全眞七子詞作的形式之前，必先了解王重陽詞作的面貌。

　　王重陽詞的一大特色是以道家語改易調名，其詞作中改易調名，在原書中註明的如下：〔註20〕

原調名	改後調名	原調名	改後調名
韻令	三光會合	瑞鷓鴣	報師恩
驀溪雲	心月照雲溪	秦樓月	蓬萊閣
卜算子	黃鶴洞中仙	青玉案	青蓮池上客
惜黃花	金蓮堂		

未註明者：

原調名	改後調名	原調名	改後調名
黃鶯兒令	水雲遊	南鄉子	莫思鄉
晝夜樂	眞歡樂	西江月	玉鑪三澗雪
小重山	玉京山	山柳亭	遇仙亭
點絳唇	萬年春	南柯子	悟南柯
夜遊宮	蕊珠宮	長相思	長思仙
憶江南	望蓬萊	探春令	玉花洞
月中桂	月中仙	瑞鷓鴣	得道陽

〔註20〕以下調名比對，據陳宏銘《金元道士詞研究》之述及重陽及七子詞作形式特色中改調資料爲藍本。

原調名	改後調名	原調名	改後調名
河傳令	超彼岸	殢人嬌	恣逍遙
繫裙腰	繫雲腰	如夢令	無夢令
踏莎行	踏雲行	解佩令	解冤結
行香子	爇心香	聲聲慢	神光燦
上平西	上丹霄	雪梅春	雪梅香
巫山一段雲	金鼎一溪雲	七寶玲瓏	七騎子
生查子	遇仙槎		

受王重陽影響，馬鈺填詞時於改調名，除了援用王重陽所改調名外，馬鈺詞中所見改調之詞還有：

原調名	改後調名	原調名	改後調名
玉女搖仙佩	玉女搖仙輩	浣溪沙	翫丹砂
阮郎歸	道成歸	軟翻鞋	清心月
浪淘沙	鍊丹砂	昭君怨	德報怨
海棠春	神清秀	燕歸梁	悟黃梁
離別難	離苦海	白鶴子	白觀音
相思會	平等會	桃園憶故人	桃源憶故人
傳花枝	傳妙道	添字醜奴兒	戰掉醜奴兒
鬥百花	鬥修行	紅窗迥	清心鏡
鎮西	五靈妙仙	鷓鴣天	洞中天
甘草子	天道無親		

譚處端詞中所見改調名有：

原調名	改後調名
蘇幕遮	雲霧斂

丘處機詞所見改調名有：

原調名	改後調名	原調名	改後調名
更漏子	無漏子	漁家傲	忍辱仙人
恨歡遲	下手遲	南鄉子	好離鄉
戚氏	夢遊仙	念奴嬌	無俗念

　　王處一詞中所見的改調名有〈謝師恩〉原作〈青玉案〉。

　　將上列的改調名與原調名對照，可看出改用道家語爲調名，最主要的即在於詞調與內容的配合上，詞調與內容的配合，在唐五代詞及宋詞中已隱然可見，如女冠子一詞調多詠與仙道有關的題材，望江南一詞多及思鄉情懷，全真道士以詞作宣道、證道，爲配合詞作內容改詞調改爲道家語，於理可解。

　　分析這些從改後調名可歸類重陽師徒對於調名的變動原則有三：

1. 取原調意涵而以道家詞代替：如〈桃園憶故人〉改爲〈桃源憶故人〉、〈南柯子〉改爲〈悟南柯〉、〈月中桂〉改爲〈月中仙〉……等。

2. 完全改爲道家詞：如〈戚氏〉改爲〈夢遊仙〉，〈念奴嬌〉改爲〈無俗念〉，〈甘草子〉改爲〈天道無親〉，〈漁家傲〉改爲〈仙人忍辱〉，〈河傳令〉改爲〈超彼岸〉……等，在這一小項中還可以細分爲兩種情況，即改後詞調名與原詞調名全然無關，如〈戚氏〉與〈夢遊仙〉、〈甘草子〉與〈天道無親〉等，另外一型則是反義，如〈漁家傲〉與〈仙人忍辱〉、〈念奴嬌〉與〈無俗念〉……等。

3. 取原調一字或二字而改爲道家詞：這又可分爲音與義兩部分，就音的部分如〈瓛丹砂〉與〈浣溪沙〉，〈悟黃粱〉與〈燕歸梁〉，〈恣逍遙〉與〈殢人嬌〉；取義的部分是最多的情況，如〈望江南〉改爲〈望蓬萊〉，〈道成歸〉與〈阮郎歸〉，〈傳道妙〉與〈傳花枝〉……，〈浪淘沙〉與〈煉丹砂〉則是音義均取。

　　了解改調的原則，有助於探尋重陽師徒改調名的用意，明顯地在改後調名與原詞調無關的部分可見，改調的作用是更加凸顯作品的內容，全真重陽師徒以詞明志、以詞勸化，在形式上即強調其訴求，具有強力的說服性。這一功用就取原調意涵而改以道家詞語代替的類型上，同樣具備。

　　在意義上看，無論就取音或取義的型態中，很明顯地可以看出改後的詞調意義，常常和原詞調的意義有著明顯的強調或反用的用意在。如〈望江南〉一調的內容通常是抒發對故里的情感，懷鄉、懷歸爲主要基調，改爲〈望蓬萊〉同樣強調望字，而想望的對象，懷歸的對象則是仙道修行的終極目標——仙鄉。懷鄉、懷歸的基調是承襲傳統詞作，其差別僅止於生命的永恆歸處與今生的歸處不相同，〈傳道妙〉與〈傳花枝〉的改動上，同樣也是在肯定原詞調的意義以達到深化道家詞的作用，花枝之美是世俗人所共賞的，道妙即如同花枝般美好，美好奧妙的道應如同花枝般傳賞，爲大眾所領會。

就反用的意義上看，則重陽師徒改調的用心，帶著強烈的勸世度化意味，如〈念奴嬌〉與〈無俗念〉的改用、〈恨歡遲〉改爲〈下手遲〉、〈離別難〉與〈離苦海〉這些調名的更改都可以看出，原調名所呈顯的現實世界有多令人留戀，改成的調名，勸化的意味就多濃厚，馬鈺的兩首詞作可以爲這種心態作解：

〈道成歸〉

阮郎歸改成道成歸。修行人喜知。松影裏樂希夷。何須唱艷詞。

奼嬰動，虎龍隨。雲耕坎與離。三千功滿赴瑤池。神光相貌奇。

（《全金元詞》，頁 348。）

〈悟黃粱〉

詞名本是燕歸梁。無理趣，忒尋常。馬風思憶祖純陽。故更易，悟黃粱。百年一夢暫時光。如省悟，棄家鄉。常清常淨處眞常。累功行，赴蓬莊。（《全金元詞》，頁 355。）

詞調的更易目的是在區隔出超越與凡俗，在超越的追求過程中，人們喜聞喜知的是神聖世界中的訊息，沈浸在修行的生活中，在大自然之中參悟道化的妙理，自有喜樂之處，此時俗世的艷詞所建築的情慾之樂，已不能滿足渴求大道之心，成爲多餘，追求超越的境界對於尋常事物自然興趣不高，所以將無理趣的東西改爲富有玄義的調名，是爲了滿足尋道者的心理需求。可見重陽師徒以道家詞彙更改詞調，既是符合自己需要，也基於傳道的方便，以富有道門義理的詞調名，區隔於凡俗的平常，也表現出作者的強烈訴求。

貳、類疊的運用

同一個字詞語句，接二連三反復地使用著，叫作類疊，據黃慶萱《修辭學》的分析，就類疊的內容說：有單音詞（字）複音詞（複詞）的類疊；有語句的類疊。就類疊的方式說，有連接的類疊，有隔離的類疊。二者相乘，便有：

一、疊字：字詞連接的類疊。

二、類字：字詞隔離的類疊。

三、疊句：語句連接的類疊。

四、類句：語句隔離的類疊。〔註21〕

疊字的運用在古典詩詞中，是重要的修辭技巧，詩經時代疊字已運用純

〔註21〕黃慶萱《修辭學》（臺北：三民書局，民國 79 年），頁 413。

熟，北宋詞中已見大量的疊字運用，黃文吉認爲，歐陽修詞集中疊字之多，是鮮有詞人能與之相比的。他根據李栖的統計指出，歐陽修所用的疊字有八十九種，一百五十二次。〔註 22〕據陳宏銘統計，對全眞七子詞作影響甚鉅的王重陽則用了二百二十一種疊字，共用了六百八十九次。〔註 23〕全眞七子受重陽的影響，在疊類的修辭技巧運用上，多大量運用，馬鈺使用的疊字有兩百〇九種，共用了七百七十二次。〔註 24〕譚處端有九十二種，共二百三十六次。〔註 25〕劉處玄有二十種，共二十四次，〔註 26〕丘處機使用疊字共九十五種，一百六十八次〔註 27〕王處一共使用四十六種七十一次疊字，〔註 28〕孫不二現存兩首作品中，出現一次疊字。從七子的現存作品數量與他們使用疊字的技巧次數看，可知疊字的運用在他們的詞作中是種傳統，這種傳統一方面承襲於例來的詩詞創作，王重陽的大量運用也是重要影響因素。

曾永義於其〈影響詩詞曲節奏的要素〉一文指出：「疊字是利用字型相同，組合而成的衍聲複詞。因爲它是單音節的延續，所以它的聲音長度，比起兩個異字所構成的複詞來得短暫，它的節奏感就顯得快速，因而增加文辭聲律的美感。」〔註 29〕可見疊字的運用從詞的音樂性和節奏而言都有其功效在，自然全眞七子在作品中運用疊字也收到音樂性及節奏上的效果。

除此之外七子的疊字運用，在證道詞上，更有其意義上的凸顯作用，文人詞的疊字運用上，一般多以狀聲或狀形的詞彙爲主，七子的疊字則不徒只增加音節上的效果，在意義上或使人物形象更加鮮明，或使事物的性質、狀態、特徵更加生動，因此擬聲詞、名詞、動詞、形容詞、數詞、量詞等無所不疊。

在詞作中使用疊字不外在於以形式加強所要闡述之道，馬鈺的〈南柯子〉即是很好的範例：

> 心地頻頻掃，塵情細細除。莫教坑塹陷毗盧。常靜常清方可論元初。
>
> 性獨頻挑別，曹溪任吸呼。勿令喘息氣聲粗。晝夜綿綿，端的好功夫。
>
> （《全金元詞》，頁 327。）

〔註 22〕黃文吉《北宋十大家詞研究》，（臺北：文史哲出版社，民國頁 60。
〔註 23〕陳宏銘：《金元道士詞研究》，頁 176。
〔註 24〕陳宏銘：《金元道士詞研究》，頁 241。
〔註 25〕陳宏銘：《金元道士詞研究》，頁 263。
〔註 26〕陳宏銘：《金元道士詞研究》，頁 279。
〔註 27〕陳宏銘：《金元道士詞研究》，頁 316。
〔註 28〕陳宏銘：《金元道士詞研究》，頁 332。
〔註 29〕裴普賢《詩詞曲疊句欣賞研究》，頁 17 引。

此詞中用了三個疊字的句子，兩個副詞一個形容詞，均與詞意作緊密的連結，在性命雙修的教義之下，全真著重於性功的養鍊和命功的修為，心之難以掌控在於習染世俗情緣的諸多牽纏。心念之多，也是追求超越者最先要克服，卻最難完成的一部分。所以必須一再一再地加強，頻頻掃的動作，代表的是日夜不舍的參證，細細除的要求，是因為紛擾攪雜的塵情，積沈在心地的每一個角落，這些都是修行所必須克服的。成道本就是逆反求真的辛苦路程，必得有全面的準備，才能有成，晝夜綿綿，不粗不斷的氣息不僅只是命功養氣的要訣，更是基於頻頻掃與細細除的性功基礎下，所得的成果。在這邊疊字的運用，其強調義理的作用是非常明顯的。

除了疊字之外，疊句的運用也是全真七子詞作中常見而醒目的表現技巧，疊句的運用淵源已久，據裴普賢統計，詩經共三百○五篇，而置句多達一百二十一組，遍及十五國風、二雅、三頌，平均每三篇就有疊句一組而有餘，對後代詩詞曲疊句的影響很大。〔註30〕依裴普賢的看法，疊句的定義為：「疊句是作品中前句與後句所用之字重疊之謂。」〔註31〕在疊句在詞中出現有時是形制使然，〈如夢令〉即是，雖然是形制使然，七子對於此種詞調的運用，也非常能夠掌握其形制特色而表達其訴求，丘處機的〈無夢令〉即是一證：

> 皇統年時飢餓。萬戶愁生眉鎖。有口卻無餐，滴淚謾成珠顆。災禍。
> 災禍。災禍臨頭怎趓。(《全金元詞》，頁 476。)

對於災禍的強調如此強烈，更突顯出生命的無常，面對無常的生命，除了鎖眉滴淚地憂苦之外似乎是無所遁逃的，然而無所遁逃的是現實，在宗教的世界裏這些是可以超越的。丘處機以如此形制強調現實災禍的可怕，是心有所感也是心有所冀，企圖在宗教的國度中拔脫世間的苦難。

運用類疊的修辭方式發展到極至，即全詞均是疊字的情形，非常明顯的是文字遊戲，但非常明顯的在這遊戲的背後，仍是可以看出很深的匠心用意在，其中以馬鈺的作品最為明顯，有時全詞每句都以疊句開始，有時句中、句末全疊，有時全首詞全用疊字，以下各舉一例：

〈遇仙亭〉繼重陽韻

> 喜喜蓬頭。達達根由。永永誓不貪求。漸漸歸于正覺，申申燕處優游。
> 萬萬塵緣識破，專專志作持修。遇風仙傳口訣，疑疑滌盡更何搜。燦

〔註30〕裴普賢《詩詞曲疊句欣賞研究》(臺北：三民書局，民國 66 年)，頁 17。
〔註31〕裴普賢《詩詞曲疊句欣賞研究》，頁 6。

燦不昏幽。玉玉金光結，心心願作渡人舟。累累功行滿，真真去訪瀛
洲。(《全金元詞》，頁 290。)

〈黃鶴洞中仙〉繼重陽韻

大悟明明也。大智閑閑也。大道行行應自然，風風馬。永永逍遙也。
大水高高也。大火炎炎也。大藥輝輝晃寶瓶，真真馬。得得長生。
(《全金詞》，頁 297。)

〈西江月〉

物物般般認認。常常戰戰兢兢。心心念念恐沉沉。得得來來損損。
日日清清淨淨。時時湛湛澄澄。惺惺灑灑這靈靈。燦燦輝輝永永。
(《全金元詞》，頁 319 至 320。)

在〈遇仙亭〉詞中的開頭疊句是形式上的整齊，同時在每一個句子中，所重
複的字均是該句的詞眼，動詞喜與達字的重疊強化了喜與達的主動情感，永
加強了立誓的強度，正覺以漸近方式更帶出尋道歷程的動態特質，燕處申申
更顯優游，塵緣以萬萬強調其多，修持之志在其專，傳法首重機遇，度化重
於發心，功行以累積為要，得真是最後的終極目標，是遊戲也是深意。

　　黃慶萱的《修辭學》在論述類疊的功用時，引心理學上的理論說：「心理
學上關於學習的理論，有一種叫作聯結論（connectionism）的。主張此說的是
美國心理學家桑代克（Thorndike, E.L.）。桑氏認為：刺激與反應間的聯結就是
學習，而聯結又受練習的多寡、個體自身準備的狀態、以及反映的效果所支
配。……根據練習律，刺激與反應間的感應結，因刺激次數的增多而加強。
換句話說：感應結的強度與練習的次數成正比。把這種學說移用到修辭學上，
我們可以體會：一個字詞語句，如果反復出現，會比單次出現更能打動聽者
或讀者的心。」〔註 32〕黃先生以上的論點放在全真七子的詞作上，大量運用
類疊的修辭技巧，正可看出作為宗教文學的這些詞作，其宣導的作用和宗教
特質，若只把道士的詞作當作傳教工具看，不可避免的會得到七子的作品因
為太著重於工具作用，而破壞了文學藝術，大量類疊的使用使得作品顯得煩
瑣而無旨趣，然而從宗教儀式的加強作用看這繁複的修辭技巧，強烈刺激的
作用在於強化所要傳達的義理，自有其別於一般文學的美學意趣，從宗教情
感的角度欣賞這些作品，自有迴旋返復於大道之境的悠遠雋永之美。

〔註32〕黃慶萱《修辭學》，頁 413。

參、數字的運用

在詞語中，故意插入數目字、虛字、特定字、同義或異義字，叫作鑲嵌。〔註33〕全真七子詞作中就有很多嵌字的技巧運用，在修辭學上鑲嵌格的目的在，使文氣舒緩，語意鄭重而富趣味。因此抒情的，說理的場合比較適用。〔註34〕嵌字必須藉文字的安排形成美妙的詞趣。〔註35〕從嵌字的目的和原則看嵌字，其實際的意義不大，只是增加文字的趣味及形式美而已，可說純是遊戲，然而在全真七子的詞作中，嵌字的運用，除了遊戲之外卻寓有深意，和類疊的用法相同，嵌字的使用也是一種強化義理的作用。譚處端的〈長思仙〉就在這方面有很好的運用：

> 修行心，包容心。一片清虛冷淡心。閑閑無用心。滅嗔心。去貪心。
>
> 寂寞清貧合聖心。無生現本心。（《全金元詞》，頁418。）

修行最著重的就在於方寸之心，此詞所嵌的心字，即把修行者所重的要點，以反復強化的方式點出，修行首先要把握的是心，最難掌握的也是心，心有種種的思維，有利於大道追尋的，如閑閑無用時得以呈現本初的靈明；有不利於修行的，如嗔貪之念，無論就利或不利方式，心是不可忽視的，於此心字的嵌入除了使文氣舒緩，讓作品富有空靈意趣的形式美之外，更凸顯修行首重的要義。

在鑲嵌的使用技巧中，劉處玄的〈惜黃花〉強調了修行者對於世俗價值的超越：

> 天元將盡，去年掛盡。這世夢冠親，何時是盡。三寸不來休，卻變骷髏盡。到如斯，俗念心盡。道靈真無盡。忘機業盡。覺萬慧年通，頓然明盡。外貌似憨癡，吟笑風燈盡。樂無極，任他物盡。（《全金元詞》，頁432。）

這首詞中，重複了盡字，對於現世的有限性以一再出現的盡字不斷地催逼著閱聽者，事實上有限對生命而言，自有其正反面的意義，耽溺於有限世界短暫的歡愛是不長久的，很快有限生命會走到盡頭，成為枯骨一具。相對於時序的終始，世人對現世的愛戀若不知解脫，則只會順情而走，很快就會失去生命，盡字在此詞中有著兩面的意義，無止盡的沈迷將催逼生命走向消逝的盡頭，悟徹

〔註33〕黃慶萱《修辭學》，頁391。
〔註34〕黃慶萱《修辭學》，頁408。
〔註35〕同前註。

道性的無窮與現世的局限，從而了解生命的眞義，那麼非關生命本質的外在事物，任其自然終不再影響生命主體，這是透達生命眞義的頓然明盡，如此透達的領會，自然是種對世俗的超越，一再重複的盡是提醒也是了悟。

除了特定字的嵌入，數字的嵌入也是七子詞作中，特別喜用的修辭方式，尤其是馬鈺的作品中，數字的運用非常多，「六旬有四卦」、「三島十洲」、「一性圓成，便戴三花，梳三髻，禮三清。」、「三人一意，一志三通」、「搜六六、論三三」、「陽穿八脈、陽透三田」、「百年一夢暫時光」……等隨處可見，在他的詞作中一闋詞中出現三個數字以上的作品有六七首之多，不可諱言數字在馬鈺的詞作中，的確有著非常濃厚的遊戲意味，不過即使是遊戲，仍可見其匠心安排的意味在，其〈心月照雲溪〉則是以一到十嵌在詞作中，而富有意趣：

> 一心離俗，二氣調和寶，清淨聚三光，四時花，五方運造，斷除六慾，
> 不使七情牽，持八戒，九關通，十載功須到。十年鍛鍊，九變金光草。
> 八脈和勻，有七聖、六丁助道。五行咄出，四假不中留，禮三清，成
> 不二，一性投仙島。（《全金元詞》，頁 290。）

上片從一到十，循序漸近指出潛修仙道性命調和的步驟，下片從十到一則指出鍛鍊有成後所得的成果，即便是文字遊戲，也是設計高明的文字遊戲，此詞的用意即在強調潛心修行仙道可證，而全眞道的修行強調逆反成仙，由一到十為順，由十到一為逆，實際上所要表達的是逆則成仙的修煉觀。

肆、特異體式

全眞七子的詞受王重陽直接影響，而王重陽詞在體式方面最引人注意的是「藏頭拆字體」，其次是「獨木橋體」。所謂的「藏頭拆字體」就是以闋末一字之半，或一部分為全闋第一字，接著以上句末一字之半或一部分為次句第一字的特殊體式，〔註 36〕據陳宏銘統計，王重陽詞作中藏頭拆字體總計有五十二首。〔註 37〕藏頭拆字體的起緣黃兆漢於其〈全眞教主王重陽詞〉一文中有詳細引，而王重陽作藏頭拆字體的詩詞的目的在他的作品序中也明白的指出，《重陽全眞集》卷二末尾收有「藏頭詩」一首，序云：「藏頭詩書紙旗，

〔註36〕詳參黃兆漢〈全眞教主王重陽的詞〉，收於其《道教研究論文集》，頁 183 至
　　　　209。（香港中文大學出版社，1988 年）。
〔註37〕陳宏銘：《金元全眞道士詞研究》，頁 156。

引馬鈺、譚處端教化。」《重陽全真集》卷八〈行香子・贈弟子〉詞云:「再索新詞,不寫藏頭。分明處、說箇因由。」從重陽這兩處的解說,可以看出王重陽度化弟子,在說與不說之間是有所斟酌的,而斟酌的重點在於道教的祕傳傳統以及全真吸收禪宗著重參悟的教法,所以黃兆漢說藏頭詞雖是文字遊戲,但在修煉心性角度看來,亦未嘗不是契悟全真教道理的好方法。重陽的藏頭詞實質上是有「教化」作用的,不單是文字遊戲性質。讀者必須了解作者的心意才可以填入適當的文字。這了解的過程就是契合作者思想的過程,換言之,即是悟道的過程。〔註38〕

七子的詞作中,以馬鈺受王重陽的影響最大,而馬鈺留下特異體式的作品也較多,共有二十七首「藏頭拆字體」、四首「攢三藏頭拆字體」,馬鈺的藏頭詞還有藏頭聯珠體和聯珠體的變化,所謂的聯珠體,是指用上句末字作為下字起,而下句起字,被省去的格式。例如:

〈寄張知觀〉

岐陽鎮上丹霞觀。主張公手段。段丹田照管。顧常明燦。然內景真堪看。透性無縈亂。道祝賢遐算。特神仙伴。(《全金元詞》,頁384。)

此詞各句起首皆被省去,還原時須將各句末字,重複作為下一句之起字。該詞可還原為:

岐陽鎮上丹霞觀。觀主張公手段。段段丹田照管。管顧常用燦。燦然內景真堪看。看透性無縈亂。亂道祝賢遐算。算得神仙伴。

所謂「藏頭聯珠體」,是指起句第一字被藏去的聯珠體。還原時須將各句末字,重複作下一句之起字,而起句之第一字,則重複結句之末字。例如:

〈金蓮出玉花〉

心數歲。久休心成妙最。好心磨。琢心開疾似梭。飛玉性。上無瑕真自淨。有何愁。惱吾官心不休。(《全金元詞》,頁381。)

此詞可還原為:

休心數歲。歲久休心成妙最。最好心磨。磨琢心開疾似梭。梭飛玉性。性生無瑕自真淨。淨有何愁。愁惱吾官心不休。〔註39〕

在藏頭拆字體中,有一現象特別的明顯,即是在道教思想中非常重要的五行

〔註38〕黃兆漢〈全真教主王重陽的詞〉,頁183至209。
〔註39〕上引詞為陳宏銘所還原,詳見其《金元全真道士詞研究》,頁230。

觀念，經常是藏頭拆字體所藏的字眼：

〈臨江仙〉和趙殿試，馬鈺

（木）訪庚辛成造化，（人）常清淨童顏。（彥）哉表裏得修有儵然。（火）生真水紒、（引）去復牽還。（走）子投賢賢不面。（回）庵辱教來干。（十）分修練在三關。（門）人真宿契、大悟放心閑。（《全金元詞》，頁361。）

〈臨江仙〉和無名先生韻

（金）玉往來神氣住，（主）翁穩跨青騮。（馬）風譚氏與劉丘。（一）心歸正覺，（見）個本環洲。（水）火相生鉛汞結，（吉）人已達清幽。（山）侗不日上雲頭。（八）風牢把捉，（口）下好吞鉤。（《全金元詞》，頁361。）

在這些詞作中，五行元素的出現，一方面是因為文字結構中本就有大量五行元素為偏旁者，另一方面則是七子詞作中大量地出現內丹術語，內丹的修煉和五行的觀念有密不可分的關係，同時和五行思想作為道教思想的重要基礎也有關聯。

所謂福唐獨木橋體是指全詞以同一字為韻的體式。王重陽詞作中有九首福唐獨木橋體，馬鈺有三十三首，其中二十九首用一字押韻到底，四首上下片各押一字。陳宏銘指出馬鈺的詞作中除了「福唐體」外，還有三種押韻頗為特殊的情況，第一種是同音字押韻，第二種是每兩句疊一韻，第三種是上下兩片用韻相同，茲各舉一例如下：

〈養家苦〉

養家苦，沒休期。危危險險似圍棋。被人瞞，無禱祈。修行好，最稀奇。姹嬰爭把龍虎騎。獻胎仙，鳳與麒。（《全金元詞》，頁342。）

〈金蓮出玉花〉

張公知觀。性命堪搜常作觀。堪破囂塵。灰了凡心出世塵。內修內鍊。真汞真鉛常鍛鍊。要見金蓮。須是深深種玉蓮。（《全金元詞》，頁380。）

〈養家苦〉

養家苦，鎮常忙。忙來忙去到無常。作陰囚，住鬼房。修行好，不曾忙。閑閑閑裏守真常。得修完，玉洞房。（《全金元詞》，頁341。）

除了馬鈺之外，譚處端詞作中，藏頭拆字體有一首，福唐獨木橋體有四首，

隨意疊韻一首。劉處玄藏頭拆字體、攢三拆字體一首，福唐獨木橋體兩首。丘處機福唐獨木橋體一首。王處一有攢三拆字體一首，福唐獨木橋體四首。

　　綜觀全真七子詞作中對特異體式的運用，無論是以藏頭的方式引人猜度或是以押韻的方式形成反復迴旋的效果，都富有濃厚的文字遊戲意味，然而如此遊戲文字卻可達到易於記誦的功效。其實民間謠諺的押韻事實上也有著福唐獨木體的特色。七子作詞出現較多的特異體式，自然與七子以詞作勸化有關，反復的內容，運用趣味性的形式，使人易聽易記，容易加深印象，不過即使在工具性的考量之下，七子運用這些特異體式，多見其匠心，並不全然只在遊戲。

結　語

　　七子詞作在形式的表現上，喜改調名以區隔一般詞作，用以突顯詞作內容，在改調的原則運用下，在形式上即見詞傳道以詞勸化的功能，豐富多樣的類疊技巧運用，更讓這一類修辭技巧展現出鮮明的印象，幾乎成為一種特殊的形式表現，結合宗教特有的儀式意義，七子運用類疊的技巧呈現出特有的宗教文學意趣。除此之外七子運用鑲嵌的技巧，具與類疊異曲同工之妙，突顯其表達內容的宗教特質。

　　七子的證道詞中特別的表現形式，有藏頭、拆字等傳統文字遊戲式，並在修辭時於句首嵌入金木水火土等五行偏旁的特色，這種特異的表現形式，固然是源自傳統文字遊戲的趣味性，卻也有其全真教風的獨特風格。全真師徒常以佯瘋裝狂的外在行事及遊戲人間的行為態度，在俗世的干擾中求得脫離，並以此取得修道的空間，表現在詞作上，自然也將這種看似遊戲實則蘊含深意的形式善加運用。所以在遊戲文字、遊戲人間的背後，其實具有承自道教師授傳統中祕傳性的考量，以及王重陽汲自禪宗心法中著重頓悟的提領方式的深意。

第三節　全真七子證道詞的語言風格

　　過去對全真七子詞作的研究，雖已累積了一些成果，〔註 40〕然在研究方

〔註40〕全真七子詞作的相關研究成果可見張子良：《金元詞述評》（台北：華正書局，1979 年），黃兆漢：《金元詞史》（台北：學生書局，1992 年）〈丘處機的《磻溪詞》〉，《道教文化》4 卷 4 期（1986 年 11 月），頁 27 至 42；〈全真七子詞述

法上多採傳統批評方式，以鑑賞文人詞的角度與標準評介這些作品，這自是可取的研究進路，不過全眞七子的生活與生命，是宗教人的生活與生命，畢竟與一般文人有著相當特殊的差異，檢視他們的作品，純粹由文人作品的觀點與標準，無法呈顯他們借詞作所表現出來屬於宗教人的生命情調，因此本節嘗試由宗教文學的角度出發，在道教文學的觀點上，調析全眞七子詞作所表現出來的語言風格。

語言學家把語言定義爲：

> 語言，人類特有的一種符號系統。當作用於人與人的關係的時候，它是表達相互反應的媒介；當作用於人和客觀世界的時候，它是認知事物的工具；當作用於文化的時候，它是文化信息的載體。〔註41〕

從這個定義的三個層面看，全眞七子的詞作，也呈現了這三層意義，從與人互動的作用層面上看，這些詞作是表達相互反應的媒介，七子詞作中贈與勸道之作，即彼此互動的表達媒介；從認識的角度看，這些詞作是人們認知七子，及其所傳的全眞之道的工具之一，就文化層面看，它更是承載著全眞道仙道世界的載體。

由於全眞七子的詞作，具有上述的三個面向，其語言風格也就是從這三個面向發展而出，富有大量宗教語言的特殊風貌，有別於一般詞作所呈現的文學性的語。

宗教語言，並不是獨立於一般語言之外的另一套符號系統，而是運用現有的語言賦予宗教風格，在這方面，高長江說：「宗教雖重是一個神祕而又神聖的領域，但是它沒有自己的交際工具，沒有自己的語言體系，因此無論神學家多麼自詡爲神聖人物及神聖境界，但是，要想進行神學宣傳，使人們相信其神學理論，起到教化作用，就必須放下自己神聖不凡的架子，老老實實地使用全民語言。他們在使用全民語言時，一方面創造性地加進了本學科的術語，一方面

評〉，《香港中文大學中國文學研究所學報》19 期（1988 年），頁 135 至 162，朱越利；〈從《磻溪集》看丘處機的苦修〉，《道教文化研究》第 9 期，（1996 年 6 月），頁 158 至 176。陳宏銘：《金元道士詞研究》，國立高雄師範大學國文學系博士論文（1987 年）。

全眞七子在全眞教內部的經籍及道教史上，已經一單位名詞，代表著丘、劉、譚、馬、王、郝、孫七眞，本文自然地將他們七人作一整體，在舉例時雖未引用郝大通、孫不二的詞作，但其詞作的語言風格，與七眞其他成員大體上是一致的。

〔註41〕高長江：《符號與神聖世界的建構》（吉林：吉林大學出版社，1993 年）頁 18。

又因爲某種特殊的目的而創造和使用一些獨特的語言藝術手法。」〔註42〕

可見宗教語言是建立在一般語言基礎之下，只是在語言藝術的使用上強調一些獨特的手法，以承載其所要表達的神聖世界，全真七子的詞作既作爲宗教文學，其語言風格自然是大量的出現宗教語言，其與一般文人詞最大的不同地方就是宗教的語言風格，從語言風格的角度，分析其詮釋全真的仙道世界，將可看出在工具性之外，自有宗教文學的風貌，如此才能從刻板的傳道玄言的工具、文學價值不高的傳統批評中，看出在宗教的語言下，這些詞作呈現什麼樣的語言藝術。

壹、全真七子詞作的詞彙特色

在全真七子的作品中，最顯而易見的宗教詞彙爲大量的內丹修煉術語，這些內丹修煉術語本身，運用的即是隱喻的修辭方式，無論是龍虎或是鉛汞，都不是字面上的意義，這些修煉術語也都有其傳承，轉化自外丹煉養的名詞，揀視這些詞彙，可以看出其中所含的內在邏輯，也可見在富有道教這種民族色彩濃厚之宗教語言特色中，蘊含著的思想質素。

全真七子的詞在論述內丹修煉方法時，出現了許多隱語，如「金丹」、「玉性」、「真靈」、「金精」、「元神」、「玉鎖」、「金關」、「爐灶」、「瓊芝」、「瓊漿玉液」、「鉛汞」、「坎離」、「水火」、「青龍」、「白虎」、「赤鳳」、「烏龜」、「猿馬」、「宗祖」、「金翁」、「黃婆」、「嬰兒」、「妊女」、「黃牙」、「金木」等詞語，這些作品若純就文學欣賞的角度而言，是全無文學趣味的，向來道士詞最被譏爲啞謎，不知所云，讀之令人生厭的也是這一類作品。

而這一類詞彙，正是全真教的特色，這些作品闡述的是內丹修煉的體驗，是宗教修行體驗的一種，就一個宗教人而言，對於這些作品，自然有其不同於文學欣賞上的趣味，而呈現了一種實用及宗教情感上的認同，在內丹修煉的過程中，種種的生理感應，必須是自我體驗才能領會，透過經驗的聯結，所能領會的意涵自然和持一般文學欣賞角度者有所不同。

全真道所強調煉精化炁，煉炁化神，煉神還虛，的修煉過程，事實上也是整個生命仙道化的過程，特別是全真所強調的性命雙修理念，命功的煉養與性功的修爲是同步的，心理影響生理、生理影響心理，身心合一，身心合

〔註42〕同前註，頁23。

一的境界是微妙的一種體驗，這種微妙的體驗，語言文字無法具體描摹，故而只能以隱喻的語言表達。對於這些隱喻的語言，若不從宗教語言的角度欣賞詮解，自然無法領略其美感所在。

其實這些最常見的內丹修煉隱語，有其內在簡易的邏輯可理解，這些特異的名詞圍繞著兩個主要的意義中心，即陰陽、性命，以這兩組意義爲中心，運用譬喻的手法表達難以言傳的丹道修煉方法或修煉過程，循著內丹養煉的不同境界，而使用不同的詞彙。同是陰陽的意象，有指稱後天的也有指稱先天的，在不同的階段有不同的描述方式。

陰陽的觀念是中國人非常具代表性的思考方式，循著陰陽的屬性及其特質，欣賞這些詞作，自然可以從索然無味的表象，解讀出富有宗教審美觀的意義。下以馬鈺〈滿庭芳〉爲例：

> 雲水姿情遊歷，無縈繫，自然忘機絕慮。三疊心琴，引動姹嬰歌舞。龍虎一齊蟠繞，結金丹、轉增開悟。積陰德，行功圓，眞師來度。（贈塗山于先生）（《全金元詞》，頁 274。）

> 那更眞修眞鍊，得逍遙自在，澄心遣慾。漸覺溪田芝草，異香馥郁。虎龍繞蟠何處，在丹鑪，變成金玉。神光燦，赴前程，蓬萊寶陸。（寄興平張先生）（《全金元詞》，頁 275。）

上引兩詞作中的龍虎，指的都是體內陰陽之氣，引動姹嬰歌舞煉養有成，引發了體內先天之氣，此時後天的陰陽之氣自然調合，所以說「在丹鑪，變成金玉」，此金玉爲純陰、純陽，不帶父精母血的雜質，此一階段內丹修煉有成，即將登眞成仙。「結金丹，轉增開悟」表現的是內丹煉養有功後，對於心智成長的提升，神光燦則形象的表現身心合一時的超越境界，此時生命拔昇超越於有限，綻出無限輝芒。

從世俗的眼光看，丹鑪、金玉、芝草、龍虎、姹嬰，是一個又一個不知所以，或一再重複出現的名詞，就修煉的角度看，這些名詞代表著豐富的意涵，是整個仙道生命的重要指標。

終極目標是一個宗教人建立生命意義的對象，而這些仙道生命的指標在宗教人眼中，自然不會只是一再出現的名詞，每一個名詞都含有實質的意象，結合著實際修煉的體驗，領略這些隱喻的詞彙，則更能體會這些名詞取名的意義，自然在個人修行的體驗中，了解這些意象的美感所在。

金玉所象徵的堅實不壞，芝草所代表的超越能量，龍虎所呈現的生命力

量，這些隱語的取名，雖是類比，同時可在類比之中，發現其象徵意義的多面性，在不同的修煉階段，有不同的意義。

除了內丹煉養的詞彙一再出現之外，代表仙道生命最終歸處的蓬萊、仙鄉、十洲、方丈、瀛洲、瑤池、丹霄、三清、仙島、金童、玉女、瓊樓、玉闕、大羅天、鸞鶴、鳳麒、金闕、丹墀、羽駕、三界等詞彙，則圖畫出仙道世界的宇宙觀，在這些詞彙中可以看出全真道吸收了傳統道教的宇宙圖式。

不過這些詞彙的出現最主要的作用仍在標識仙境與凡俗的不同，除了傳統道教思想中的仙鄉福地之外，三清、丹霄、瓊樓、玉闕、丹墀等詞都具有崇高而富麗的意象；那些天界才有的動物同樣有著飄逸出塵的意象，這些超越的、崇高的、莊嚴的正是宗教語言所具有的特質。

這些詞彙大量的出現，自然是具有仙道真有、仙道可成、仙道可證的宣導作用在，而這些詞彙的美感，就在於崇高、超越與莊嚴，使人因而產生嚮慕之心。

除了內丹修煉外，全真教所特重的性命雙修理論及特重功行的教義，也產生了特有的詞彙，心猿、意馬、牢捉、功行、清淨、無為、逍遙、閒想、雲水等詞一再出現，強調的即是心性調養的困難以及重要性，以清淨無為之心，逍遙於雲水之間，離開塵世名韁利索的牽纏，是仙道修煉最基礎的功夫，也是永遠的功課，這些詞彙所組成的寧靜淡泊意境，營造了道家無為逍遙的格調。

貳、全真七子詞作的修辭技巧

全真七子以詞作紀錄他們的修道心史，所有的作品都以道為主體，或是真功修行，或是心性鍛鍊，或是與他人分享心得，都不脫宗教生活的範圍之中。其語言風格自然表現了濃厚的宗教色彩，不僅在詞彙上，出現大量的全真教特有的詞彙展現其宗教性格，在修辭上也是大量的運用設問、呼告等揭示性及宣告式的語言。

呼告是七子詞中常見的修辭方式，即以對話的方式表達意思。七子詞作中常見呼告的方式，除了因應傳道說教、酬唱寄贈的性質外，有一個不可忽視的原因，是宗教語言的揭示性格。為了言說不可言說的道，自然是以揭示的權威姿態顯示真理最具說服力，馬鈺的〈滿庭芳〉即是很典型的範例：

> 諸公聽我，自有神京。鑪中亦有蓬瀛。五色霞光上下，來往飛昇。識得水雲活計，更無勞、足力遊行。固性命，便般般打過，有甚閑爭。

好事人先後己，守清虛，營養一點靈明。應物真常自在，動止安寧。

一朝功成行滿，去朝元、雲步身輕。真了了，似重陽師父，無滅無生。

（贈朱官人張書表）（《全金元詞》，頁270。）

在此以呼告語為開端，毫不容置疑地指出神京自有，各人身內也有仙境，這樣直接宣告，主要是在強調人人自性有一點靈明，那一點靈明是人稟道氣而生的元炁，只須以得當的修行功夫營造養護那元炁使其充足，自然可以功成行滿，回到與道合真的原初狀態。

這是全真教最完整的成全之道，全真性命雙修的主張，雖然實際上有其嚴密的一套命功修煉方式，但是在大原則上，取的是清淨無為，相較於當時南宗的命功修練方式，或道教符籙、丹鼎等其他派別的方式而言是簡單易行的，因此在語言策略上運用富揭示性的呼告語，加強其說服力，有其用心在。

呼告除了揭示作用之外，最常見的就是出於循循勸誘的度人心態，譚處端就在詞作中表現了發自於內心的殷切勸告：

〈雲霧斂〉

告行人，聽少訴。著假求真，也好迴頭顧。勘驗行藏休慕故。不合虛無怎得蓬瀛住。認元初，歸瑩素。勤拭靈臺，勿使塵埃污。心上貪瞋癡盡去。暗裏功成，有箇真師度。（《全金元詞》，頁409。）

〈臨江仙〉

稽首吾門道友，降心向外休尋。等閑容易費光陰。修行何是若，不了我人心。滅取無明三尊火，勿令境上相侵。本來一點沒昇沈。真閑如得得，步步上高岑。（《全金元詞》，頁409。）

〈無名調〉贈京兆府尹王解元

太原公疾苦，聽予告切。聖賢待把伊提挈。好休歇。算人生七十，古來云少，看看到也，做箇放下決烈。割攀拽。趣閑閑，歸瑩素，安恬養拙。認靈源、鍊磨明徹。從前蘖。向三千功裏，徐徐消滅。青山綠水，五人共賞風月。（《全金元詞》，頁409。）

在譚處端的呼告語中，情感的表達極為真切，呼告的作用本來就有訴諸於情感的成分在，而譚處端的強烈情感，出自於對眾生的惜愛，同時也來自切身的體會，在真假的迷障中、在飛逝的光陰裏，認清真諦是多麼可貴，多麼重要，自己領會了其中奧妙，見眾生尚在徘徊躊躇，不由得心急，於是以過來人的經驗，殷切勸告的同時也具有宣告義理的成分在。

呼告作為一種修辭手法，主要是用呼喚、感嘆、祈求等強烈表達情感的方式，抒發強烈的思想感情，這樣強烈的情感表達有感染作用，在宗教的作用上自然是感化教徒，牽動教徒的宗教情感，是種非常感性的情感語言。

道教的教義向來以絕情去慾為超越項目，而在詞作上及勸化的過程中卻經常出現如此強烈的情感語言，若單從勸化的目的而言，自然可以說是技巧的運用，然而配合著作品解讀，可以看出絕情去慾所斷絕的是世俗中的喜、怒、哀、樂、愛、欲、憎、惡等會引發人們陷入生命困境的情感，對於向上的、永恆的追求嚮往以及探觸生命真義，領會生命真味的情感，是全真人所追求的。

王處一的詞作〈行香子〉即以充滿情感的呼告方式，表達其宗教情感。

> 李張梁，聽少告。休恁躊躇，縱得心顛倒。每恨玉陽無答報。似此修行何日歸蓬島。大唐僧，九度老。萬種艱辛，一志終須到，東進佛經弘釋教，相契如來，證果真常道。（示李梁張三人）（《全金元詞》，頁450。）

王玉陽以自身對修行的體會，看信眾們躊躇的心志，有著過來人的著急，極想對信徒有所回饋，無奈信徒們尚未精進，因此以急切的呼告方式表達對信徒修行生命的關懷。

譬喻是一種「借彼喻此」的修辭方法，凡兩件或二件以上的事物有類似之點，說語作文時運用「那」有類似點的事物來比方說明「這」件事物的，就叫譬喻。它的理論架構是建立在心理學「類化作用」（apperception）的基礎上－利用舊經驗，引起新經驗。通常是以易知說明難知，以具體說明抽象。使人在恍然大悟中驚佩作者設喻之巧妙，從而產生滿足與信服的快感。〔註43〕

譬喻在宗教語言之中也是非常重要的修辭方式之一，對於神的描述即需用譬喻的方式以具體說明抽象，神的一切是可感知而非驗證的，自然運用舊經驗引起新經驗的方式是讓信仰者得到心靈的滿足與信服。

全真七子的詞作對於譬喻的運用，相當普遍，大抵論及內丹修煉方法的內容多用譬喻，此外就是對於人世間各種現象，時間、空間、人情、世態，其中有幾個特別的譬喻一再出現，雖然其語意與手法承襲於傳統文學中，但在承襲之後，卻有著進一層的轉化，顯現其宗教特色的用法。

〔註43〕見約翰·麥奎利著，鍾慶譯《神學的語言與邏輯》（成都：四川人民出版社，1992年），頁78。

　　烏飛兔走中的烏和兔本就在文學作品中代表日月，透過飛與走的動作顯其流逝，在七子的詞作中，時間經常地出現，而時間在詞作中的意義都是催逼的，以時間的匆促，人生的有限，強調有限生命可供蹉跎的時間不多，應該及時修道才能在消逝的生命中立作抉擇，丘處機在〈無俗念〉中運用時間催逼教化，非常具體：

> 列鼎雄豪，兔走烏飛，轉頭悄然。似電光開夜，雲中乍閃，晨霜迎日，草上難堅。立馬文章，題橋名譽，恍忽皆如作夢傳。爭如我，效忘機息慮，返樸歸原。（《全金元詞》，頁 455。）

在無情的時間流裏，任何俗世間的功業瞬間沈寂，曾經引以為傲的豐富人生，就像電光一閃，只是雲中乍現的光芒，這樣的比喻確實令人心驚，從每個人對時間的經驗感受而言，的確都有過去種恍如昨日的感嘆，人生數十寒暑，就實際的量而言不可謂短，但在回顧的心理之下，紅顏白髮只在轉念之間，則又不可謂之為長。

　　時光的流逝是每個人都可以經驗的事，而七子以此經驗一再強烈地催逼著，自然是出於宗教人度化勸道的用心，而就全真的修行而言，這種時間的壓迫感，則會更加明顯。

　　全真注重性命雙修，在修行生活中事實上是十二個時辰都在修行的，除了本身命功修行和性功的煉養之外，尚需累積功行，命功的煉養是逆則成仙的過程，除了專致心志之外，更須時間，功行的累積也是需要時間的，從道教的角度而言，人之所以能夠成為人，是非常不容易的，看著世人渾然無所警覺地虛度難得生而為人的機緣不知修道，對一個宗教人而言，基於度化的慈悲心理，會產生深切的不忍與惋惜。

　　所以在七子的詞作當中，時間消逝的提醒，是很明顯的催促，這種催促情緒比較於一般文人詞作，除了感嘆消逝之外，還帶著機緣一逝難再得的嘆息，而其中的時間意識也不僅限於現實人生中的數十寒暑，而是建立在延續累生累世的尋道生命中，在相對於浩瀚的宇宙時空，求道的機緣如此難得，生得為人的時間又如此短暫，深切的教誡度化之心更見殷勤。

　　以金枷比喻兒女，以玉杻比喻愛情也是七子詞作中經常可見的比喻，把俗世生活比擬成火宅、火院、火坑牢獄，勸人趕快醒悟及時修道的文字，在七子的詞作中也很普遍，對於世人難捨恩情名利、酒色財貨的心情則常以蛾戀蜂貪作比，以飛蛾投火，蜂貪花蜜終日勞碌為世人不能看破家緣之嘆。在

這一類的譬喻之中有非常明顯的對比成分在，凡世人以為好的，七子就以強烈對反的事物作比，例如人們大抵眷愛妻子兒女，而七子則以枷枉干戈為喻，馬鈺的〈滿庭芳〉有許多例子：

> 兒孫枷枉，妻妾干戈。惺惺靈利邪魔。蝸角蠅頭名利，寵辱驚多。尋思上床鞋履，到來朝、事節如何。遮性命，奈一宵難保，爭箇甚麼。（贈王知玄）（《全金元詞》，頁271。）

> 色財粘惹，如漆如膠，要他清爽爻爻。那更名韁怎解，利鎖難敲。終日憂兒愁女，又何曾、暫展眉稍。火院裏，把身軀陷了，如炙如炮。（贈眾道友）（《全金元詞》，頁272。）

> 憐妻愛妾，憂兒愁女。一心千頭萬緒。競利爭名來往，豈曾停住。如蜂採花成蜜，謂誰甜、獨擔辛苦。迷迷地，似飛蛾投火，好大暮故。（勸道友）（《全金元詞》，頁273。）

如此鮮活而對反的比喻，實出於對世情的理解，親緣名利自來是人們所戀慕的，投注的心思也多，所以必須以如此強烈的方式提醒才能讓沈浸在其中的人有所省思。

　　摹寫的技巧在全真七子的詞作之中運用得很普遍，任何的宗教語言都不可或缺地需要大量的摹寫，七子的許多詞作均是以淺白的造語直接描述，加以七子的詞作以長調居多，以摹寫的手法將所思所感直接呈現，使人容易了解及接受，可以說摹寫是七子詞作主要的表現手法之一，特別是劉處玄的作品，幾乎全是直接鋪陳其事，少用其他文學技巧。〔註44〕下舉其詞作為例：

〈滿庭芳〉

萬惡心除，千思意泯，自然罪病消亡。寸靈念道，動靜兩俱忘。清志如龐似許，任雲水、到處為鄉。仙家好，茅齋幽闃，勝似住高堂。無忙。看古教，頓明至理，上運三光。也不須晝夜，數墨尋行。養就真鉛真汞，蛻形去、天地難量。碧霄外，大羅歸去，重禮馬丹陽。（《全金元詞》，頁426。）

〈醉江月〉

古今販骨，想生來死去，榮枯多少。百載光陰四序逼，不覺形容衰老。世偽浮華，轉頭如夢，到底成虛矯。無生一念，念道真明達了。最好福地清居，依山臨水，自在攜筇到。占得真歡洞霞隱，無事閒看聖教。

〔註44〕黃慶萱：《修辭學》，（台北：三民書局，79年）頁227。

功行周圓，完全性命，勝似重修醮。鍊成道體，別有金書來詔。(《全
金元詞》，頁 427。)

〈驀山溪〉

人間華麗，恰似風前燭。萬事轉頭空，世外隱、仙家清福。靈峰霞洞，
四序不知秋，松為伴，竹為鄰，閑唱無生曲。琴書樂性，道用調金木。
鍊出九霄身，六銖掛、朝元去速。永無生老，昇入大羅天，任巨海，
變桑田，真與神仙逐。(《全金元詞》，頁 429。)

在這些作品中，全是平直摹寫其感思，在平淡中有道家悠遊物外的閑適情調。

夸飾的修辭法在七子的詞作中常常是與對比技巧同時出現，如王處一的

〈蘇幕遮〉

嘆迷人，如大醉。敢使機謀，爭眼謾天地。殺盜邪淫呪神理。一向無
知不顧臨時罪。氣歸空，形委廢。性識區區，走入幽牢裏。無限冤魂
誰放你，鞭棒隨身，蛇狗爭吞噬。(勸迷途) (《全金元詞》，頁 450。)

以夸飾的方式描述身陷地獄的可怕形狀，和現實生活中渾渾噩噩地耍弄機巧
是明顯的對比，對比與夸飾技巧的合用，在效果上具有相當明顯的突顯作用。

在譬喻的運用分析時，已可看出其與對比技巧的融合，其實在全真七子
的詞作中這三種技巧通常是混合運用的，無論是詞意上的對比，或上下片內
容的對比，無不在適當的情況下融合著譬喻與夸飾的修詞方式，而形成全詞
特殊的語言風格，馬鈺的〈養家苦〉即展現此風貌：

養家苦，似蜂虔。採花成蜜為誰甜。肯提防，蛛網粘。修行好，做風
虔。舌生津液玉漿甜。溉黃芽，無惹粘。(《全金元詞》，頁 341。)

設問與反問的修辭方式，主要是為了加強人們對某些事物的印象，在宗教活
動中，神職人員的布道詞常用設問和反問的語詞，一方面加深人們對上帝的
印象，一方面喚起人們的宗教情感。〔註 45〕七子詞中的設問運用，也具有這
方面的功能：

〈瑞鷓鴣〉馬鈺

不須遠遠退尋師。自是神仙自是師。真淨真清真至理，至微至妙至真
師。愛憎不盡難求道，人我仍存枉拜師。你意不能隨我意，我心怎做
你心師。(贈斗門李公) (《全金元詞》，頁 340。)

〔註45〕陳宏銘：《金元道士詞研究》，頁 276。

閑人相訪有何妨。唯恐閑人話短長。真樂真閒無議論，至微至妙絕商
量。是非欲說氣神散，名利纏言道德忘，不若澄心常默默，自然彼此
得清涼。（居庵）（《全金元詞》，頁339。）

〈瑞鷓鴣〉譚處端

修行心煉似寒灰。放下癡貪氣色財。人我怎生成道果，是非難得產真
胎。無明滅盡朝金闕，情慾俱忘拜玉階。修煉直須煙火滅，爲心低處
有蓬萊。（《全金元詞》，頁414。）

馬鈺一句「我心怎做你心師」充滿了情感，直接以心問心，以情喚情的作用
非常明顯。

　　示現的技巧也是七子詞作中，常出現的修辭方式，以修辭而言利用想像
力，把實際不聞不見的事物，說得如見如聞，即所謂示現，然而在宗教的語
言之中，示現是否是想像力的運用有待商榷，不過卻無妨人們對示現技巧是
欣賞及運用。七子詞作中示現的運用，多用在描述仙境或是地獄，王處一〈歸
朝歡〉即以示現手法描述仙境：

無限神光常圍簇。瑞靄祥雲盈滿目。青鸞赤鳳舞仙宮，不投塵世棲凡
竹。性珠明九曲。靜中煉金並煉玉。做生涯、坐觀浮世，幾度黃河綠。
（《全金元詞》，頁446。）

丘處機名爲仙景的〈無俗念〉更是將仙景清楚地示現於人：

十洲三島，運長春，不夜風光無極。寶閣瓊樓山上聳，突兀巍峨千尺。
綠檜喬松，丹霞密霧，簇擁神仙宅。漫漫雲海，奈何無處尋覓。（《全
金元詞》，頁454。）

前引王處一詞作「無限冤魂誰放你」一語，則是地獄的示現，「昇霞降霧，電
馳雷震，瞥地神童現。」（王處一，謝師恩）是成仙時的示現。

　　黑格爾說：「象徵的各種形式都起源於全民族的宗教世界觀。」〔註46〕象
徵借助的是事物間的連繫，這種連繫或由於理性，或出於社會的約定，任何
一種抽象的觀念、感情、與看不見的事物，不直接予以指明，而由於理性的
關聯、社會是約定，從而透過某種意象的媒介，間接加以陳述的表達方式，
即爲象徵。〔註47〕

　　象徵在宗教語言的運用中，在於讓人們以有限的符號去產生無限的聯

〔註46〕 高長江：《符號與神聖世界的建構》，頁105。
〔註47〕 黑格爾：《美學》第二卷，第29頁。

想，從符號所暗示的意義，使人得到某些東西的存在，而得到一種神祕感受。

全眞七子詞作中的象徵用法大量見於有關內丹修煉的內容中，這自然與內丹修煉不易言傳有關，除此以外常見的一些字詞也有其象徵意義，金玉象徵堅實，蓮花象徵超脫，金蓮象徵功行圓滿，七朵金蓮則象徵全眞七子，煙霞象徵修行，雲朋霞友則象徵道友。

在全眞七子的詞作中的修辭技巧，都並非別有新出的修辭手法，而是在一般文學的修辭基礎上，有著轉化的運用，這種轉化並非刻意有爲，而是出於其宗教語言的特色，而呈現出富有全眞教風格的面貌。

參、宗教語言的特質

宗教語言的特質，首先可以看出和一般語言最大的區分就在於大量的宗教詞彙，美國神學家約翰·麥奎利（John Macouarrie）指出：「有一種特別的神學詞彙，我們在稱爲『名稱』（names）的那些詞當中發現了它。這裏我是在最廣泛意義上使用『名稱』一詞的，即指所有那些並不簡單與其他詞相聯係，而被認爲代表了某物，也許是一個物體、一種活動、一種性質、一個情境、一個人、或其什麼東西的名詞。」〔註48〕這段引文強調了在宗教語言之中，有特別的詞彙是指涉宗教事物的，或是儀式、或是教義、或是組織，這些詞彙不同於一般性的共通詞彙，而是專屬於宗教才有的。所以宗教的語言特質最明顯而可區分的首先是大量的宗教詞彙。

就語言的功能分，可以把語言分爲描述的語言和情感的語言，描述的語言用以敘述、論理，情感的語言則在表情，宗教語言自然也包含這兩方面。

描述性的語言作用於對終極實體的描述，以及基本教義的傳布，不同的宗教有不同的描述對象。

情感的語言，用於傳達終極關懷。

隨著宗教性格的差異，情感的語言表達就有不同的風格。因爲語言的性質不同，所著重的修辭技巧就有差異。

描述性的語言在對於不可言傳的道或上帝，必須形象表達以示其眞有，又必須全面概括以見其完全，因此摹寫、象徵、夸飾、揭示的技巧使用得多。

情感的語言作用於對無限的追求嚮慕，譬喻、設問、呼告、等技巧對於

〔註48〕黃慶萱：《修辭學》，頁337。

宗教體驗的傳達有非常明顯的功效。

全真七子的詞作，即在文學的語言中，融合著宗教語言，以記錄其尋道、悟道、證道的過程與心靈活動，雖然所運用的詞語承襲自傳統文學，卻也有所轉化，其語言與遍唱於歌樓酒館的傳統詞作有所不同，明顯地有著綺羅薌澤與閒雲野鶴的差異，即便是與近似的豪放詞風或金初文人的隱逸詞風相較，也有著相對的差異性。同是澹瞻的語意，七子詞作中的自然描寫，就和心懷歸隱的文人對自然的欣賞有著相依回歸與嚮慕欣賞的差異。

至於因為全真教的修練與宗教語彙所形成的隱喻系統語言，也呈現其特殊的詞風，因此在欣賞七真的詞作時，首當了解宗教語言的特質，才能進一步在詞作中看出七真的詞作語言，是如何的轉化傳統的文學語言，而成為承載其證道生命內涵的語言。

結　語

在語言風格方面七真的詞作含有大量的煉丹隱語，是證道詞之中最富特色的語言，雖然這些隱語均只有功能性的意義，不過這些功能性的語言卻也呈現另一種修辭上美感搭配的功效，在詞作中常見金玉等富麗的形容詞、玄、白、黃、青赤等具有顏色象徵的左接用語或隱代之詞。

其次證道詞中更以宗教性的揭示性、宣告式、類比式、象徵式、先邏輯性的語言而與一般文學的描述性、形象性的語言有所特出，雖然宗教語言的修辭技巧，定然是由一般語文的修辭技巧而來，除了宗教語彙之外，不會超出一般文學語言的運用，用但為呈現出崇高、莊重、神祕、淨化感等宗教語言風格，所用的修辭技巧則以能達到這些效果的誇張、象徵、比喻、示現、設問與反設問、呼告、仿擬等手法，富感染力地將人的宗教情感引發出來，以達勸化布道的效果。

第五章　全眞七子證道詞所表現的全眞教義

身爲宗教人，七子投身於宗教修行之後，其內在思考與精神活動，自然全在其所信奉追尋的宗教世界上，所以當他們表現於文學創作時，裏面的思想內容，充滿了全眞教的教義是必然的。在七子的詞作中，可見明示以詞作傳道宣教的創作動機之語，其意義應指傳道宣教是七子塡詞的動機與目的之一，而非七子的詞作全爲傳道宣教之工具，如果只將七子詞作視爲他們傳道的工具，則忽略了他們身爲宗教人，過著宗教的修行生活，他們所信奉的宗教教義已經內化於他們生命之中，因而在文學創作上，那些充滿全眞教義內容的詞作，其實是自然地呈現這些內化的宗教價值世界。

站在把七子詞作定位於中國傳統宗教文學文學中的道教文學的立場看，探討七子詞作中的內容意涵，其中全眞教義的探討部分，討論的焦點在於這些詞作中表現了哪些全眞教義？這些全眞教義如何表現？其意義爲何？論述重心並非以七子詞作求見全眞教義，視全眞教義爲主體；而是在於透過對作品內容的詮析，呈現全眞七子詞作中的全眞教義，看七子的詞作中展現了哪些內化於他們生命的全眞思想，所以七子詞作才是主體。

第一節　三教合一

全眞教的教義思想，承繼唐宋以來鍾呂內丹一派而來，鍾呂內丹派開啓丹道諸派，南宗之祖張伯端、陳楠，即倡三教歸一，通融內丹與禪宗，而全眞道祖王重陽出身儒生，也曾一度研究佛學，自稱「十七年風害，悟徹心經

無掛礙」，〔註1〕在論述道、性命等問題時，往往會合三家，引證儒釋之說，如《金關玉鎖訣》中論述內丹問題，引述《心經》，〔註2〕《授丹陽二十四訣》引儒家的仁義理智信，佛教《金剛經》的「無諍三昧」。〔註3〕就全真教而言，儒、釋、道三教合稱是一慣性用語，在道人眼中，儒家行仁義，教化民心，雖不同於宗教，但同具教化之功，因此在言說、並稱之時將儒家歸於「教」，於此援用這個習慣用法，至於儒家是否可視為儒教，不在討論範圍。

壹、七子詞中「三教」一詞的意義

三教合一是王重陽立全真教教化世人的重要義理，宗教義理是宗教人的思想核心，全真七子作為一個全真人其填詞無論是心有所感的抒懷之作，或與人酬唱的贈與之作，或純出於勸化目的的度化之作，當然不離其所思、所想、所感、所悟的全真大道，三教合一的思想內容，在他們的詞作中隨處可見，所以常常出現「三教」一詞，這個詞彙自然是表達三教合一的理念，不過細分其中語氣，全真七子詞中的「三教」，有兩層意義：其一是純粹指標舉三教合一為教義的全真教，其二是儒釋道三教的合稱。

在詞作中看得出，純粹只代表全真教的「三教」：

〈滿庭芳〉馬鈺

從此依憑三教，把三乘妙法，子細研窮。內運三光照耀，坎虎離龍。

存三守一三載，覺三田、一粒丹紅。三三數，更心琴三疊，得與仙同。

（《全金元詞》，頁282。）

〈玉鑪三澗雪〉

（永）別鄉關寧海，（每）持真實為憑。（心）懷三教作良朋。（月）內日光為證。（登）悟清清淨淨，（爭）知湛湛澄澄。（水）中養火虎龍吞。

（口）訣傳來游泳。（繼重陽韻，藏頭）（《全金元詞》，頁297～298。）

在滿庭芳一詞中強調「三」字，以依憑三教起句，揭示三教合一的教義非常自然，在這邊三教的意義著重在強調三教合一的全真義理的三教，也就是王重陽在文登組以「三教金蓮會」、「三教平等會」、「三教三光會」、「三教玉華會」等「三教」意義是相同的，不是只有儒釋道合稱的三教意義，也同時具

〔註1〕《全金元詞》，頁184。

〔註2〕王重陽《金關玉鎖訣》，《正統道藏》，15b，第43冊，587頁。

〔註3〕王重陽《授丹陽二四訣》，《正統道藏》，4a，第43冊，595頁。

有強調三教合一的全眞教的意義，這點可由其內容以內丹修煉爲主得到證明。而〈玉鑪三澗雪〉中馬鈺自述離鄉背景，所以「心懷三教」的「三教」自然是家鄉的教會。

　　不過在馬鈺的詞作中出現三教一詞，有時候並不容易辨明是純粹只有三教合稱之義，或是指涉全眞教，馬鈺的〈清心境〉：

　　九陽數，盡通徹。三教門人，乍離巢穴。探春時、幸得相逢，別是般
　　歡悅。也無言，也無說。執手大笑，無休無歇。覺身心、不似寒山，
　　這性命捨得。（詠三教門人）（《全金元詞》，頁371。）

此詞之下有小敘，爲詠三教門人，詞中言及三教門人在冬季分離，春時相逢的情景，似乎應是同道人，而非指三教友人，惟一疑慮則在「覺身心、不似寒山」一句上，若寒山只是形容詞指山，而非指人，那麼這裏的三教可以純粹只是指全眞教，若寒山指的是人，則有代表佛教徒的可能，則這裏「三教」一詞就可能不是指全眞教了，不過從此句在本詞的意義中看，即使寒山代表的是人，也是實指寒山，取寒山的思想可能性較高，所以這邊的「三教」一詞還是代表全眞的可能性比較高。

　　馬鈺還有〈蘇幕遮〉一詞中的「三教」意義也帶些曖昧性，其詞如下：

　　遇風仙，心開悟。人我心無，無愛無憎妒。一切女男同父母。三教門
　　人盡是予師父。好清閑，喜歌舞。晝乞殘餘，夜宿悲田所。上下中丹
　　常密護。九轉功成，蓬島通雲路。（《全金元詞》，頁337。）

在這邊的「三教」意義似乎是比較接近儒釋道三教的統稱，王重陽舉三教合一之名創全眞教，其度化的思想融攝三教，此詞開端言「遇重陽，心開悟」表示受重陽度化；去除人我之心及無愛憎妒則佛教的思想，順著除人我的理念看「三教門人盡是予師父」一語，其意應爲沒有儒釋道的分別，三教之人都是值得師法的對象，所以說統指儒釋道三教的可能性高。

　　除了馬鈺的詞作之外，劉處玄的〈望蓬萊〉中的三教也指的是全眞教：

〈望蓬萊〉

　　形如鶴，性耀似孤雲。自在空中無罣礙，來來去去意無塵。世外樂天
　　眞。大成拜，三教理超羣，結就丹陽蓬島去，仙鄉別有洞天春。道象
　　古今新。（《全金元詞》，頁434。）

大抵而言，七子詞中的三教一詞大部分指的仍是儒釋道三教的統稱，茲列舉如下：

〈滿庭芳〉劉處玄

遇七修齋，庚申餐素，禮參旦望行香。時時念道，世夢頓然忘。三教
經書爲伴，眞閑處，勝似貪忙。迷雲散，一輪皓月，無缺照無方。從
長。明大道，暗中積行，上達穹蒼。傚許龐歸去，萬古名揚。未往蓬
壺閬苑，筠軒坐、吟笑潛藏。功成去，陰公難喚，跨鶴到仙鄉。（《全
金元詞》，頁 424 至 425。）

在此作品中，非常清楚地表現了全眞融合三教的內容，遇七修齋是佛教的齋
儀，特別注重庚申日又是道教的傳統，整個修行生活融合佛道，並配合著三
教經典的閱讀。當然這些閱讀的經典並不限於王重陽所列的三教經典，也可
以在作品中看到其他資料，例如劉處玄的〈驀山溪〉：

閑看三教，造化明周易。達理妙通天，四相泯、無憂無喜。洞天高臥，
自在鍊眞丹，他年去，上青霄，始現無爲異。（《全金元詞》，頁 429。）

這裏的閑看三教指的是三教的經典，很明顯的《周易》是儒家的經典，雖然
道家對《周易》的觀點和儒家對《周易》的觀點是有所差異的，道門中人比
較注重象數易是非常明顯的傾向，不過北宋時的易學本就有著濃厚的象數易
的色彩，因此把劉處玄此處所看的《周易》視爲儒家經典應無不妥。

劉處玄還有一首〈玉堂春〉也直指儒釋道三教：

仙觀靈虛，二年來來去去。破了重修，星冠養素。應有眞無，齋科救萬
苦。達理忘言清靜居。道釋儒寬，通爲三教，戶外應五常，敬謙賢許。
四相心無，自然樂有餘。出了陰陽現初。（《全金元詞》，頁 430。）

在上引詞作中，不但直指儒釋道通爲三教，全詞更融合了佛教的齋科、無四
相之心；儒家的五常、謙德、尊賢思想；道教的忘言清靜等思想闡發修道理
念。

丘處機詞中出現的三教一詞，也很明顯地可以看出指的是儒釋道三教：

〈神光燦〉丘處機

推窮三教，誘化羣生，皆令上合天爲。慕道修眞，行住坐臥歸依。先
須保身潔淨，內常懷、愍物慈悲。挫剛銳，乃初心作用，下手根基。
款款磨礱情性，除貪愛、時時剪拂愚迷。福慧雙全，開悟自入希夷。
靈臺內思不疚，任縱橫、出處何疑。徹頭了，儘虛空、裁斷是非。（《全
金元詞》，頁 459。）

在此，丘處機不但三教並稱，也具體地將儒釋道三教的思想融注於修行之中，

首三句指出，在勸化的角度上，三教都有勝場之處，然而雖然三教的教化各有所不同，但是有一點是相通的，即合於天道，可見三教義理是適合慕道修眞者做爲修行的依歸。

王處一也有兩首滿庭芳直言三教：

〈滿庭芳〉王處一

日裏金雞，月中玉兔，變通玄象現慈悲。長養諸天大地，資三教、天下歸依。眞明了，觀天之道，清淨更無爲。十方諸道眾，迴頭猛悟，拂袖雲歸。養神胎靈骨，鍛滅陰尸。定是回顏易質，通玄奧、物外精持。丹圓滿，根源了了，皆作度人師。（《全金元詞》，頁436。）

詔赴天長，敕修宇堂，道弘一布歸眞。我師玄化，譚馬並加恩。七朵金蓮顯異，清朝喜、優渥惟神。重宣至，車乘駟馬，祝謝聖明君。皆成諸法會，親王宰職，裏外忠臣。遇太平眞樂，道德洪因。更望參玄眾友，遵三教、千古同欣。齊回向，吾皇萬壽，永永御楓宸。（三宣到都住持長天天觀，復敕修新道院，乃作。）（《全金元詞》，頁437。）

在這兩首詞作之中，都較難一眼判定「三教」一詞，指的是全眞亦只是儒釋道三教合稱，但融合三教的思想卻很明顯，「變通玄象」可視爲易理，現慈悲是佛心，鍛滅陰尸則是修道要訣，第二首是應酬之作，其中的「聖明君」與「裏外忠臣」指的都是現實世界中朝廷君臣，不能視爲帶有儒家忠君愛民的政治思想成分，不過就「望參玄眾友，遵三教、千古同欣」一句解讀，這三教比較適合解爲儒釋道三教合稱的三教，能夠千古同欣的，自然是已有歷史的儒釋道三教，而不是才佈道化行十幾年的全眞教。

貳、全眞七子詞作中的儒家思想

全眞教以三教合一爲理念，融合三教思想闡發教義，而形成該教特色，自然在他們的詞作中，也可見到三教的思想，全眞教到底如何融合儒家思想，這是教義史上的問題，值得研究者撰寫專題論述，然而從文學史的角度出發，探討全眞七詞作中可見什麼儒家思想，則是基礎工作之一環。

從七子出現三教一詞的詞作中，已可略窺全眞教對儒、釋二教的思想取擇，有一致的選擇性。

儒家精神著重於在現實世界中，實踐德性生命，透過個人的德性修養，由內而外，達成內聖外王的理想境界，這是儒家思想的精義。

　　儒家是注重現實生命的，要在有限的現實生命裏，做出最大的發揮，完成千古不朽的道德功業，生命的意義在於德性的完成，推己及人，追求精神上的永恆不朽。內聖的功夫存於一己，外王的功夫，則涉及廣土眾民，所以儒家講的是修身、齊家、治國、平天下，由個人到家庭，推展到社會國家而以全世界爲最後目標。

　　道教也追求不朽，但道教追求的不朽，很明顯的是現實生命的不朽，道教思想的重點在於透過煉養，達到羽化登眞的境界，直接赴往仙界。現實的生命是修煉成仙的基礎，修道證眞是生命的本質，生命的意義即在生命本身，著重的是煉精化氣，煉氣化神，煉神還虛，與道合眞的生命回歸。

　　儒、道兩門的思想，基本上有很大的差異，全眞雖然高唱三教合一，終是以道爲主的，所以對儒家思想的吸納，主要著重在和道門修養相關處。劉處玄的〈感皇恩〉可資爲證：

〈感皇恩〉

釋道與儒門，眞通法海。易妙陰陽外，自然解。金剛至理，頓覺無爭泯愛。五千玄言奧，夷明大。微光運轉，結成雯蓋。霞輝常照體，何罣礙。松枯石爛，亘貌古今眞在。他年功行滿，昇仙界。（《全金元詞》，頁433。）

此詞首句通言儒、釋、道三教同具證道之功，儒家的易經，呈顯陰陽消息，通解陰陽之理，自然可以體會大道之妙，有助於修行。

　　易理的貫通，不僅可以體會大道的陰陽消息，同時也可以運用於內丹修煉上，同樣是劉處玄的詞作，〈玉堂春〉中，明顯表示這層作用：

道德清平，賢者眞易化。世夢知空，幾人放下。厭濁清居，周天運爻卦。身是行庵到處家。養就圓光，碧虛無執，把萬里清澄，自然懸掛。物外逍遙，瀟灑眞脫灑。悟者超昇學者麻。（《全金元詞》，頁430。）

周天運爻卦，就是將易理中的卦象變化，運用於內丹修練上，馬鈺〈黃鶴洞中仙〉中所言：「離坎相交玄更玄」〔註4〕

身是精神店。無個人曾歇。舍漏頹垣主翁行，也不見他馬，怎得閑嘶喊。我悟塵頭偃。富貴無心羨。離坎相交玄更玄，搬運動也馬，來往如同戰。（《全金元詞》，頁291。）

上引詞中「坎離相交」一語，雖借易經語，言內丹煉養，但煉養原理與易卦

────────────

〔註4〕《全金元詞》，頁291。

原則相通，煉養方式與易卦卦象變化原則一致。

　　除了通易明陰陽之外，儒家思想尊師重道之理，有益於道門團結，也為全眞七子所吸納，王重陽仙逝，丘、劉、譚、馬四人結廬守喪三年，遵行的是儒家尊師之禮，馬鈺〈望蓬萊〉一詞明言：

> 丘與馬，入道絕貪求。欲報師恩常念念，三年守服豈能休。何處好藏頭。舊居址，深謝許同修。但願我公同我志，同心同德做同流。同步訪瀛洲。(《全金元詞》，頁316。）

出家入道，斷絕一切恩緣，卻又「欲報師恩常念念」。表面上看來是從一個家跳進另一個家，七子詞作中常見把家喻為枷之意，那麼從一個家跳進另一個家，不異於掙脫一個枷又戴上一個枷。

　　對於這個質疑，馬鈺自己有明確的回答。基於報恩、念恩，為王重陽守服三年的行為的確是從一個家跳進另一個家，但跳進的是回歸大道的家，報念的是引領尋道的恩師，是生命的導師，這就是三年守服的禮制不能廢的原因。

　　「但願我公同我志，同心同德做同流，同步訪瀛洲」三句，已做了最好的註解──這是一個引導眾人，尋回生命本源的家，成全眞我，回歸大道是可以也必須道友共同努力，同心同德的，在一同尋道的團體中，自然地就形成了一個全眞之家，這是出於同道的心靈契合，自然而然地產生了眞摯的情感，進而希望道友均能修證得道。

　　儒家德性涵養功夫中的省思與愼獨，知過、改過的修德行為，也是全眞教在心性修養時特別注重的一項功夫。

〈臨江仙〉馬鈺

> 搜己過。搜己過。自入道來，別無大過。只不合、說破玄機，是十分罪過。自知過，自知過。要免前愆，將功補過。虛無為、心起眞慈，望聖賢恕過。(《全金元詞》，頁362。）

〈滿庭芳〉

> 不待人詢，須當自問，如何用意圖財。若非奸狡，無有自然來。心起慳貪嫉妒，寧思想、橫禍非災。欺天地，暗懷狠毒，怎不落深涯。(《全金元詞》，頁391。）

上引馬鈺兩首詞作，指出自省功夫對修道的重要性，道教的修行與儒家的修德相同，都是個人的生命事業。雖然兩者所追求的終極目標不同，自心明潔的要求卻是一致的。

　　德不由外鑠，存乎一心，所以君子慎獨，以不欺暗室，不愧屋漏爲榮，這樣嚴謹的自我整飾；有助於收心斂性，將心思運轉的焦點，集中於內，這種功夫對於宗教修行，自然有益。

　　全真著重性命煉養，收攝心志無論是在性功，或是命功的鍛鍊上，都是最基礎而重要的一環，自省與慎獨則是重要法門。面對肉體凡胎習染而來的各種慣性俗氣，只得靠修行滌除，其用心也同是如臨深淵、如履薄冰的，譚處端〈神光燦〉一詞即有如此省悟：

> 長真稽首，遍覆諸賢，修行只要心堅。戰戰兢兢日上，常恐生愆。淡素清貧柔弱，未安寧、休做詞篇。真功行，在摧強挫銳，寂寞忘言。（《全金元詞》，頁 401。）

在此表現出修道人的修行心志，日日戰戰兢兢，惟恐一念生愆，與君子修德，無論行、住、坐、臥，都求無片刻之間不違仁的手心，豈有差異？

　　因爲修養方法上的共通性，全真教徒很自然地借用儒家德性涵養功夫要旨，加入道門本身的煉心功夫之中，達到性命鍛鍊上的要求，王處一的〈望蓬萊〉詞作中，可見這一主張。

> 諸童稚，謹意學文章。萬事不令心散亂，忘情緘口養和光。開悟內丹方。添清爽，一性轉溫良。大抵儒風並道理，若能運用兩無妨。了了赴仙鄉。（《全金元詞》，頁 452。）

此詞勸勉稚童，謹意習文，主要的就是透過學習，可以收束心志，配合著道門心法，和光沈潛，能夠成就溫、良、恭、儉、讓的好心性，也是功行，所以明言「大抵儒風並道理，若能運用兩無妨」。

　　了解全真七子詞中所見對於儒家義理的吸收原則後，再從反面對看七子詞作中表現出對儒家的排屏之語，將更可明確地看出全真教三教合一的理念，是站在以道教爲主，吸納儒佛二門思想可相濟於證道之處，而在根本上相抵之處，自然是不取的，下以馬鈺兩詞爲例：

〈爇心香〉

> 仙侶王風，來化扶風。啓虔誠，特顯家風。出神入夢，跨鶴乘風。要馬風風，風取信，便隨風。見景投風。藉甚儒風。脫家緣、故做心風。不迷假相，真認真風，更捉風飆，乘風馬，駕雲風。（《全金元詞》，頁 300。）

〈感皇恩〉

鍾呂遣風仙，專行教化。故鎖庵門即非假。用機誘我，暗別靈明惺灑。
脫家風狂做，棄儒雅。真箇內容，難描難畫。六銖衣光彩，體披掛，
手擎丹顆，瑩瑩光明無價。蓋因傳得些，非常話。（《全金元詞》，頁
302。）

在這兩首詞作中，直接否定儒家，否定的自然是儒門有關現世生命中，禮教
秩序的一部分，馬鈺自幼習儒，入道後，生活形態和生命目標很自然地必須
擺脫過往的模式，而最直接、最絕決的方式就是學王重陽的佯瘋作狂！

因此這裏所棄的儒風，當然是儒士行止溫文守禮的行止，捨棄以齊家、治
國為人生目標的理念，改而追求緣自大道的生命本質，尋回真我中的靈明惺灑。

馬鈺另有一詞作從反面的角度反映這個問題：

〈望蓬萊〉

馬風子，不悟壞修行。雖在環牆居處穩，詩詞引出假聲名。惹得不安
寧。誇伶俐，卻是不惺惺。自愧隱身身不密，空成潦倒白頭生。怎得
赴蓬瀛。（《全金元詞》，頁 317）

在修行的過程中，若不能放棄與道相抵的念頭，是自毀功行的，以詩詞文章
聞名天下，為後世傳下千古不朽的大道文章，是儒生現世生命中的成就與希
冀，就這個環節上，由於聲名的取得必須來自外界附麗，全真並不取擇，因
此馬鈺自省喜作詩詞，引來虛名，仍是修行不到家的，是該捨而未能捨的習
心，須嚴加警惕。

在全真七子的詞作中，很清楚地看出其中出現關於儒家思想的部分，有
著吸收和排摒的兩種面向，吸收的是儒家修德功夫中有助於全真性命雙修功
夫的原則與方法，排除的是儒家思想本身和道門修煉本質抵觸的部分，在取
與不取之間自然呈現出以道為體，以儒為用的原則。

參、七子詞作中的佛教思想

在全真教之前，道教對佛教思想的吸收已有淵源，特別是魏晉南北朝時
的靈寶經派的經典，常見輪迴、善惡因果及與佛教相似的齋戒科儀、戒律的
等內容。這些都顯示了道教對於佛教思想的融攝，與全真較近的金丹派南宗
祖師張伯端，道禪雙修，所以王重陽提倡三教合一的主張時，道教與佛教的
融合上，無論是在文化思想與道門源流上都已經有了很好的基礎。

佛、道二教雖然在終極目標上有著明顯的差異，但是在心性修養上，則

是相通的。王重陽在〈永學道人詩〉中提到：

> 心中端正莫生邪，三教搜來做一家，義理顯時何有異？玄妙通後更加
> 無。〔註5〕

劉處玄《仙樂集》卷三說：「三教歸一，弗論道禪。」〔註6〕之所以可以弗論，
自然是從共通性而言，而什麼是佛道的共通性？即王重陽所指出的端正不生
邪的心。

馬鈺〈金蓮出玉花〉詞中即強調這一觀念：

> 劉公聽勸，學佛修仙憑識見。割棄心塵。不在焚燒捨身。些兒修鍊。
> 鍛鍊神丹須九轉。功行圓周。相繼海蟾的祖劉。（《全金元詞》，頁382。）

此詞題下註明：牟平縣，劉穩欲自焚身，遂作此詞，急救其性命。自焚捨身
是放棄臭皮囊的決絕修法，這也是道教和佛教很明顯的差異所在，佛教追求
涅盤，四大皆空，諸色都是虛幻，把人身當作是臭皮囊，是累贅，爲了追求
極境，必要時自然可以捨去。

就道教而言，人身一直是修煉的根據，自來對修行成果的體現，強調的
都是白日飛昇肉體登仙的境界，因此也才需要透過外丹或內丹的修煉，藉以
改變肉胎凡身必定成熟敗壞的定則。就道教而言身心是一體的，完整的生命
是成道的依據，因此在此詞中，馬鈺明白指出，修行雖有學佛、修仙等不同
路徑，各人因其因緣識見的不同，入不同的法門，但是法門不同，要旨卻是
歸一的，要掃除心中塵垢，復識心中靈明佛性，重點不在於焚燒捨身這一外
在形式，而是必須由心上功夫做起。

這觀念在其詞作〈滿庭芳〉（贈醴泉任公）有更明確的說明：

> 任公決裂，也待風流。專心道上搜求。子細研窮，何者名爲眞修。認
> 正心即是佛，除心外、匪是良由。無別法，使澄心遣慾，捉住猿猴。
> 心上纖毫不掛，更那堪，時復閑想骷髏。自是心忘境滅，眞性優遊。
> 常常心懷惻隱，起眞慈、功行周圓。神光燦，向大羅，恣意雲遊。（《全
> 金元詞》，頁277。）

任何一個人，在做出修行的決定時，無論從世俗或出世的觀點上看，都必然
是對生命做了絕對的選擇，以宗教人的立場看別人做出修行的決定，是欣賞
也是祝福的，因爲尋道的路才是回歸生命本然的路，所以馬鈺開頭兩句肯定

〔註5〕 王重陽《重陽全真集》，《正統道藏》，第43冊，16b，卷1，421頁。
〔註6〕 劉處玄《仙樂集》，《正統道藏》，第43冊，卷3，13b，頁24。

任公的決裂是也待風流的決定，不過真正的修行功夫，則是在心上下功夫的，佛在心中，不假外求，只有澄心遣慾，捉住狡詐善巧的慾望，讓心鏡不被蒙蔽，不染纖塵，做到心忘境滅的功夫，才能真性顯朗，優遊自得。

在這一詞作中，可以看出，馬鈺認為心是修行源頭，無論佛、道、儒都要在這心上下功夫，而不是在枝節上索求，而常懷惻隱之心，起慈悲心，自度度人，即能功行周圓，完滿地成就尋道之路，這心上功夫是三教歸一而不分。

以上所舉詞作，是統就心上言佛、道的通性，同時七子詞作中，也可以明顯看出完全採納佛家思想的觀念，下仍舉馬鈺的另三詞作為例：

〈滿庭芳〉（贈宋、何二先生）

捨家學道，爭奈心魔。心中憎愛尤多。心意如猿如馬，如走如梭。心生塵情競起，縱頑心、不肯消磨。心念惡罪，皆因心造，怎免閻羅。奉勸專降心意，把勝心摧挫，如切如磋。心若死灰，自是神氣沖和。真心無染無著，起慈心，更沒偏頗。心念善道，皆因心造，超越娑婆。（《全金元詞》，頁279。）

〈神光燦〉

風仙鎖戶，馬鈺辭業，寂然澹乎自持。了幹根源，豈肯攀戀妻兒。識破氣財酒色，憑清淨，固養靈芝。當下手，暗修完功行，不計人知。聽密藏機蓄響，使須常作做個玉褐懷披。潑殺無明燭火，自是心慈。忍辱得何味況，善牙生、仙佛常隨。通玄妙，這真功卻是無為。（《全金元詞》，頁299。）

〈南柯子〉（贈陳二翁）

在俗非為俗，居塵不染塵。如蓮不著水之因，萬卉千花，一葉不沾身。（《全金元詞》，頁326。）

上舉三首詞作之中，無論就語言或思想觀念，都是吸收佛教而來，但吸收的同時也納入了道教本身的思想觀念中，嗔尤、愛憎、酒色財氣等這些惡因緣，都是由心而造，只有專心修持，識破這些虛妄，潑殺此等無明叢火，才可以尋回本真，若得尋回本真，則無所謂塵無所謂俗，全然超脫，塵俗不染。

在七子詞作中，所見的佛教思想，最明顯的就是心上做功夫的內容，這自然是受王重陽立心經為全真道徒必讀經典的影響。

除了從心修起外，七子詞作中，常見佛教用語如歸命、歸敬、菩提、牟

尼、曹溪、苦海、四大、娑婆、無明、慈悲心、六道、地獄、證果、婆羅、輪迴、六銖衣等詞彙，則又表現出融攝佛教義理的成分，從儀式、戒律、教義都是在吸收的範圍，而轉化時就佛道上本質相通的部分，完全保留，差異的部分則以道教思想轉化。

七子詞作中，最多見佛教思想的作品的為譚處端，孫克寬先生指出：「大約在七真中思想形態以譚氏最近佛。」〔註7〕這個推斷可以從譚處端的詞作中，得到佐證：

〈卜算子〉

四大因緣做，苦海憑船渡。一棹清風到岸頭，得上無生路。（《全金元詞》，頁410。）

風漢閑中做，彼岸神舟渡。萬里晴空無片雲，月照曹溪路。（《全金元詞》，頁411。）

〈踏莎行〉

一顆玄珠，從來蒙昧。貪嗔癡染難分解。頓修滌蕩不交昏，輪迴生死都無礙。（《全金元詞》，頁421。）

上舉三詞中，全是佛家用語佛家思想，沒有一絲一毫的轉換，也不加任何道教色彩在上頭，在此，譚處端之所以可以完全襲用佛教思想，自然是出於這一部分的思想，與全真教的終極關懷是不相抵觸的。

佛教以人生不可避免的生、老、病、死為生命苦難之源，這是佛教對此一經驗事實的思考，全真教接受這一部分的思想，則是同樣發自於經驗事實的感慨，也接受佛教關於生老病死緣起於因緣的說法，因為道教本身對於人生苦難來源的問題，稟承道家「吾所以有大患者，為吾有身，及吾無身，吾何有患」思想，體悟生命的困境來自於人身，有限身軀圍限了無限自由，因而積極於將肉身的從有限鍛鍊為不死神仙，突破肉身對於生命的限制。相對的對於佛教思想中生命苦難與業緣的關聯，因為道教本身在這方面並沒有相斥的思想系統，所以很自然的接受這種思想，同樣地對於輪迴思想的接受也是如此，而貪嗔癡愛則是人性共通特點，因此也很直接地接受佛教思想中，滌除這些習染，即保持心中一點靈明，除卻因緣，免於輪迴之苦的說法。

除了譚處端，王處一的詞作，也可見全然的佛家用語與佛教思想：

〔註7〕孫克寬：〈金元全真教的初期活動〉，《景風》，第22期，1969年9月，頁23至46。

〈謝師恩〉

謝師提挈沈淪外。生死難交代。不墮輪迴超法界，諸天運度，化生無

相，一點圓明在。(《全金元詞》，頁442。)

從譚、劉二人全然呈現佛教思想，而沒有做任何轉化的詞作上看，可見出於
道教本身所沒有，或是佛教思想說出了人類共性的理念或感受時，全真教很
自然地可以全部接受。

　　至於佛教所有的觀念在道教思想中已有成說的部分，七子詞作反應出來
的現象是引用詞彙而有所轉化，例如對於尋道生命最後的歸處，七子詞作中
表現出來的始終是富有道教色彩的大羅天、蓬萊仙鄉、三島十洲、三清帝闕。
下舉以劉處玄詞為例說明：

〈行香子〉

既免輪迴，六銖掛，去朝元。(《全金元詞》，頁428。)

〈驀山溪〉

鍊出九宵身，六銖掛、朝元去速，永無生老，昇入大羅天。(《全金元
詞》，頁429。)

陰陽之外，天地難拘管。得道免輪迴，厭世隱，神堂古觀。無為功行，

真了去朝元，六銖掛，得真形、三島十洲翫。(《全金元詞》，頁429。)

劉處玄詞作中，常出現六銖掛一詞，六銖衣為佛家語，《長阿含經·世紀經·
忉利天品》記載：忉利天衣重六銖，指其極輕且薄。六銖衣，乃成佛後，入
忉利天所著衣服。〔註8〕上舉三詞作中，劉處玄皆以六銖衣象徵成道，而成道
之後所往的處所，卻不是佛教的天界，而上大羅元朝元，超越生死輪迴後，
所處的地方也不是極樂世界，而是道教的三島十洲。很明顯地看出，全真教
吸收的佛教思想，是選取道教本無而又不抵觸道教思想的部分，對於道教本
有的則以等同視之的情況，但仍是以道教為主，例如對於佛教的天界之說，
如兜率天，等同仙鄉視之。

肆、七子詞作中三教合一的意義

　　三教合一的思想，自晚唐以來，成為思想發展的總趨勢，北宋以來，儒
釋道三家中有不少人倡三教合一，如僧泉贊寧《三教總論》說「三教是一家

〔註8〕陳宏銘《金元全真道士詞研究》，頁270。

之物，萬乘是一家之君」〔註9〕全眞教自王重陽高倡三教合一理念，即成爲全
眞教，自王重陽以下，全眞門人無論是在修道傳教上，都信守此一理念，在
七子的詞作中，自然也出現闡述三教義理的思想。

馬鈺〈滿庭芳〉一詞對三教合一的精神有所闡述：

> 戒師和尚，可稱吾徒。明禪悟道通儒。子細研窮正覺，並段差殊。溫
> 良恭儉讓禮，生老病死苦嗟吁。當修進，錬木金水火，土證無餘。三
> 教門人省悟，忘人我，宜乎共處茅廬。物外玄談，句句營養毗盧。常
> 懷博施濟眾，氣神和、丹結明珠。歸兜率向大羅，蓬島同居。(和靄戒
> 師師父)(《全金元詞》，頁282。)

馬鈺在此闡述了一個理念，也就是全眞融攝三教的基本原理，通涉三教以道
爲宗，而不作細分，所謂的「明禪悟道通儒」，是指對三教的基本理念都有所
參領，這是就人生的現實層面而言的。

就生命而言，尋得本眞才是要務，不須爲一些不重要的因素防礙了修行，
因此他藉詞作大聲呼籲，不要因爲法門之爭而退了修行：

〈清心鏡〉

> 道毀僧，僧毀道。奉勸僧道，各休返倒。出家兒，本合何如，了性命
> 事早。好參同，搜祕奧。錬氣精神，結爲三寶。眞如上、兜率天宮明
> 靈赴蓬島。(《全金元詞》，頁371。)

馬鈺明白指出，參悟性命眞諦才是出家修行者最重要的功課，能夠互相切磋
學，對彼此都有幫助，各自成就修行，各自達到最高境界，才是明智之舉，
在此馬鈺並沒有否定佛教的極樂世界，也同時堅持道教的最後目標，蓬萊仙
境。

同樣的態度，在王處一的詞作中可見：

〈神光燦〉王處一

> 石中隱玉，蚌內藏珠，須憑匠手功夫。裏面眞光，顯現恰似元初。欲
> 要明心識性，把般般、打破虛空。清淨處，見天如玉案，秋夜蟾孤。
> 自是十方明徹，握陰陽樞要，塵垢難拘。古往達人，因此妙入無餘。
> 論甚千枝萬葉，與儒門、釋道同居。常歸一，證圓成了了，得赴仙都。
> (《全金元詞》，頁440。)

〔註9〕任繼愈編：《中國道教史》，頁528。

論派門可能有千枝萬葉，論尋得生命本眞而言，則萬宗歸一，就道教而言即回歸大道，與道合一，全其本眞，登赴仙都。

三教針對生命所提出的因應之道是不同的，但都有其道理，仔細推究其中的差別自然可知在不同的生命境遇中，自有不同的資助方式，溫良恭儉讓禮是儒家所提出對於現世生命中建立和諧秩序的重要德行，對於生老病死苦等無常生命的參悟則佛教對有限生命的省思，這些都值得每一個生命個體好好的思考與面。

儒佛兩家所提供的思考方向都在於以精神超越解消有限困境，而道教的修煉則是含括靈肉兩面的，最高的境界是連有限肉身也能轉化超越，所謂的「當修進，鍊木金水火，土證無餘」就是以修煉的方式鍛鍊肉身，達於不死。

馬鈺提醒人們的是──別去計較三教之間的差別，而耽於區分沒有必要的人我界線，而應取其有濟於生命之處的要義，善養三教之精，而達到成全生命的境界，在這個境界中，無論稱之為兜率、大羅或是蓬萊島都是同樣的。

結　語

三教合一是全眞教的重要義理之一，三教合一自有其思想上的傳統，而全眞拈出三教合一的教義也有其宗教史上的淵源，然而以全眞作為道教史上的派別而言，全眞的三教合一絕對不會是合三教為一，其教義全然機械地綜合了儒、道、佛三教思想，而無所選擇地成為一個非儒非道非釋而又是儒是道也是佛的綜合宗教。

全眞的三教翕是融攝三教的思想，而以道教的終極關懷為終極關懷，這一點從全眞七子詞作中的生命最後歸處看，就可以看出在七子的心目中，一個功行圓滿的生命，終成不朽，而安居於永遠的樂土，這個樂土或許有著佛教天界的名稱，但是大量出現的，是道教的仙界名稱。

對於生命歸處的不朽境界出現了佛教天界的解釋，可以說全眞吸收了佛教的天界名詞而歸納於道教仙界中，也可能認為無論是佛教天界或道教仙界，就一個修煉圓成的生命而言，不存在著界線的問題，都是向上超越後所能達到的境界。當然也有可能是出於對佛教徒的尊重，同樣肯定佛教的天界為值得嚮往的極樂世界。無論如何，卻不會是全眞人的最後歸去是一半去仙境，一半去西方極樂世界，而一個全眞人也不會是三分之一的儒者，三分之一的道徒、三分之一的僧人。

三教合一在全真教中非常清楚的是以道教爲中心，吸收了儒家和佛教的思想，而全真教吸收這些思想有其思想淵源與背景，而就整個重心而言，仍是以道教思想爲主，這點從全真教在發展的當局被歸於道教，在世人的眼中全真教是道教，全真人以道人自稱，最後的目標在於透過修煉能夠成仙，在道教史上全真教佔金元時期道教史的主要篇幅。

第二節 性命雙修

修行成仙、得道證真向來是道教信仰的終極目標，自漢魏六朝以至於隋唐以來，白日飛昇，肉體成仙一直是道士修行的最終目的，無論是強調仙藥的煉製或依賴仙人接渡、抑是誦經降神、符籙延命、服食修煉，功法各有不同，但經過長期的發展蘊釀，修煉成仙的理論則愈趨精緻，也建立了自成系統的玄奧理論，內丹修煉則是金元時期最爲盛行的修煉方式。

王重陽繼承鍾呂內丹學說，融攝佛教人皆有佛性的思想於道教本身本有道氣化生、元始祖氣、元氣的思想中，把成仙證真的理論落實人稟大道之氣而生，生而具有的真氣，即本來真性，這點王重陽在其《金關玉鎖訣中》非常明顯：「唯一靈是真，肉身四大是假。」〔註10〕

可見這一靈之真是修道成仙的依據與關鍵，修真證道的憑藉，而如何闡發這一靈之真，就全真道而言，自然是透過性命雙修的工夫，去除障蔽回歸本真，對此張廣保指出：

> 早期全真道繼承王重陽三教合一的基本理念，吸收了心、性、情這些禪宗與理學的基本範疇來討論內丹修煉的性功和命問題，並且通過性命雙修、雙合深化了心性概念的內蘊，形成了著有特色的道教內丹心性。這套心性論主要是通過性功，接納像心工夫，把見性一事，具體落到煉心基礎上，並且通過心與神、神與氣之間的互相結合，又把煉心和養氣聯系起來。〔註11〕

上述引文雖是從心性論的角度思考問題，但也明確地提出了全真性命雙修的理論基礎和程序問題，性命雙修的核心就在於如何統整落實人間的心、性、情與生理，透過全面的鍛鍊，進而得以超越凡俗臻於仙境。

〔註10〕王重陽《金關玉鎖訣》，《正統道藏》，第43冊，3a，頁581。
〔註11〕張廣保《金元全真道內丹心性學》，頁78。

壹、性爲成仙根源

在七子的修眞理念中，明心見性與修煉成眞有著密切的關係，馬鈺言：「起心動念，急搜性命，但能澄心遣欲，便是神仙。」〔註12〕劉處玄言：「塵心絕盡可全於性也。」譚處端也說：「何爲不善心？一切境上起無明慳貪〔註13〕嫉妒財色，種種計較意念，生滅不停，被此業障舊來熟境朦昧眞源，不得解脫，要除滅盡，即見眞性。」〔註14〕張廣保指出，早期全眞道的觀點，心是內丹修煉的現實主體，而性則是修煉過程中，顯見的眞實本體，因此，見性力夫，實際上全盤體現在明心一事上。明心和見性二者實際上指謂的是同一件事實。〔註15〕

以全眞的修行理念言，人稟大道之氣而生，因此具有眞性，眞性出自於道，自然是與道相合，這是人可以修眞成仙，回歸大道的理論基礎，這與禪宗的見心明性及理學的性、理不分之說相類似，但並不能因此而機械地斷定全眞在這方面，是橫的移植了禪宗與理學的思想，而建立其人人皆能成仙的理論。

在道教史上，人稟道氣而生的觀念，自有其淵源。老子言：「道生一、一生二、二生三，三生萬物，萬物負陰而抱陽，沖氣以爲和。」〔註16〕《太平經》言：「精者，受之天地」，〔註17〕《上清洞眞品》說：「人之生稟天地之元氣爲形爲神」〔註18〕《陶弘景內傳》說：「道本無形，但是元氣」〔註19〕等，都可以看萬物皆由道而生，人之元氣自然也稟具道性之理，因爲在道教的固有思想中，已具相近的觀念，所以很自然地援用禪宗及理學的用詞，用以形容描述其修眞理念，既然援用，所援用的名相意涵自然會滲透入全眞的修眞理念中，這在七子詞作中，可以非常明顯地看出。王處一〈望蓬萊〉一詞是

〔註12〕　《仙眞直指語錄・馬丹陽語錄》，《正統道藏》，第54冊，卷上，1a，672。

〔註13〕　《仙眞直指語錄・馬丹陽語錄》，《正統道藏》，第54冊，卷上，11b，677。

〔註14〕　《仙眞直指語錄・譚長眞語錄》，同前書，10a，頁676。

〔註15〕　張廣保《金元全眞道內丹心性學》，頁81。

〔註16〕　老子第四十二章言：「道生一、一生二、二生三，三生萬物，萬物負陰而抱陽，沖氣以爲和。」（《老子讀本》三民書局古今新譯叢書本，台北：三民書局，民國78年，頁76。）

〔註17〕　《太平經》，卷66，頁236。

〔註18〕　《上清洞眞品》「人之生稟天地之元氣爲形爲神」，《正統道藏》，第1冊，1a，頁36。

〔註19〕　《陶弘景內傳》，《正統道藏》，第9冊，卷下，6a，頁36。

最好例證：

> 天之道，妙用不虛傳。一點生成真法性，二儀鍊就出塵仙，隨步結金
> 蓮。（《全金元詞》，頁 452。）

人稟妙用不虛傳之道氣而生，因此生來即擁有一點真法性，這一點真法性，
就是成仙出塵的根據，但是有了這個根據只是有成仙的基礎，真正要完成修
真之路回歸大道，則需要按部就班地修行，二儀鍊就出仙塵，指的自然是在
識性的基礎下，透過命功的鍛鍊，可以一步一步地改變肉貼凡胎，煉就出不
死仙命。

　　就成真理論而言，人稟道氣而生，道氣沖和，妙而不虛，杳冥無極，是
無限無窮的，何以稟有道氣的人卻有生死？在這方面全真道的理解，即有著
明顯的禪宗和理學色彩，下引譚處端〈水龍吟〉為例：

> 本初一點來時，幸然體態淳和好。迤生增愛，緣塵蒙昧，無窮真寶，
> 箇箇人迷，到如斯盡，逐情生老。把仙胎容易，浮沈苦海，隨波浪，
> 成虛耗。（《全金元詞》，頁 404。）

此詞作一開始就點明，本初之性，是淳和美好，不染一絲雜質的，後天因情
慾增生，讓塵緣蒙蔽了真性，也就迷失了本真，所以沈淪於生死苦海之中，
若將「把仙胎容易，浮沈苦海，隨波浪，成虛耗。」之語，與葛洪《抱朴子‧
辨問篇》所言：「故胞胎之中，已含信道之性。」〔註20〕一語兩相對看，很明
顯地，這本初一點來時之語雖然是援用的禪宗的用語，其背後，卻有著道教
思想的淵源，在半闋詞作中，語言多禪風，思想的結構卻是道教的。若依佛
教觀點，被情愛牽纏，在苦海中隨波浮沈，只是執迷不悟，製造業緣，終將
一再掉進輪迴，不得解脫而已，但站在道教的修煉立場而言，卻是虛耗仙胎，
迷失於大道，走向死亡。虛耗仙胎的感嘆，是基於傳統道教以身體鍛鍊達到
不死的終極願望的成仙理念。

　　對於上述靈明的本性，因習染而蒙昧之說，似乎後天的環境是造成本性
蒙昧的重要因素，而這後天指的自然是稟道而生之後，但因佛教有輪迴思想，
全真道在觀念上也接受了輪迴思想，所以在七子的詞作中，也可以看出對於
後天習染，有累生累世積習的現象，如果不將生命視為輪迴的延續，而獨立
看每一世的輪迴，這習染緣自於業，帶有先天性，從輪迴看生命的連貫性，

〔註20〕葛洪《抱朴子‧內篇‧辨問》，收於《中國子學名著集成》，（台北：中國子學
　　　　名著集成編印基金會，民國 67 年），頁 225。

這習染就純是只有後天，譚處端有〈酹江月〉一詞，就可看出這樣的思想：

> 一靈真性，又因何、漾入凡胎塵域。迤染浮華貪愛戀，展轉昏迷真跡。
> 曠劫難逃，如今又錯，罪孽重重積。本來模樣，怎生分解尋覓。（《全
> 金元詞》，頁399。）

在這裏面，譚處端思考的是這一靈真性，原本是與道合一，在太虛之中，又
怎會與道分離？這是對於生命來源的逆向思考，會這麼逆向思考，自然也有
其思想背景，傳統道教本就有謫仙的思想，不死的仙人因犯仙律而謫降塵世，
成為俗子凡胎，有生有死。入了凡塵之後，為塵心所染，漸漸地迷失真性，
於是在輪迴中打轉，在時間的流裏不住沈浮，生生死死，每一次的出生就是
一次尋回真道的契機，但每一回的迷失，則是積累一次的錯誤以及更多的罪
孽，因此讓尋道的路愈來愈難，尋回本真的路益加迷茫，成真的路也就愈走
愈遠。

　　雖然全真教的修真成仙理念承襲了傳統道教，不過從上兩段的討論中，
已經可以看出全真的修真理論不同於傳統道教只強調服食、煉丹、符籙及導
引等命功鍛鍊功法，而是須先在心性上下功夫，有一定程度的心性功夫，才
能確保命功修煉的功效，馬鈺有〈清心鏡〉（贈馬守清）一詞即可見這一特色：

> 馬姑姑，後歸去。日用無為，清閒養素。休講論、姹女嬰嬌，更虎龍
> 鬥處。屏塵緣，得真趣。火滅煙消，氣神堅固，內雲遊、功滿三田，
> 上蓬萊仙路。（《全金元詞》，頁366。）

以無為清淨存養心性，讓習於紛競之心，歸於素樸的重要性，遠在於調息引
氣之上，因為只有屏除塵緣，識得生命本真之後，才能有效去除塵俗世念，
心不妄動，這時氣神才堅固，本來調息導引的性功修煉，就是為了要堅固神
氣，但先決條件是必須在識得元初之性後，才能啟發這本存於身的元氣，使
神氣沖和，而進一步能透過命功養護的功夫，達於內外沖和，與道合一的境
界，完成整個修真之路。

貳、煉心

一、除塵心

　　全真的性命雙修工夫，強調先性後命，而性功的最基本功夫，又從煉心
開始，修煉就是要把被世俗生活折磨得紛陳攪擾的塵心，透過鍛鍊的功夫，
整肅凝斂，收束競攘，回歸於本然的真心。

郝大通就明指：「欲入吾教先要修心，心不外游，自然神定，自然氣和，氣神既和，三田自結，三田既結，芝草自生。」〔註21〕煉心之所以重要即在於心為神氣的主宰，心定則神定氣和，神氣和自然體內元氣不散，並能煉養壯大，成就內丹。所以煉心的功夫是修行的第一要務，同時也是第一難關。

七子詞作當中，觸目皆可見牢捉猿馬之語，以及煉心之後明心見性，自然了悟，進一步煉養內丹有成的敘述，如王處一〈青玉案〉

> 自從得遇真空伴。獨把頑心鍛。現出天如青玉案。神宮起火，內丹光滿，了性真無亂。（《全金元詞》，頁 441 至 442。）

其〈謝師恩〉亦見：

> 悟來不使心猿戲。慧劍磨教利。六賊三尸都離。炎炎紫焰，載搬寶丹，上獻三清帝。（《全金元詞》，頁 443。）

上舉二詞作，均直接指出，修行第一要務在於鍛鍊心志，不使心意妄走，而後始能進一步煉內丹，因為內丹的煉養，是一套複雜而精緻的氣息操作，既需運氣調息，也需意守引氣，若心念不定，思慮紛雜，自然無法應付運氣凝神，心神相守、不守不離等高難度的心法要訣，稍有差遲，功虧一簣事小，岔氣損氣導致身體機能的傷害則是非常嚴重的，所以基於心氣神密切相關的因素，煉心成為修行的第一要務。

譚處端的〈長思仙〉即以清疏澹泊的語言陳述這一理念：

> 道人心，處無心。自在逍遙清淨心。閑了雲水心。利名心。縱貪心。
>
> 日夜煎熬勞役心。何時休歇心？
>
> 修行心。包容心。一片清虛冷淡心。閑閑無用心。滅嗔心。去貪心。
>
> 寂寞清貧合聖心，無生現本心。（《全金元詞》，頁 417 至 418。）

第一首上下片對比，呈現的是一個修行者所應有的心境，無為的態度，自然而然地該有的自在逍遙、隨緣去來的悠閑清淨。世俗的虛名，放縱的貪求，致使人們的心日夜煎熬勞役，不得休息，於是在煎熬勞役之中，本心耗損，順著無止盡的慾望奔競馳騁，於是耗損真元背離大道，走向死亡的必然道路。修行者首要的功課，自然就是調整世人不當的用心態度，好好的修心，收束奔競，滅消嗔貪惡慾等作意營造的心念，呈現本心的澄潔無染面貌。

在這兩首詞作中，雖然主要說的是修道者該有的心境，同時也指出，人

〔註21〕《真仙直指語錄·郝太古真人語》卷上，229，第 55 冊，頁 682。

的本心原是自在逍遙、清淨虛聖的，因爲縱逸世俗名利，放任嗔貪慾求，而使得本心在常年日夜煎熬勞役之下，蒙上層層塵染，然而習於奔競馳騁的心，卻是人們牢捉不住的，很快的世人從役心變成役於心，自陷於名韁利索的束縛之中。譚處端即以〈南鄉子〉陳述役於心的不自由：

> 物物不追求。免有人前寵辱憂。世路機巧齊放下，休休。順著人情不
> 自由。（《全金元詞》，頁 420。）

所以煉心的第一個課題，要去除的就是塵俗世心。例如人我、是非、心機、悲歡、憂喜等等。丘處機的〈神光燦〉即教人了悟這些俗心之謬：

> 悲歡絕念，視聽忘懷，從初號曰希夷。不曉根源，剛強說是談非。百
> 般拈花摘葉，謾徒勞，使盡心機。這些事，算人人易悟，箇箇難依。
> 不在唇槍舌劍，人前鬥、惺惺廣學多知。上士無爭，只要返樸除疑。
> 冥冥放開四大，把塵勞、一旦紛飛。認得後，管教賢、拍手笑歸。（《全
> 金元詞》，頁 459。）

不念悲歡，放棄聰明，這完全與世俗所習相反，但這才是人生最初的狀態，所謂的是非，所謂的識見，只是相對的迴圈，不過是繞在成心的爭論中打轉，運用各種技巧即使高明如佛陀的拈花微笑般行不言之教，傳達的不過就是些成心紛念，只是徒勞地使盡心機，無益於道，所以，重點不在於唇槍舌劍地與人爭論，也不在惺惺廣學與人鬥智，而是放去種種情慾濁染，務去塵心勞役，解除世情牽絆，才能識得本心，得回本心，才能重新回歸自由自在的生命。所以說：「認得後，管教賢、拍手笑歸。」

二、堅定道心

除了去除塵心之外，進入修行的另一階段時，煉心的工夫則有更深的考驗待修行者突破，且看馬鈺〈清心鏡〉

> 修行人，要心善。奈業障相魔，裂他不轉。十二時，馬劣猿顛，沒巴
> 避惡念。辦堅志，常鍛鍊。勤除絕跡，永無征戰。氣神和、清淨丹成，
> 得胎仙出現。（《全金元詞》，頁 369。）

修行最基本的要求即是把持善心，若從人皆有惻隱之心的經驗事實看，存有善心、善念並不難，但是在任何惡劣情況下都必存有善心就得下工夫。所謂的業障相魔，是修行者的體驗，客觀地講可說是無法名狀又無法擺脫的種種困阨，就佛教修行的理解是業障魔考，然而沒有修行經驗者只要稍有生活歷練也不難體會那是怎樣的一種情境，懷才不遇、爲善受譴、有德失祿，無論

如何努力總是動輒得咎的情況下，這是人心最脆弱的時刻，也是最危險的時刻。

從修行的角度看，業障魔考是非常難以抵抗的負面力量，在這種情況下，會產生與往常異樣的心理狀態，心念脫序，背道、退道之心時生，比普通人的困蹇更甚，其軟弱與險況自然更劇，而這也是修行鍛鍊的重要時刻，因此要以超強的意志，堅定信念，鍛鍊心志，承受業障魔考，無念不善，時時刻刻抓緊心念，不讓如野馬般頑劣如猿猴般顛狂的心念趨向於惡，這就真的是考驗一個人的修養了，但唯有透過這樣的鍛鍊，才可藉由承擔鍛鍊的過程，勦除習染，從此不再成為負擔，這時，等於滌除了障蔽，回復本性真淳，自然能氣神相合，即可煉養身中真氣，成就內丹，得道成仙。

修煉的功夫，不僅是十二時辰不可輕忽，同時也是一再反復，循序漸近地進行，才能有成，馬鈺之〈桃源憶故人〉（寄趙公綽殿試）即如此表示：

> 今朝傳出修煉，外把萬緣鍛鍊，鍊過更宜重鍊，識破何勞鍊。繞方向
> 裏閑烹鍊。六賊三尸頻鍊。鏡滅心忘丹鍊。得得成真鍊。（《全金元詞》，
> 頁 384。）

詞中強調，修煉的第一步驟，即從萬端外緣開始煉起，紛紛擾擾的世俗事務，名利得失、榮辱休咎，無一不是耗損心神，牽引思慮的因素，也是蒙蔽人本身的性靈，因此為修煉首要去除的項目，但是習染積深，自然不可能一除而盡，所以煉養的工夫必是一遍一遍地加深，一次一次的除蔽，千百回的去除工夫只是方法，只是過程，這是漸近的方式，最終的目的，在於使本心看清這障蔽原是外加，原是虛妄。事實上若能看清這一事實，萬端外緣皆無關生命本真，那麼根本無須這些方法，這些過程，外緣自然不攀，這是得魚忘筌、得意忘言的道理。本真不被遮蔽之後，才能進一步煉養真氣，這時即進入內丹煉養的精緻階段，能去除寄宿於身內，危害性命的六賊之氣，三尸之蟲，一再地以真氣鍛鍊這三尸六賊，去除這些陰穢之氣，充體純陽，則真氣充沛，自性朗現，無所謂鏡，無所謂心，內丹圓成，就能超脫凡胎，與道合一，得證成仙。

上引詞中的三尸六賊，就是道教思想中，對於稟道氣而生的人，因何而有所蒙蔽的解釋，三尸是役人魂魄、識神、精志的三種因素，《洞真太上說智慧真經》卷三：

> 學智慧者，抱一勿離，離一失乎智慧，皆由三尸所為。上彭役乎魂魄，

貪淫致老，中彭役乎識神，所以嗔恚致病，下彭役乎精志，所以愚癡

致死，死歸鬼伍，號之曰尸，尸鬼之苦，三彭是爲，故曰三尸。〔註22〕

六賊即佛教六根，指的是眼、耳、鼻、舌、身、意（《太清元道眞經》）爲六賊，即感官接受外界刺激，如色、聲、香、味、觸、法等，產生嗜欲，導致種種煩惱。因爲三尸、六賊的運作，遮蔽了稟道氣而生的那點靈明，因此人降生而後，習染漸浸，與道相離，而致身有老、病、死，心有淫、嗔、愚。透過修煉，可以除去三尸六賊之害，而這一層次的鍛鍊，卻必須建立在對外萬緣鍛鍊的基礎上。

也就是說要有一定的心性收斂基礎，對本性具的特質有了清楚的認識後，才能進一步下手進行內丹煉養的工夫，這時鍛燒三尸六賊才有功效。所以劉處玄〈滿庭芳〉一詞言：

萬惡心除，千思意泯，自然罪病消亡。（《全金元詞》，頁426。）

心意的妄動，是罪病的來源，所以煉心制意，爲長生修仙的最基本功夫。煉心既是修行的第一要務，要煉到什麼境界，才算圓滿？從七子的詞作中可看出，煉心的終極境界是一念無生。

劉處玄在《黃庭內景玉經注》中說：「一念無生，眾垢消除，性通杳邈，占得虛無。」〔註23〕馬鈺說：「修行之人，多言澄心，不識澄心之理，如何是澄心之理？只要一念不生，性體眞空，杳然湛然，似天澄虛不別，是眞澄心也，天心可澄，是名澄心。」〔註24〕馬鈺有一〈滿庭芳〉詞，可爲輔證：

奉勸專降心意，把勝心摧挫，如切如磋。心若死灰，自是神氣沖和。（《全金元詞》，頁279。）

降心就像治玉一般，需細心地切磋琢磨，將一切塵染偏執除去，塵心世念不妄起，像死灰一般，本初靈明元氣自然沖和，澄心和心若死灰同樣是形容煉心現性後的境界，澄心是就性體眞空而言，心若死灰則是針對去除塵染心念而言。

三、澄心為煉心之果

丘處機有題爲煉心的〈喜遷鶯〉，指出澄虛不別的心，是何境界：

要離生滅，把舊習般般，從頭磨徹。愛欲千重，身心百煉，煉出寸心

〔註22〕《洞眞太上說智慧眞經》，《正統道藏》，第56冊，卷3，9a至b，頁510。

〔註23〕劉處玄《黃庭內景經注》，《正統道藏》，第11冊，2a，頁168。

〔註24〕《金丹大要》，《正統道藏》，第40冊，497頁。

如鐵。放教六神，和暢不動，三尸顛蹶。事猛烈，仗虛空一片，無情
分別。(《全金元詞》，頁 464。)

徹底磨去成心舊習，經過百鍊的身心始見堅定如鐵的真心，心堅如鐵，自然
是篤定不移，才能和暢神氣，不為三尸六神所役，任外務紛陳，因心中虛空
一片，一念不生，自然無有分別。

可見經過鍛鍊之後呈顯出的真心與世俗之心最大的不同，即在於空，沒
有一毫的成見成習，劉處玄〈江神子〉言：

道心不與世心同。悟知空。物塵容。達理明真應變自然通。憎愛是非
俱不染，遊福地，伴松峰。鍊成鶴體碧霄中。任西東。訪蓬宮。出了
陰陽，仙壽永無窮。海變松枯真不朽，超三界，從仙翁。(《全金元詞》，
頁 423。)

全然不染憎愛是非，自然也就沒有紛競不休的念頭，但這樣空澄的心，並非
枯寂無所動，也就是說，所謂的一念不生，是不生塵念，不生成心，自然應
物，不染塵習，這樣的心，能容物塵，卻不為物塵所染，與世心不同，卻不
是不容世心，所以才能「達理明真應變自然通」。

關於這一點丘處機的〈沁園春〉(景金本題作心通) 可作呼應：

大智閑閑，放蕩無拘，任其自然。寄雅懷幽興，松間石上，高歌沈醉，
月下風前。玉女吹簫，金童舞袖，送我醺醺入太玄。玄中理，盡浮沈
浩浩，來去。奇哉妙景難言。算別是，人間一洞天。傲立身敦厚，山
磨歲月，從它輕薄，海變桑田。神氣沖和，陰陽昇降，已占逍遙陸地
仙，無煩惱，任開懷綻筆，端寫靈篇。(道藏作狂寫詩篇)(《全金元詞》，
頁 456。)

鍛鍊心志的最終境界，是呈現本然真心，而本然真心並不是枯木死灰之心，
而是舒閑自得，富有活澄天機，不雜世俗塵染的澄然本心，這純然不染的本
心，現出受氣稟生的元氣，沖和不激，自然無偏，所以放蕩無拘、任其自然、
瀟灑行事，卻無一不是與道合真。這是一個神氣沖和，與道合一的境界，再
無煩惱，超越生死，時空圍限不了，陰陽羈牽不住。

總合看七子詞作中的煉心之語，可知煉心是性力同時也是命功的第一
步，光是從煉心的功夫，就可以看出全真的性命雙修，雖然在說法上有先性
後命，重性輕命的趨向，但是從七子的詞作中，可以很明顯地看出，先性後
命，重性輕命只是在說法上的方便之詞，在實際的修煉上，性命是雙修的，

性功的修煉是命功的基礎，而命功的修煉有助於性功的進階，高層的命功需有高度的心性修煉功夫為底，所以性功命功只能大致的分先後與輕重，無法絕然二分，較量輕重比例。

參、七子詞作中性功與命功的問題

全眞的性命雙修，最終的目的，是透過性命融合，轉化肉體凡胎的限制，擺脫生死，超出時空的制約，晉昇彼界，也就是說全眞的內丹修煉功夫，通過性命結合，性功煉心，命功煉氣，神氣相互凝結，達成轉化身心的作用，把原本自然的陰神變為純陽之體，然後再用陽氣撫育陽神，最終依靠陽神的大威力沖破虛空，超入他方世界，由此看來全眞的終極實體，陽神就不單單靈魂，而是包含著靈與肉，性與命兩種因素的結晶體。

可見全眞的解脫論，是靈與肉的雙重解脫，肉體對靈魂的解脫，不再是可有可無的，而是具有不可或缺的作用的。〔註25〕

正因全眞的成全之道，是性與命，靈魂與肉體的雙重解脫，所以在全眞七子的詞作中，雖然可以看見看似排除命功，只要了悟靈明眞性，就可成仙的論調，如馬鈺〈西江月〉：

> 莫論離龍坎虎，休言赤髓黃芽。勿談搬運紫河車。不說嬰嬌女姹。絕慮忘機最妙，澄神養浩尤佳。無為無作路無差。豁達靈根無價。（《全金元詞》，頁319。）

〈滿庭芳〉（贈汝車趙三仙）

> 休言嗽咽，莫說存想。吞霞服氣虛妄。打坐持功，抽手挽腳勞嚷，採戰神丹散失，服還元、水火不當。端的處，是無為至理，最堪倚仗。（《全金元詞》，頁275。）

在這兩詞中，馬鈺都直言只要把握無為清淨的原則，就可以讓本初之性靈明豁達，根本不必著意於存想服氣、打坐持功，調引搬運等內丹功法。但不能因此推論馬鈺只重性功不重命功，事實上馬鈺也有強調以命功修煉即可見性成仙的，如〈滿庭芳〉（贈吳知網先生）：

> 外功外行，作福因由。不如身內眞修。調養眞鉛、眞汞，上下交流。
> 山前金龍嬉戲，大海中、玉虎遨遊。做警動，這無形無影，嬰姹綢繆。

〔註25〕張廣保：《金元全眞道內丹心性學》，頁261。

> 走上靈臺對舞，更不須啓口，恣意歌謳。爛飲刀圭醉臥，寶藏瓊樓。
> 結成胎仙踴躍，引青鸞、穩駕神舟。歸蓬島，有金童邀赴瀛洲。（《全
> 金元詞》，頁281。）

功行本是性功之一，但此詞卻表明外功、外行卻不如身內真修，而身內真修強調的又是身中氣息的調引煉養，若不明究理，自會以爲光憑命功煉養即可結成胎仙，但先前詞作中所見的心性與修煉關係中，自然地可以去除這種武斷，因爲全真的性命雙修是身心合一的修煉方式，命功的修煉得在一定程度的性功基礎上，而命功的修煉自然會提升性功的修爲。

但爲何七子詞作中會出現有自相矛盾的言詞？這個問題自有解答，再引馬鈺另一〈滿庭芳〉（贈姜師兄）爲例：

> 持功打坐，禮上哦吟。餐霞辟穀看經。符水精專存想，嗽咽勞形。多
> 迷房中之術，服還元、水火爲憑。且不罪，這般般功法，錯了修行。（《全
> 金元詞》，頁272。）

很明顯的，這裏所提的種種功法，是傳統道教的修行法門，有別於全真性命雙修的修行功法，不管是天師道的黃赤之術、上清的著重存想，或是靈寶的頌經禮懺，還是盛行於北宋神霄派的靈符度化，就全真看來都未盡完善，全真的內丹修煉功夫，雖然承襲自傳統內丹修煉法，但後出轉精，有其擅場自勝之處，最重要的就在於性命雙修的原則上，所以七子之詞對於命功有所輕抑時，有一部分針對的是傳統只著重命功修煉的功法而發的。

再從教化的角度看，七子詞作中，出現性命修煉不一致的說法問題，也很容易解決。孔子回答弟子的疑問，有因材施教的原則，同樣一個仁字，問的人不同，給的提點就不同，相同的，七子作詞時，情境不同，其著重點就不同。特別是修行功夫是變化的、是機動的，即使是有一定程序的命功功法，因每個人的體質不同，其境界就不同。何況是全真以性命雙修爲修行法門，由於修習者的心性加上體性不同，其中個別差異就更大了，無論是就個人體悟，或是在不同的修煉情境下，產生的心得自然是機動變化的，因此對於這些看似內容自相矛盾的詞作，必須以更審慎的態度尋繹其義。

對於這個問題，馬鈺也有他自己的解釋：〈西江月〉

> 我欲只言清淨，恐人人入道徘徊。闡揚龍虎去還來。初地多便奇怪。
> 我倦論持嬰姹，恐人別意胡猜。誰知男子產嬰孩。回首自然悟解。（《全
> 金元詞》，頁321。）

馬鈺在這裏就很明顯的表示，性命功夫是無法分別說法，也無法單獨進行的，但是該說什麼？說到什麼程度對於後學有益？則是大學問，而其間又牽涉到，修行是實踐，不能只是理論，所以說與不說；以及說什麼不說什麼之間，得因時因境而有所不同，所以看待七子詞作，也必須考慮到這「時」與「境」的差別。

在大部分的情況下，七子詞作中所出現的性命雙修思想，都是先強調初步的煉心工夫之後，加入命功修煉，而命功修煉要有突破性的進展之前，則先要再經過進一步鍛鍊心念的功夫，在回復本初真性，了悟本初真性之後，命功又可進一步提升，進而性命俱全，完成修真之道。王處一〈滿路花〉就是一例：

> 普天諸道眾，的可認真修。九關無漏果，萬神留。金鉛玉汞，水火自添抽。三田雲浪滾，搬載金丹，玉人穩駕神舟。乾坤淨、日月交流。功行悉圓周。一靈真性在，任遨遊。滿空仙眷，接引按雲頭。浩然超法界，應化人間，大羅玉簿名收。（《全金元詞》，頁440。）

認真修行是收心的第一步，將奔馳於世念俗想的心，認真於修行之事，配合著基本的命功修煉，達到不妄念，即可不漏泄，此時已有一定程度的身心調整基礎，就可以再求更精進的命功修煉，行水火抽添之術，煉養身中真氣。這一層次的煉養，仍是配合著清淨無為的心法，加上外行功德，直至功行圓滿，這時體內稟道而生的真性，就不只是降心見性時所呈現的澄澄無染之一點靈明，而是元氣沖和，通體元陽，連原本的凡胎肉身也鍛鍊脫胎，所以可以遨遊於天地之間，浩然超於法界之上。即完成煉神還虛，達到與道合真的境界。

性命雙修是全真的重要教義，自然不可能出現本身自相矛盾的情形，否則必然經不起時間的考驗，而事實證明至金元至清末，全真已躋身於道教史中，與先前的其他傳統宗教如正一、靈寶等教派並立發展，其影響力雖互有消長，但是就修煉功夫而言，全真是有其勝場之處。

結　語

性命雙修為全真有別於傳統外丹煉養與內丹修煉的丹道法則，外丹的煉製純粹為化學操作，內丹的煉養若不顧及心性，也就純粹是身體的操作，充其量只能算是精緻的運動，只是一種氣功的操作。

人類的身體透過氣功的操作可以產生一些超能力，已經過一些科學儀器所驗證，全真教的修煉觀，卻不僅著重於透過人體的鍛鍊與改變而得長生不死，更強調以心性的修煉為身體鍛鍊的主導，強調「先性後命」的修練要則，先透過清靜煉心的功夫，將真性、本心之中被妄念遮蔽的部分去除，泯絕所有念頭後，氣的鍛鍊才有意義，才能達到提昇生命品質的目的。

由此可知全真的內丹修煉，雖有性功和命功的區分，但是性功和命功不是兩個層次，而是性功貫徹於命功，命功佐成性功，雖然強調先性後命，在語詞上因教說的情境有異，有時會出現重性不重命的論調，但事實上命功雖然要有性功的鍛鍊基礎，才能漸次深入，而透過命功的修煉，不但可以轉化身體機能，同時心性也隨之變化，這才完成轉化肉體凡胎的修真之路，超越時空限制，回歸大道。因此性命是一體的，而全真所追求的終極境界，也是在性命兩全的基礎下得以「煉精化炁」，「煉炁化神」，「煉神還虛」，進而完成與道合真的成全之道。

第三節　清淨苦修的躬行實踐

全真強調性命雙修，降心煉性的修練功法，自然伴隨著清淨苦修的真功真行，事實上修行生活是鍛鍊生命的一個過程，其內容自然也包含生命全部，從修行的步驟上分解地看，有性功、命功之分，實際上性命功夫是合一的，其實踐是十二個時辰，行住坐臥間具體呈現的，因此自然的清淨苦修、躬行實踐的理念，成為全真教義的重要內容。

可以說全真道的心性修煉與內丹功夫，都建立在清淨苦修、躬行實踐的基礎上，性功中的降心見性，必須在日常生活中做起，修行人的生活，雖然因為宗教取向的影響而與一般人的日常生活在細節上有明顯的不同，然而在基本的要目上，並沒有太大的差異，修行人也是人，雖然走在回歸的路上，未得道之前，只是一個凡人，凡人所有的問題，修行者一樣需要面對，只差別在世俗人習以為常的生活習慣，修行人可能因修行理念必須調整，調整的目的自然是為了更接近所追求的終極目標。

從日常生活而言，維持基本生活的食衣住行，是人的基本需要，亦即無論是修行人或是平凡百姓，都無法免除物質生活，但由於修行者的宗教取向，被視為人慾的物質生活需要，自然地被要求降到最低的層面，在躬行實踐裏，

呈現清淨苦修的生活面貌。

　　除了物質生活之外，精神生活亦然，心性的煉養不僅表現在內在精神活動中，同時不可避免的人際關係中，也是煉養心性的重要場所，即無論是性功或命功的修行，全都具體地表現在躬行實踐上，無論是物質生活的清淨簡約，或精神活動的無為無慾，都化作言行舉止，才是真正的功行。

　　在七子的證道詞之中，有部分的題材描寫齋醮、修行、戒行等具體事項，將全真的真功真行的教義，無論是在理則上、或實踐功夫上都有所闡釋。

壹、物質需求降到最低的清貧修行意義

　　從全真的教義看，對於物質生活的要求，著重於務求實用，杜絕侈過，從王重陽於《立教十五論》提及蓋造之事即可清楚看出這一原則：

　　茅庵草舍，須要遮形，露宿野眠，觸犯日月，苟或雕梁峻宇，亦非上

　　士之作為，大殿高堂，豈是道人活計。〔註26〕

有身形則須安頓，露宿野眠雖然牽涉到冒犯三光的道人禁忌，但就現實而言，肉體凡軀也禁不起永無止境的風吹雨淋，所以最基本的養生器具是不可或缺的，即便是宗教人亦然，但安頓的目的在於遮蔽形體，要達到這個功能，簡單搭個茅庵草舍即可，所以王重陽直指雕梁竣宇、大殿高堂不是道人活計，那麼什麼才是道人活計呢？

　　馬鈺的《丹陽真人語錄》說：「道人不厭貧，貧乃道人養生之本，飢則餐一鉢粥，睡來鋪一束草，濫濫縷縷，以度朝夕，正正道人活計。」〔註27〕「不得著好衣，不得喫好飯，唱歌打令……」〔註28〕衣服的功用在於遮蔽形體，飯食則以充飢，所以有得穿、有得吃就夠了，倦了鋪一束草枝，有得睡，這就解決了人生的衣、食、住的基本需求了，也因為需求是這麼的簡單，自然不需要成天耗費心神去追求，將心力投注在非關生命要義的這些瑣事上，反而讓心神散逸，長養了虛浮的情慾，貧為道人養生之本的原因就在這裏。

　　馬鈺〈清心鏡〉（贈寂然子）就指出這層原由：

　　修行人，聽子細。齋食不可，美之又美。更何須、異饌多般，但一味

　　而已。恬淡中，常遂意。萬神調暢、姹嬰懽喜。得自然、結就金丹，

<hr />

〔註26〕王重陽《立教十五論・第五論造蓋》，2b，《正統道藏》第54冊，頁238。

〔註27〕王頤中集，馬鈺著：《丹陽真人語錄》，10a，《正統道藏》，第40冊，頁13。

〔註28〕同前註12a，頁14。

占蓬瀛仙位。(《全金元詞》,頁 386。)

這真切的叮嚀,強調的無非是修行人與世俗人,最大的不同就在於生命目標的追求。要牢記這差異。所以一般人順著物慾之心的奔騁,自然地追求美食異饌,於是為了滿足物慾之心,耗散精力,如何能夠識得本生之初的一點靈光?而修行人著重於本心的探識,飢餓不能免,有食物充填,解決這基本需求即可。

這麼做的目的,是別讓物慾的追求取代身中真正的靈性,此詞的下片,講的就是減低物慾的要求,有助於涵養恬淡心念,使神氣在心念沖和不激的情況下,得以自然調暢,回復其本來應有的狀態,自然就可以發動先天充沛元氣,與道相合,回歸大道,得證成仙。

在譚處端的詞作中,也可見與馬鈺上引詞作相同的意旨:

〈如夢令〉

竹笠竹冠竹。與我日常為伴。坐臥去來空,便是清涼彼岸。風漢。風漢。日月輪催不管。(《全金元詞》,頁 405。)

〈西江月〉

寒後添些紙布,飢來展手巡街。殘羹冷飯且充齋。柔弱清貧遠害。

寒後添些紙布,飢來且覓殘餘。野情喜不擇麤踈。且要遮形裹肚。(《全金元詞》,頁 408。)

在上引三詞中,可以看出全真的修行生活多麼簡樸,一些必要的養生器具,完全取材於大自然,簡樸的竹笠、竹冠、竹椀,就足以應付日常生活之用了,沒有任何的物慾牽絆,才能領會生命中自由與生活的自在,有著不受外物牽累的心,也就無煩無惱,不受催逼,即使是歲月如流,也在自在清涼閑淡中。同時也看出把物質慾望的需求降到最低的做法,也是修行的方法之一,這無疑也是收心斂性的一種制約方式。

乞食是七子出家後,維持物質生活的唯一方式,也可以說是謀生方式,這裏的「謀生」一詞,可以有兩層意思,一層是世俗的謀生,一層則是全真道全其本真,得其本生的謀生。譚處端很清楚地說了,這麼簡單的生活方式,以乞討為主,以殘羹糯食止飢,這些看似純粹瑣事的外在行為,卻有著道家行柔弱之風、顯安貧之志的內在修養情懷,同時也表現出全真人將這種理念以宗教修行的方式踐行,成為一種心性鍛鍊的規行。不過應該注意的是乞討不僅只是因應修行的心性鍛鍊而已,柔弱卑下的乞討生活,既可以免除己身

對物慾的追逐而安貧樂道，同時也免去爭競於世難免附帶的敵意與傷害，消極的不害生實際上就是積極的謀生、全生。

　　了解清貧與乞食對於全眞道徒的深層意義之後，對於全眞視行乞、苦修、苦行爲功行之一則不難理解，同時也再一次看出全眞性命雙修的教義，在任何修行細節中都可以呈顯，即使平凡瑣碎如食、衣、住、行上，也都是性與命相襯相依，同修同養的。

貳、清貧苦修所遇的困境克服

　　在七子的修道史跡中，是人人苦修苦行的，而丘處機的磻溪苦修，則最爲後人樂道，在他的詞作中，也記錄這些苦修的日子：

〈無俗念〉

孤身蹭蹬，泛秦川、西入磻溪鄉域。曠谷巖前幽澗畔，高鑿雲龕棲跡。煙火俱無，簞瓢不置，日用何曾積。飢餐渴飲，逐時村巷求覓。選甚冷熱殘餘，塡腸塞肚，不假珍羞力。好弱將來口餬口過，免得庖廚勞役。裝貫皮囊，熏蒸關竅，圖使添津液。色身輕健，法身容易將息。（《全金元詞》，頁 452。）

在這裏丘處機一開始即以直述的方式，寫出孑然跋涉的艱苦過程以富節奏的兩句交代，在曠谷巖前高鑿雲龕，則更見辛苦，透過這些文字，穿過時空之隔，可以想見數百年前的磻溪幽澗中，這清臞的尋道者，如何地鑿穴棲跡，字裏行間透著道人的風骨與清苦，前四句如圖像般的清楚刻畫歷歷在目，接下來的白描手法，呈現的是他空無一物的物質條件。

　　乞食是他唯一活口的方式，所有的飲食所需都寄放在不確定的村巷人家之中，有得吃就好，生冷不忌，自然也不會在乎是殘羹剩肴，能塡腸塞肚即可。從「塡腸塞肚」一詞，就可以看出他是如何看待這肉體凡胎的物慾，肚腸是一種客觀的現實存在，餓了需要吃，渴了需要喝是不可避免的，所以討些東西來吃，弄點水來喝也就得了，哪需要計較食物的好壞或美味與否，再好的食物還不是用來糊口塡肚的。所以根本不需要爲食物費心，凡人就是太過於在乎這等瑣事，爲此勞役身形，反而失了本眞。事實上，這肉體凡軀之內，有比肚腸更需溫養的，那就是本來的元初的眞氣，好好地調息引氣，溫養元氣，自然可以讓身體強健，並不是非得美食珍饈才能使身體強健，肉身之內有著法身，法身安舒才是道人根本。

　　雖然樂清貧的生活有助於修道，但修道人雖然過著一成不變的修行生活，克治的卻是變化萬千的心猿意馬，苦修苦行的方式，就是希望透過外在環境的制約，達到收束心念的目的。把物質慾望降到最低、最低，固然可以使心念不因追逐物質而散逸，卻也會因為嚴格的苦修，得到反效果產生慾念。丘處機的另一〈無俗念〉（歲寒守志）寫的就是這種情境：

> 同雲瑞雪，正三冬、閉嚴凝時節。寂寞山家孤悄悄。終日無人談說。
> 敗衲重披，寒夜獨坐，夜永愁難徹。長更無寐，朔風穿戶淒冽。求飯
> 朝入西村，臨泉夾道，玉葉凌花結。凍手頻呵仍自恨，濁骨凡胎為劣。
> 晝夜參差，飢寒逼迫，早晚超生滅。須憑一志，撞開千古心月。（《全
> 金元詞》，頁 452 至 453。）

這是苦修生涯的冬天寫照，在酷寒的冬天，獨自在山林間修行，連個談道論經的道伴都沒有，感覺寒冷，披起殘敗的衣衲，寒夜獨坐，更顯淒清，愁緒油然生起，乘著凌厲的北風，穿戶襲來。可見門戶也是殘敗的，環睹這殘敗的一切，人情怎能不有所感嘆？在嚴凝時節，體不得暖蔽，徹夜無眠又怎能不多思多慮？雖然說乞食苦行是功行之一，但在天地一片銀光的雪夜裏，怎能不擔心翌日是否會放晴？若風雪過大，就無法外出乞食，這就不是把物質需求降到最低可以解決得了的問題了，降到最低，還是得有才行，無法乞食就完全沒得吃了，在天寒地凍的環境裏，從生理學的觀點看，需要更多的熱量來支持生理運作，對食物的想望要比平時更甚，自然會生出許多意念，這又成了修心煉性上的克治對象了。

　　下片敘述了天亮之後，前往西村乞食的景象，路上的草結了冰稜，走在其中更覺得冷，冷得頻頻呵氣於手，心中則為此感到悵恨，此悵恨之情豈不是「吾所以有大患者，為吾有身」之註解？這麼脆弱多慾的濁骨凡胎，既怕冷又怕餓，受制於這挨不得飢寒的皮囊，所以必須向外求索，而向外求索實際上是有違大道的，屈服了肉骨凡胎的需索後，極有可能沈淪於物慾，不得解脫的。所以必須強調修行的心志，希望憑著堅定的意念，抵抗這難以排拒的物慾需求，終不教真心淪陷於競求，蒙昧了靈明本初之真性。

　　在清淨苦修的項目中，全真還有一項苦修功夫，也是針對生身結胎以來的生理本能需求而設的功法，那就是禁眠。元好問《遺山集》，卷三一〈離峰子于公墓銘〉說：「吾全真家，禁睡眠，謂之煉陰魔。」〔註29〕丘處機也有詞

〔註29〕見元好問：《遺山集》，〈離峰子于公墓銘〉，卷31，頁38。

作提及這種修練之功：

〈萬年春〉（驚睡）

秋夜沈沈，漏長睡酷多思想。須依仗。道情和暢。不縱魔軍王。打疊
神情，物物離心上。虛空帳。慧燈明放，坐待金雞唱。（《全金元詞》，
頁464。）

睡眠在一般人來說，是絕對需要的，在全眞的修煉觀念裏面，則是一種需要
對治的魔障，因爲睡著了之後，陰邪即可作崇，在夢中多作意妄爲，所以不
可以睡得太過。當然這是就修行的某個階段而言，不是終其一生都不能安睡，
只不過這個功夫要下得深也需幾年的苦修，所以在七眞的修道史跡中，常見
脇不沾席一語。在這一詞作裏，丘處機即以心中和暢之情，對治睡魔，放空
心念，因此連想睡的心念都放掉，振作起精神，遠離帳床，坐著直到天亮。

在面臨生理需求的慾望反撲時，堅定的心志是唯一對抗的憑藉，又一次
地突顯了全眞性命雙修的特性，若說苦修是以現實環境抑制心念，是命功修
煉的技巧之一，而這技巧所考驗的仍是心念，而要通過這一層考驗的憑藉也
在於心志，可見性命之間的關係，可以分說卻時時刻刻相依，總是以一體的
兩面呈現，所以苦志修行是功行之一，是堅定尋道信念的表現，同時也是對
尋道信念的考驗，這點在馬鈺的詞作中明顯可見：

〈滿庭芳〉（退姜四翁所惠團襖）

一紀環牆，數年赤腳，捱他寒冷如囚。超然一志，決要行功周。感得
神仙下界，向身中、布氣如流。無凝滯，沖和上下，相應好因由。關
西牒發我，遠來東土，恣意貪求。做天來大錯，敢受綿裘。結裹身如
圇囵，招譴責，厭疾瘳。還團襖，瀟瀟灑灑，褴褸顯眞修。（《全金元
詞》，頁389。）

爲了修行，發下力行苦修的宏願，這是修行者與大道的契約，其目的即藉著
赤腳環牆的艱苦修行條件，以挨冷受凍的方式，顯其決行眞功的決心，這麼
做的目的，無非是想證得眞道，在常人來說這是自找苦吃的事，就修行而言
卻自有體證。所以可以突破一些物質定理，所謂的感得神仙下界，向身中布
氣如流，指的就是在這樣苦志修行多年之後，身心構造，已和凡人有所不同，
眞氣沖和，已經可以超越生理本能反應，因體內眞氣沖和，可以抵禦寒冷，
要比常人來得不怕冷，可以達到這種境界，不是只憑清貧苦修而來，而是修
行境的整體表現。不過馬鈺於此，不以自己的修行功夫自滿，而是訴諸於

與神聖世界互感的結果，所以說苦志修行，不僅是方法技巧，而是功行之一的原因也在此。

全真的內丹修煉與現行的氣功修煉最大的差別，也就在於宗教修行和純粹身體操作的不同，現今各類的氣功修煉功法，不乏取自於全真的內丹功法，而去除其中的宗教修行部分，同樣會有一定程度的身心變化狀態，但其結果只能歸於氣感，是身體鍛鍊機械操作的結果；宗教修行者在操作教門修行功法時，是與其所信仰的終極存在有密契關係的，其任何成果都不純粹只是機械操作的必然結果。

這樣的差異，並不是純粹緣於認知的問題：不是因為宗教修行者的宗教信仰的自我暗示，使他對於修煉成果歸於他所信仰。事實上不需歸於信仰，仍然可以作客觀的描述。上引詞作的下片即說明了這個道理，宗教修行的成果，不是機械操作的結果，而且這不是認知與描述差異的問題，這裏面牽涉了宗教經驗的體驗，這一部分，不足與外人道，但對修行者而言卻是不容置疑的事。

馬鈺清楚地敘述了他由陝西回到山東後，接受了豐厚的饋贈而引起的天譴，不難看出上下片之間有著明顯的對比，上片描寫刻苦遵行苦修教法，因此雖歷經一紀環牆，數年赤腳的並沒有因而勞損身心，反而是身中血氣沖和沒有一點滯礙，無病無痛。反觀東歸後，因一時抵不過心中貪求之念，接受了棉襖，違逆了教門清淨苦修的原則，這時他已是個修行多年的修道人，和無形間的密契已久，很清楚地知道受襖是一項錯誤的決定，暖了有形身傷了無為功，因此染上疾病。這種疾病不是出於生理不調的疾病，出於生理不調的疾病，可以借藥物及全真本門內丹功法治療，但是來自於考責或魔試的病，則只有從心上、從修行上下功夫才能解除，所以說招譴責，厥疾難瘳。於是他還了棉襖，圖個清淨修行，這一過程自是他修行的一個體證經驗，不同於一般人的生病經驗，馬鈺以上下片如此鮮明的對比方式，要表達的自然是宗教層次方面的認知與感受。

參、著重功行的累積

在身心一體的原則下，全真道既然對物質生活要求簡樸清貧，自然在精神生活層面上，也是以簡約為原則，特別是在性命雙修的理念中，澄心的要求是絕對必然的，所有的精神活動也要求清淨簡約，因此在日常生活上有一

些影響精神活動的事項，會成爲特別需要加強或戒除的，譚處端〈踏莎行〉：

> 忍辱常餐，永除濁酒，洗心滌意忘諸有。存存損損了空虛，安安穩穩
> 無他走。(《全金元詞》，頁 421。)

在此提及忍辱與戒酒兩事，都與洗心滌意有關，全眞特別強調忍辱的功夫，
而忍辱一事除了就修道者而言，降服內在心念意志之外，同時也牽涉到修道
人與他人互動時的自我約束，當他人對己有所冒犯損害時，必須以忍辱相對。

　　爭強好勝是人之常情，但爭強好勝會使心執著於榮辱得失之上，全眞道
提出以忍辱對治，直接抑制了俗心，奉行老子處柔處卑的生活哲學，目的不
外也是減少不必要的心理活動，戒酒也是這樣的，酒能亂性助氣，所以不管
從性功上心性的收束，或命功上血氣沖和的養生原則，都應該戒除。

　　馬鈺有一詞作〈滿庭芳〉下小題忍忍忍，把忍辱在心性收斂上的作用說
得很透澈：

> 刃下挑心，心頭插刃，認來堪作良因。無明降住，有辱不生嗔。憶昔
> 清河公藝，尚垂涕，書此和親。無爭士，常行大善，不敢暫傷神。(《全
> 金元詞》，頁 392。)

忍是在心上下功夫的學問，能體認這層意義，那麼面對外辱時，最重要的就
是降下心中無明之火，不生嗔念，與人無爭自然不會與人傷和氣，也就不會
傷人，從另一個角度而言，不傷人也是善行一件，不過最重要的是不傷人的
同時，自己心中也不受影響，所以每面對一次外辱就是一次鍛鍊心性的機會，
每成功地忍下嗔怒之心，心則多一分堅強，鍛鍊得剔透晶瀅之心，自然可以
是非不辨、強弱無論，徹底去除爭競之習，減少因爭競造成的傷害，所以忍
辱既是性功上的琢磨，又助長善行善舉，對人對己都有功。

　　和忍辱有相同作用，影響心念活動的項目則是讀書，讀書識字是一般人
用以認識知識的重要依據，但是全眞對於讀書一事，主張書不可多讀，馬鈺
《丹陽眞人語錄》云：「學道者，不須廣看經書，亂人心思，妨人道業。」〔註
30〕從馬鈺的話裏，可知不鼓勵多讀書的原因是讀書會亂人心思，即使是經書
亦然，這樣的主張，在七子詞作裏也可以看到：

王處一〈望蓬萊〉

> 諸童稚，謹意學文章。萬事不令心散亂。忘明緘口養和光。開悟內丹
> 方。(《全金元詞》，頁 452。)

〔註30〕馬鈺《丹陽眞人語錄》，10a，《正統道藏》，第 40 冊，頁 13。

此詞叮嚀在學稚童，學文識字要特別的謹慎小心，不要讓文章裏的文字思想，散亂心志，事實上，眼不視、口不言才能頤養體中真氣，從幾句話裏不難看出看書誦讀文章是勞損眼力耗費真氣的，所以說忘明緘口可以養和光。讀書一方面要眼視，一方面則需接受思想或思考義理，而這思考是來自於書本的刺激，而非澄然天心的展現，所以只會牽引更多的思慮，讓心念不得清淨，因此，王處一特別強調要小心，不要讓心被書中思想牽曳散亂。

這一觀念在王重陽的《立教十五論》中，有非常明確的說明：

> 學書之道，不可尋文而目，當宜採意以合心，捨書探意採理，捨理採趣，採得趣則可以收之入心，久久精誠，自然心光洋溢，智神踴躍，無所不通，無所不解。若到此，則可以收養，不可以馳騁耳，恐失於性命。有傷於若不窮書之本意，只欲記多念廣，人前談說，誇訏才俊，無益於修行，神氣，雖多看書，與道何益？既得書意，可深藏之。〔註31〕

其實讀書對修道是有益的，但是一般人卻很難把握準則，只想以廣博的知識誇耀人前，壓倒別人，這樣不但讓心念因為書中思想紛競，同時又加上自己好強爭勝之心作祟，更無寧靜之時，記多念廣後又在不斷與人談說賣弄，自然是損氣的，所以全真不鼓勵多讀書，怕傷神氣，壞了辛辛苦苦修行得來之功。

在全真的修真理念中，要修行得道，除了內在的性命功夫之外，還得外修真行，所以七子詞作中，常見「功」、「行」連用或對用。功行若分解來看，可以概約分成「真功」、「真行」，《晉真人語錄》中對於真功真行說得很明確：

> 若要真功者，須是澄心定意，打疊精神，無動無作，真清真淨，抱元守一，存神固炁，乃真功也。若要真行，須要修行蘊德，濟貧拔苦，見人患難，常懷拯救之心，或化誘善人入道修行，所為之事，先人後己，與萬物無私，乃真行也。〔註32〕

任繼愈《中國道教史》，認為「真功」指內修的功夫，〔註33〕不過這只是分解的說法，實際上全真的修行終極目標是與道合一，因此修行功法有著非常明顯的渾淪之性，任何一觀念或修行功法，都不會只有單一層面，很難如此簡單分解功行為內修功夫的真功，與外修的真行，即使是由上引文中分析，修

〔註31〕 王重陽《立教十五論・第二論學書》，1b，頁238。
〔註32〕 《晉真人語錄》，3a，《正統道藏》，第40冊，頁2。
〔註33〕 任繼愈《中國道教史》，頁544，解《晉真人語錄》「有功無行」一句，即功為內修真功。

行蘊德、所爲之事先人後己，難道不是內修功夫？同樣是出於《晉眞人語錄》功行不分內外之意更明顯：

> 夫修行施以不謹，功不勤而神不清，持久不負眞行。〔註34〕

可見功行是相互依持的。又說：

> 嗟見世間人尋師訪道，不肯恭順於人，只說俱能己勝，至於修行，又不肯勤謹愼忍，只憑口說全無眞功，亦不眞謹修行，以見貧者又無拯救之心，種種虧功失行，到使陰德有虧，於道有違……〔註35〕

修行是個人之事，外人只能從個人的外在行爲見其修行功夫，這修行功夫包括性功、命功，以及性命雙修化顯於外的慈行善舉，所以說若要分解看，眞功眞行可以概約地分爲內功外行，實際上功行合一是修行之本，功行關係密切，彼此涵融，不能單單只是機械分解地看。但無論如何，累積功行爲成仙的必要條件的觀念在七子的詞作中，經常可見：

馬鈺〈二郎神慢〉

> 應仙舉。便下手、先除色慾。好玉潔冰清大丈夫。更休任、泥拖水瀝，一失人身難再復。莫等閒、把前程失。今略訴。長生久視，五件堪爲憑據。聽取。第一要，滌除念慮。第二要，忘貪戒酒肉。第三要濟貧拔苦。第四要，常行慈善。第五要，精神保護。依此五件，功成行滿，得赴蓬萊仙路。（《全金元詞》，頁395。）

〈滿庭芳〉（心自笑）

> 學道修行，累功積行，常愁行少功虧。勸人作善，於道最相宜。稍稍緣行端正，早傍人，別猜疑。心自笑，圖他功行，怎避是和非。（《全金元詞》，頁389。）

上引馬鈺兩詞作中，功行雖分別講，關係卻緊密，分解地看，修煉下手，從去除色慾開始，是心性鍛鍊，同時也是戒行，所以去色慾、忘貪戒酒兩項，很明顯地牽涉內修外行，滌除念慮是降心功夫屬性命雙修中的性功，精神保護，則又同時包含性功與命功，濟貧拔苦，與常行慈悲則是外行中功德之事。合起來看學道修行最重要的就是累積功行，不管是以道勸人向善，或是以身作則，誘導他人端正心行，都該全力以赴，哪怕是因勸道而引起旁人臆測，編派是非，爲了積累功行，實不該避免。

〔註34〕《晉眞人語錄》，2b，頁2。
〔註35〕同前註。

結　語

清淨儉約爲道家的生活主張，老子云「五色令人目盲；五音令人耳聾；五味令人口爽；馳騁畋獵，令人心發狂；難得之貨，令人行妨。是以聖人爲腹不爲目，故去彼此。」〔註36〕說明了過分追求物質享受，會使所有感官失靈，亦即過度追求物質慾望，在生理方面會令人喪失自然的感官接受能力，精神方面則因過度放佚耗損，失去精神力量，所以主張爲腹去目，所謂的去彼取此，就在於取基本的生活需求，去多餘的慾求，不難物慾主宰個人的思想行爲，全真的清淨苦修觀念，即是以具體的宗教修行生活，實踐道家這一返樸歸真的生活主張。

全真以清淨苦修，息嗔忍辱爲實踐真功的重要項目，《丹陽真人語錄》說：「去嗔怒所以養性，處污辱所以養德。」〔註37〕去嗔怒即將《老子》「挫其銳解其紛，和其光，同其塵」之理具體實行於心性修煉上，〔註38〕處污養德則又是將《老子》「處眾人之所惡，故幾於道」之理，〔註39〕轉化爲修行上的實際操作原則，在這兩方面全真的教義可說是將道家思想以宗教修行的方式的實現。

在全真的教義中，無論是性功或命功的修行，都非常注重實踐，七真的修道歷程中，馬鈺每日僅乞食一缽，誓死赤足，夏不飲水、冬不向火；王處一曾於沙石中跪而不起，膝磨爛至骨，赤腳往來山中。邱處機晝夜不寐六年，郝大通於鐵橋下趺坐六年，持不語戒，兒童戲觸亦不動，孫不二毀面佯瘋於洛陽街市之中乞食，均表現出宗教人對於終極真實的高度追尋精神。因爲有著極高的尋道意願，才能在現實生命中以具體行動實踐他們所契慕的真理，並將之記錄於詞作中。

在現實生活的經驗中，人們不可避免地會有痛苦、挫折、罪惡、無意義等感受，所以想要有所轉變越脫。全真的修練方式即是透過身心整體的有系統鍛鍊，尋求解脫之道，也就是說一個人必須超越自我在俗世中習以爲常的經驗習慣，才能擺脫來自現實經驗中的包袱，爲了達到這個目標，必然得借助些修行方法，性功與命功的修煉是從個人內在心理及生理上著手進行，而

〔註36〕余培林註譯：《新譯老子讀本》（台北：三民書局，民國七八年）第十二章，頁33。
〔註37〕馬鈺《丹陽真人語錄》，2a，頁9。
〔註38〕同註十一書，第四章，頁23。
〔註39〕同前書，第八章，頁28。

苦行生活及忍辱息嗔和勸化行善，則是透過日常生活的改變與人際關係的磨練，消除個人積習，同時也累積個人功德。由此可知全真的修煉功夫無時不以實踐爲最高原則，任何的主張都是要切身力行地在十二個時辰中，無論行住坐臥徹底實行。

由於全真的修行理念無一不與成全本真爲終極目標，而全真境界即是與道合一，所有的修行功夫與教門理念均是爲了與道契合，自然地具有道的涵整性，每一個修行細節之間的關係均非常緊密也無時不扣合人的身心整體，可以分解地看，但不能機械地拆解論定。

全真人內修強調真功之外，外修的真行也是尋得成全之道的必要條件。《晉真人語錄》云：說：「有功無行道果難成，功行兩全，是謂真人。」〔註40〕由此可見其真功真行的「全真」之道。

邱處機以七十高齡北行謁見成吉思汗，以天之好生戒其嗜殺之性，並求免除北方地區三方賦稅，即是真行的實踐之一。重陽於《立教十五論》中，合藥一則更言：「醫藥之術，若背精學者，活人之性命，……學道之人，不可不通，若不通者，無以助道。」〔註41〕可見修行除了求得自己本身的解脫之外，連帶地也注重對世人的濟度，事實上濟渡行爲是功行，同時也是全真道徒對布施他們生活所需的天下蒼生的一種回饋，他們取之於社會——物資，也用之於社會——勸化、行醫、度幽。

〔註40〕《晉真人語錄》，3b，頁 2。
〔註41〕王重陽《立教十五論‧第四論合藥》，2a，頁 238。

第六章　全真七子證道詞反映的社會意識

第一節　別家辭親的修道方式與社會倫理的背離

　　道教的修行，強調斷絕家緣，潛心修道，自來均以離家棄子，棲息山林，或雲遊訪道，遍尋明師的修行為主，因為道教的修行理念是要透過修煉，轉變肉體凡胎，擺脫的生老病死定則，得到不朽的生命，雖然不同道門的修煉方式和成仙理論有所不同，但透過種種方法變化體質的基本架構是一致的，世人都有生死，從生物定則來看，順著世人的日常生活型態、遵循世人的社會價值觀等等，日復一日地過著，必然走完自然定則給與人類的天年，要想突破這種定則，就不能循著這條必然的路徑，而必須另謀出路。

　　傳統道教的種種修煉方式，都是無數尋道者拿自己本身生命作實驗後，留下的經驗成果，拿生命作實驗是最大的冒險，同時也是艱鉅的過程，在心態上必得有強烈的決心，還需要專心致志全力以赴，因此強調斷絕家緣是必然的，把牽繫個人最深的關係斬斷，事實上也是斬斷透過傳宗接代的方式延續生命的路徑，而尋求自我生命本身的完整與不朽。

　　雖然全真教的集體出家修行制是在七子之後才確立完成，但是王重陽佯瘋作狂，藉以棄家絕緣，並度七子出家修行，雖然不是制度化的叢林修行，卻明顯有集體修行的傾向。受王重陽的影響，七子的詞作中，也多見出家修行的內容，這些內容思想必然背離社會倫理。

壹、出家修行的深層意義

人一出生，首先與家庭建立關係，而家是社會最小的群體單位，人自受胎成胚時，即與母親以生理相連建立了密切關係，等到顯現孕徵時，則再進一步地和父母及家族其他成員建立初步感情連繫（被期待或成為負擔），及至呱呱墜地後，個人與家庭成員的關係則經由彼此互動而有更緊密的聯繫，這種關係的建立，由家庭而鄰居而鄉里，成為一個社會網絡中的一環，在正常的情況下，人成為社會網絡中的一點是必然的，也代表了在正常情況下人必然和社會有牽連，牽連也就是牽絆，在人際網絡中牽絆最深的就是家庭，特別是與個人關係最密切的父母、配偶、子女。

出生、和家人建立關係、延伸人際關係、納入社會體系、在學習並遵循社會價值中成長、建立姻親關係、完成生命傳承任務、在負擔家庭及社會責任義務中衰老、在完成家庭及社會責任後享受回饋中病亡，平凡人的一生牢牢地牽繫於這些關係網絡中，個人生命只是宗祧傳承中的一點，接力式地過著生老病死的循環。在這個循環中，個人生命的獨立與自主不受重視，只是以團體中的一分子的身分存在，修煉成仙的觀念則是要突破這樣的循環，將個人生命的存在自體，鍛鍊成不朽的存在，而不是靠代代相傳得到生命的不朽，想完成這種目標，順著既成的生活模式是不可能的，不順則逆。

若從「順則成人，逆則成仙」一語看，修行換句話說就是逆反人道，人需吃五穀才能存活，一般人在吃五穀中長大，吃五穀中老化，吃五穀中死亡。早期的修仙方式，辟穀之法即是違逆一般人平常的生活常習，從生理構造上來看，人的生理機能需要靠食物維持，所以人才會吃五穀雜糧，不吃就是逆反人的生理機能需要，從這點就可以看出修煉成仙就是透過種種方式改變人的生理機能，進而達到不死的境界。

這當然是艱鉅的工程，專心及全力以赴是必然需要的條件，若說辟穀、服食、服氣等是生理上逆的操作，斷絕家緣，則是人際上逆的操作，斬斷個人牽絆最深的關際，一方面讓修行沒有心理上的牽掛及後顧之憂，而另一方面則是將個人從個人→家庭→社會→的關係網絡中，提拔出來，讓個人生命與家族、社會的連結中斷，將個體生命獨立，不透過遺傳，不透過群體合作完成生命的不朽，所以說出家斷絕家緣是人際上的逆向操作。

從人際關係的逆向操作上看道教的出家修行傳統，可以說是背離了整個社會倫理，也可以說是人倫上的逆向操作，在中國傳統的倫理觀中，「君臣有

義、父子有親、夫婦有別、長幼有序、朋友有別」〔註1〕五倫中，有三倫是家庭倫理規範，而這套倫理規範，不僅只是儒家學說，並且透過官方教化，成為庶民接受奉行的倫理觀，也就是說個人、家庭、社會、國家是整合的團體，維繫這中間的正常關係，就是倫理，斷絕這個連結就是違背倫理，而道教的修行，出家已斷絕家庭關係、在山林間修行，則是中止社會關係，不拜君親，又是否定個人與國家的連結，所以是背離整個社會倫理的。

　　不管是生理的逆或是人倫的逆，都在於中止人的慣習，即是中止人由後天學習而來的定則，而重新建立個人與終極實在的道的關係。從道教的修煉成仙的思想而言，天地所由生、萬物因以成的道是不朽的，修仙的理論就在於透過修行得道後，即可與道合一，因而不朽。也就是說，站在道教修煉的立場上，生命的意義在於尋回人與終極真實的關係，至於人倫關係，那是短暫的，人倫關係如果妨礙到人與道的關係的建立，自然可以也應該斬斷。也就是說，在道教的修行傳說中，強調斷絕家緣、出家修行的觀念，是將個人由慣習的社會人提拔為尋道人，這背後說明了社會人倫對於個體生命而言，是非關生命本真的後天文化行為模式，遵行這種文化行為模式，即陷在層層的人際網絡中，而生命的意義其實在於生命本身，生命來自於道，建立人與道之間的關係，生命才可以不朽，這是道教出家修行的深層意義——斷絕人與人的關係是為了重建人與道的關係，人與人的關係是人文化成，人與道的關係是自然本真的終極關係。

貳、七子詞作中表現的出家理念

　　王重陽接受傳統道教的修行理念，裝瘋佯狂以離家棄子，專心修行，在度化馬鈺時，更以梨分食於馬鈺夫婦，暗寓勸化分離出家之意，不過全真教在王重陽度七子及七真掌教初期，倒還沒發展到後來龐大的集體出家修行叢林制，但是已強調出家修行，這點可以在七子的修行歷程中看得出來，也表現在他們的詞作中。

　　出家修行，最方便的就是可以完全把時間和心力致力於修行上，既可去除由家庭延伸的其他關係，心境上也沒有情感牽絆，自由自在，無拘無束的心境，不必被綁在家中，可以任意逍遙，馬鈺有兩詞作即寫這種修行好處：

〔註1〕　《孟子‧滕文公上》（台北：藝文印書館，民國78年，十三經注疏本），卷5，頁98。

〈滿庭芳〉

> 休言百歲，七十者稀。那更不測之期。閑想妻男，自己總是行屍。眼
> 前榮華境界，是昏迷、性命根基。如省悟，把家緣撇下，物外修持。
> 靈利翻成懵懂，便蓬頭垢面，密護玄機。眞息綿綿，祥瑞遍滿華夷。
> 欲赴蓬萊徑路，仗三千、功滿雲歸。神光燦，與大仙相聚，有甚虧伊。
> （《全金元詞》，頁 276。）

一般人基於常習，總覺得若好好在現世生活中過，人生也不是太短暫，馬鈺
則勸人，就一般情況而言，生命是非常短促的，別說是一百歲，就連到七十
歲，都是少數，就更不用說那些不可預測的天災人禍，是不挑年歲降臨的。
世俗中人，不過就是爲妻爲子勞碌奔波，閒時戀慕家人，自我可以說完全被
抽空，時間心力爲了家人付出，心中念頭也不曾爲自己停留。於是自我就好
像是行屍走肉，生活的目的不外是賺錢養家，生命的意義又建構在對家人的
戀慕情感上，那麼自己的生命是什麼？自我的生命意義在哪裏？這些建築在
物質追求與慾念愛戀上的榮華富貴和恩愛情愜，都不是生命的本質，反而是
這些建築於外的價值觀蒙蔽了自我眞靈，所以如果能覺悟到這一層，就會趕
緊拋棄這錯誤的對待自我生命的方式，斷絕這種將我自生命化作人倫關係網
絡上，眾多連結的一個小點上的設定，拋棄這些虛假的連結，好作修行。領
悟了家緣牽絆是無益生命之事後，斷然出家，無論是在實際的生活上或心念
上，要面對的問題，就是自我的問題了，事實上一個人唯一須面對的也是自
我，只是在家庭，社會的結構中，自我必須爲了團體的運作犧牲或銷解，看
透這種環節，斷然去除無關自我生命意義的連結，眞我就自然會呈現，且看
馬鈺另一詞作：

〈滿庭芳〉

> 般般識破，物物難惑。自然魂安定魄。視聽如聾如瞽，絕盡聲色。身
> 心逍遙自在，沒家緣、恩愛繫勒。無爲作，乞殘餘度日，無恥無格。
> 遊歷恣情坦蕩，似孤雲野鶴，有誰管得。不羨榮華富貴，革車三百。
> 終日澄心遣慾，覺玄機、密妙易測。功行滿，做十洲三島眞客。（《全
> 金元詞》，頁 282。）

識破迷障之後，領悟了自我是個體生命的主體，自然地把所有焦點從外物，
回歸於自身上，所以不被外物各種外象所惑，而能安魂定魄。也就是心思由
不斷對外求索，改爲對內自觀，那麼五官這些平日用來探觸外物的功能根本

就可以閒置一邊，感官不用，聲色自絕，沒有外累的身心，當然是逍遙自在了，心自由了，身再從人倫網絡中脫離，不被束縛繫綑，身心都自由，什麼也不做，什麼也不必負擔，以行乞度日的修行方式，既可解決未得道前，暫時還未改變的生理需要，卻不需為滿足這基本生理需要費心耗時，同時可以藉以擺脫過往在社會生活中，習得的一切人倫道德的拘制，把心在鍛鍊中益加自由。

　　沒有家庭牽絆的身，想走到哪兒，就可以往哪兒走，完全的恣放心情，沒有家人管束的人，就像孤雲野鶴一樣，可以四處遊歷，也可以完全專致於體認玄理，不再為外物牽繫的心，則更加靈活敏銳。成天在修行上下功夫，把所有障蔽靈明本性的外在因素都去除，無慾澄心，在這樣的情境下，要體契道的玄秘奧妙，不是太困難，很快就可以有進境，如此以往，等到功行圓滿時，得道成仙是指日可待的。這也就是說斷了人文化成的生命牽連，就能走向與道建立聯繫的重要里程上。

參、七子詞作中勸化出家的方法

　　雖然出家修行有諸多好處，修行若要有成，也必然需要出家，但是家庭與個人的關係，卻不是說斷就斷得了的，因此要讓人斬斷家人恩緣的牽繫需要有些方法，七子詞作中有些是勸化人們出家的，在這些勸化之詞中，也可以表現了某些出家修行的理念，和勸化出家的策略，下舉譚處端詞作為例：

〈神光燦〉

茫茫苦海，逐浪飄淪，癡如蜂蜜蛾燈。一向迷迷，妻妾兒女恩情。遭他恁般繫絆，限臨頭、獨赴泉冥。如省悟，棄浮華恩愛，處靜修為。（《全金元詞》，頁 401。）

〈沁園春〉

愛欲無涯，有限形軀，休苦苦疲。這宿緣分有，兒和女是，他家衣飯，各自相隨。謾使心機，空生計較，大限臨頭墊替伊。當須悟，早抽身物外，也是便宜。（《全金元詞》，頁 411。）

上引三詞作中，譚處端均指出一般人沈淪於無窮愛慾之海中，隨著情愛翻騰，被妻妾兒女多般牽絆，使得有限形軀為了成就妻妾兒女的生命而疲於奔命，有如終日忙得團團轉的工蜂，盲目地採著自身用不了多少的花蜜，又像撲火的飛蛾，莫名所以地執著於奔赴死亡之火。事實上若執著於愛緣，那麼緣是

有分的，與家人的情緣有定分，兒女終究有他們自己的人生，將會各自隨著他們的因緣獨自發展，實不需如此執著愛戀，爲兒爲女爲妻爲子，用盡心機，耗費心力，不過是做白工，終究是要落空的。

每一個人的生命都是獨立不可替代的，若能醒悟這一點，就可領悟人生最重要的是成全自我的生命，唯有自我生命的成全才是眞實的。兒女雖是自我生命的延續，但兒女同時也有他們自己的生命要成全，不可能因爲人父母的辛苦的養育兒女，在面對死亡時兒女就能替代得了自己的生命，所以世俗人們以生兒育女的方式延續生命，爲了生命得以延續，得爲兒女犧牲春獻自己的一切，是執迷不悟，因爲執著於世情而不能棄家修行，終將浪費生命，最後還是孤獨地面對死亡。這樣點破家庭對於一個人而言，實在是自我生命沈重而無謂的負擔，應該早早看破這種關係，才能讓自己的生命作主的目的，即在斷絕人們對家的眷念。

除了點破家庭與個人關係爲不定與非必要的連結外，七子詞作中也出現以負面陳述破壞一般人對於家人的感情措詞。

譚處端〈神光燦〉

譚哥昔日，贍養家緣，積孽有若山丘。因遇仙師，東歷海島三洲。勸誘頑愚向善，悟輪迴、捨愛迴頭。隨緣過，守清貧柔弱，雲水閑遊。(《全金元詞》，頁400。)

〈滿庭芳〉

欺昧成家，慳貪積富，靜言獨坐思量。養他數口，罪孽自家當。催促光陰似箭，繞青鬢、容改衰蒼。百年裏，誰人盡數，兀兀謾張羅。(《全金元詞》，頁403。)

〈神光燦〉

茫茫苦海，逐浪隨波，便宜識取抽頭。恩愛妻兒，都是宿世冤讎。因循浮華光景，把元陽、拖撦無休。限到也，看賢家著甚，計脫冥幽。(《全金元詞》，頁401。)

天倫親情，可以說是世人最難斷絕的情感，這出於血緣天性與長年朝夕相處間累積而來的親密愛戀之恩緣情纏，有如堅固的心城，嚴密地護著彼此之間的關係，所以讓世人甘爲家人奉獻一切，甘之如飴。因此若要斬斷，就必須將個人從家庭角色中抽離出來，不站在父母、子女的身分去看個人爲這個家所做的事，是站在一家人都是人，而個人爲人一味地付出，終生忙於養家活

口是否合理的角度上下手。

從宗教的觀點看，一個人為了養家活口，難免要與人競爭，即使無心，卻不免虧傷他人，累積罪孽。然而為家人付出那麼多，好的給家人，罪孽卻是自己承擔的，站在同是人的立場說，這不公平，世人汲汲營營地百般計較，為的不外是養家活口，圖個依靠，而實際上只有付出的分，在最根本的死亡、罪業問題上，家人不可能是依靠。

站在面對生命的立場上說，的確，自我的生命有其獨立自主，但是一家人是共同生活的團隊，也是自我生命的延伸，可說是自我生命場域中的一部分，雖然養家活口辛苦，可是這是人們世代相傳的生活方式，在付出中透顯生命意義，也是世人成全自我生命的方式，將個人從家庭角色中提出，不但在情感上有困難，在道德倫理上也受阻礙。

所以除了點破家人不可靠，生命必須自我面對，親情有其定分，恩緣終有盡頭之理外，更從負面的角度思考個人與家人的關係。把生命場域擴大，把眼光從現世放到包含過去與未來的延續時空中看，人在累生積世之間不斷地重複著生、老、病、死，不斷地忙著張羅一家大小的衣食住行，為兒女妻妾勞碌奔波。從因果關係看，這樣的付出犧牲，不外是孽緣，所以有「恩愛妻兒，都是宿世冤讎」之語。將恩愛妻兒視作宿世仇敵看，是刻意破壞世人習以為常的倫常觀念，這樣做的目的，不外是打破執迷於世情的心，宗教人追求的是終極真實，世道人情不過是人文化成的虛景幻像，倫常是約定俗成，而這約定俗成之習，阻礙了終極真實的追求，就該打破：馬鈺〈瑞鷓鴣〉（收家書）

> 家書接得急開封。正值糊窗要避風。我願難隨你願去，道心不與俗心同。行功未滿大千數，雲水須遊太一宮。傳語兒孫並弟姪，後來書至擘牆東。（《全金元詞》，頁339。）

這就是一個宗教人和世俗中人的最大差異，人情戀家，收到家書，自然會急於開封閱覽。馬鈺收到家書也是急著開封，不過不是為了要家人給他的消息，而是拿出信紙來糊窗避風。書信是用來連絡情感的，信紙不過是傳遞的工具，就世人而言，書信的價值在於上頭的文字，對馬鈺來說，上頭的文字，不過就是家人放不下的執願罷了，藉著書信希望影響他的意念，這些是無意義的，但信紙卻是可以用來糊窗擋風，信紙才是有意義的。對於意義，宗教人和世人有著很明顯的不同，所以尋道的心所關注的和世俗的心所在意的，有著很

明顯的不同。

由於道心不與世心同，基於打破積習宿念，其方式自然出現強勢作風，因此，在七子的詞作中，可以看見很多以金枷玉杻之詞，比喻妻子兒女與個人的關係，將妻子兒女比喻成追魂索命的活鬼，顛覆人們的對妻兒的情感，其中以馬鈺的詞作中，這類描述特多：

〈滿庭芳〉（勸化）

人皆好色，妻常設計。巧笑言語詐偽。日日梳妝，圖要見他懽喜。時時耳邊低呃，緊唆人、爭財競氣。存自便，更不詢富貴，義與不義。

歡喜冤家沒解，豈思量，好意卻是弱意。畫要衣飡，入夜偷盜精髓。悟來心驚膽顫，怕追魂、取命活鬼。歸大道，處無爲，謹修仙位。（《全金元詞》，頁284。）

〈滿庭芳〉（自詠）

昔年在俗，常用心機。挑生剜死爲誰。歡喜冤家，惹得一向愚癡。恰如飛蛾投火，身焦爛、猶自迷迷，爭些箇，被兒孫妻妾，送了頭皮。

因遇風仙開悟，迴光照，怨親不可相隨。盡是狼蟲虎豹，蛇蝎狐狸。把似養他毒物，又何如、物外修持。巧行滿，跨雲歸，侍奉吾師。（《全金元詞》，頁287至289。）

在上引詞作裏，首先看到的是，妻子完全是個有備而來的掠奪者，所有的言行舉止都是針對男人心理弱點設計的，抓住男人好色心理，於是成天打扮得花枝招展，了解男人喜歡溫柔對待，所以總是巧言令色，溫聲軟調地討人歡心，然而時時在耳邊輕語的不外就是唆弄丈夫去賺錢給她花用，不管得到富貴的手段對不對，只管吵著要過好日子。做丈夫的通常因憐愛心態，也就順著妻子的意志做牛做馬地賺錢養家，成了妻子的奴隸而不自知。爲夫者根本想不到，那些個表面上的好意，事實上是軟弱丈夫個人意志的手段，妻子無疑是日索衣食，夜盜精髓，專門來壓榨人命的討命鬼。如此看夫妻關係，不僅是把夫妻從家庭角色中提拔出來，同時還將夫妻關係完全對立，這種對立做法，目的不外是要破壞連結緊密的婚姻關係，使個人從這被視爲天經地義的夫婦大倫中脫離出來，才有可能斷得了家緣。

夫妻關係可以對立，父子關係也可以從另一個角度看。從世俗的眼光看，父性的發揮出於天性，而在社會規範下得到了加強，所以養家活口保護家庭

是天經地義的事，爲了一家溫飽，個人毫無疑惑地爲了擔起生計重擔而用心盡力。從因果關係看的話，這勞心勞力奔走的人，爲何如此盲目？難道看不出他是一家子裏唯一付出的人嗎？是因果讓他如此執迷，是因果讓他甘於勞碌，而這因果的背後眞象是妻妾兒孫都是冤親債主來轉世的，他們的目的只有一個，就是索債索命，爲他們辛苦，保護他們的唯一結果只是斷送自己的性命。所以把眼光放大，跳出現世，這些惹人憐愛的妻妾兒女，根本是狼蟲虎豹、蛇蝎狐狸，養他們無異於養毒物在自身邊。

運用這麼強烈的對比，破壞俗世社會的倫常關係，自然是種勸化的手段，措詞愈強烈，則表示所要破壞的觀念對世人的影響愈堅固。

結　語

韋伯在其《宗教與世界》一書中指出，「舉凡根據救贖預言創建出宗教共同體之處，首先面對的衝突力量，就是原生的氏族共同體。……凡是未能與家庭成員，與父親、母親爲敵者，就無法成爲耶穌的門徒。」〔註2〕雖然這是針對有救贖預言的宗教特質而出的立論，然而全眞強調出家修行以建立宗教共同體的教義而言，也適用這句話。教團的建立，首先破壞的就是家庭結構，不過由於中國文化的孝道特質使然，這一破壞不若耶穌之語那麼絕對必然，至少並未與父母爲敵，全眞的出家修行理念，與道家對人際關係所採取的態度有內在聯繫。李澤厚說：「儒家是從人際關係中來確定個體的價值，莊子則從擺脫人際關係中來尋求個體的價值。」〔註3〕道家重視個體存在與個體成全的精神，在七子的詞作中可以見到宗教義理式的表現。

家庭結構可說是人類文明發展至今以來，最原始、最穩固也最基礎的群體結構，而家庭結構本身又延伸出家族、鄰里的網絡，與社會相連，從這層層網絡中看個人，個人只是一個被羈絆牽扯得僵硬糾結的點。生命在這點中擠壓變形，不得自由，也在僵化的糾結中一點一滴地流逝，生命要獨立，要自主，首先就要斷絕周邊的牽繫，然後生命自體才能鬆動，才有機會解開自己的結，進而自由舒展。

出家修行的要求就是透過決絕的行動，強力斷裂個人與家庭的連結，

〔註2〕馬克斯·韋伯著，康樂、簡惠美譯《宗教與世界》（台北：遠流出版事業有限公司，民國79年），頁110。

〔註3〕見引於葉海煙《老莊哲學新論》（台北：文津出版社，1997年），頁44。

這必然逆反社會倫理，同時也破壞社會倫理，不過因爲宗教追求的是至高的意義，社會倫理是俗世生活的假相，本身沒有意義，可以毫不遲疑地放棄，從這個原則看七子詞作中的勸化出家之語，即可理解何以修行人對於家庭關係的用詞，如此無情，甚而是時見強烈的挑撥扭曲之語，好像完全看不到家庭分工，只有個人與家庭的對立面。實際上，這麼做只是爲了鬆動根植於人心的俗世倫理價值觀，這在出家修行的階段性路程中，不得不採的強勢手段。

不過雖然七子勸化出家的詞作中多見對家庭關係的扭曲對立，但是僅限於上對下，也就是說會把妻子兒女及後代子孫視爲冤親讎敵，極力陳語不需對這樣的化身有任何愛戀，而對上，父母祖先則不曾出現任何破壞性的言詞。馬鈺有一詞作可資爲證：

〈萬年春〉（到萊州，復歸寧海辭墳。）

此回來，緣甚故。不爲營生，不爲兒和女。不謂榮華誇五。思憶劬勞，特地辭墳墓。奠酒時，開地府。九祖生天，共結神仙侶。非是修行難救度。何必三牲，祭祀千千數。（《全金元詞》，頁294。）

在這裏馬鈺交代了他東回萊州，上祖墳辭親之事，出家修行，從世俗的觀點上看，是對父母養育之恩的虧負，而出家修行爲的是要斷絕家緣牽纏，卻不曾要斷父母之恩。事實上已受之恩也無法斷絕，所以縱使已出家，仍然感念父母劬勞。只不過對於世俗眼光以爲的虧負，宗教人有宗教人的看法，從現實的社會價值觀而言，出家修行斷絕家緣，是不報父母之恩，但是把生命場域加大，修行得道，以其修行功德，超拔九祖，共結爲神仙，才是真正的報答與回饋。

這一點很清楚地表現了七子勸人出家，以宗教觀念破壞家庭結構，還是有基本的立足點，保留著某種程度的公平原則，妻妾兒女及後代子孫是依附自己的，而自己則是曾經依附於父母祖先。站在公平的原則上，父母曾爲自己付出，自己理當回饋，所以在對上的關係上，無所謂的破壞。另一方面這也表現出，全真畢竟是在覆著中國文化的泥地裏土生土長的宗教，吸收了儒、釋、道三教的養分，其思想底層有最基本的文化特質，支撐整個中國家庭結構的重要因素，孝道文化不可能被抹消，所以出家絕親的種種激烈言詞，僅見於對下，不會出現在對上的關係上，反而有透過修行拔度九祖，回歸於現世社會慎終追遠著重孝道的倫理價值傾向。

第二節　教團倫理中的社會倫理取向

全真的出家制後來發展成叢林的集體修行制為主，不但強調出家，而且著重集體修行，因此必然出現斷絕家緣的觀念與俗世社會中的倫常相違。又因叢林的集體生活，需要紀律統整，故而社會倫理仍是被援用於注重戒行、清規的教團生活之中。修行生活雖然有別於一般的世俗生活，但並非全然排除世俗生活的內容，而是在世俗生活的內容中注入特殊的修行內容。因此，並不是所有世俗倫理規範，都與修行生活抵觸，在修行生活與世俗生活中的共相部分，世俗倫理仍是被直接納取於宗教倫理之中或經過轉化成為具教門色彩的宗教倫理。

在七子修道時期雖然尚未發展成叢林制，但已建立集體修行的修道模式，所以在他們詞作之中，有些作品反映又有合道伴、訪道友、忍辱合眾的倫理取向。同時由於道教傳統，自來重視師徒傳承，弟子對師父相當敬重，全真教也因襲此一傳統，七子詞作中，也多見對王重陽的尊推之詞。這些內容都顯現了教團倫理與社會倫理相合之處，也援用社會倫理規範。

壹、師徒之禮與俗世師生倫理之異同

七真均為王重陽所親度，雖然只有馬鈺、譚處端、劉處玄、丘處機隨從王重陽修行的時間較久，與王重陽有較多的互動，但七真對於王重陽的度化之恩，與尊慕之情卻是一致的，在他們的詞作中，常可見尊崇王重陽之詞。可以說王重陽是他們尋道生命中的父親，師徒關係如同父子關係一般，王重陽是他們修行的指導者，同時也是他們修行的楷模，在七子詞作中，常可見禮拜重陽為得道成仙的代表，也多見七子對王重陽的感念之情。

在七子的詞作中，留有七子對王重陽執父子之禮，如同儒家師生之制的記載：

〈望蓬萊〉（道友修菴）

丘與馬，入道絕貪求。欲報師恩常念念，三年守服豈能休。何處好藏頭。（《全金元詞》，頁316。）

〈南柯子〉

王與馬相見，心交應宿緣。太原梁苑已昇天。記得當初留語再相傳。

守服須三載，持心更五年。誘人歸善行功全。此箇扶風，重禮害風仙。

（《全金元詞》，頁 327。）

〈瑞鷓鴣〉

冬雖無火抱元陽。夏絕清泉飲玉漿。蠟燭不燒明性燭，沈香無用爇心香。三年赤腳三年願，一志青霄一志長。守服山侗環堵內，無恩相報害風王。（《全金元詞》，頁 339。）

上引三詞是馬鈺敘述他為王重陽結庵守喪三年的情景，從詞中內容可見，馬鈺不僅為王重陽守服三年，並發三年赤腳苦行之願，以報王重陽度化之恩，對王重陽崇敬思念感恩之情，自然流露於字裏行間。

全真修行非常著重絕情去慾，從七子詞作中常勸人斷家緣恩愛之語，可知情感牽絆會阻礙修行。王重陽仙逝後，丘劉譚馬四人不但結庵守喪三年，並常有眷念之詞作，似乎有違修行法門，而取用俗世之禮，不過雖是取用俗世之禮，仍是有些不同。在修行路上，王重陽是七子的明師，七子因他度化，而走向修道之路，也等於走上了神仙之路，所以對王重陽的感懷，除了自然情感的眷戀，同時也是對道的向慕。王重陽的仙逝代表著得道，緬懷他的同時心嚮往的是得道的境界，所以說在世俗之禮中，還是帶著教門色彩，因此在詞作中，看到了馬鈺守喪持心，等著功滿行就，重禮害風仙。

除了具體的守喪之禮認同於世俗師生之禮外，七子詞作中，也可見謹心修行，不敢有辱師門的自我要求的內容，這點也與世俗倫理無異：

馬鈺〈長思仙〉

馬風子，因遇棄榮華。乞覓殘餘為活計，真清真淨做生涯。烹鍊白朱砂。人莫笑，一志實堪誇。大道朝聞夕甘死，水清玉潔絕纖瑕。不敢辱師家。（《全金元詞》，頁 315。）

立志在儒家典籍中每受強調，立志對道教的修行與儒家的修德有同樣作用，因此這裏明言立志修行，不敢有辱師門。雖然道人修行去榮辱，但是對於道門榮辱卻仍取世俗的倫理取向，不敢辱師家的背後意味著不敢辱道門，所以這榮辱非關個人，不辱師家之教一方面是身體力行修練功夫，另一方面則是積極從事勸化，光大道門，在取用世俗倫理之時，也注入了道門風範。

在七子詞作中，還經常可見他們對王重陽感懷的師恩之情，其中郝大通的作品，最具道門色彩：

〈南柯子〉（示眾）

地肺重陽子，崑崳太古仙。二人結約未生前。托居凡世，飛下大羅天。

共闡玄元教，行藏度有緣。奈何不悟似流泉。別後相逢，再約一千年。

（《全金元詞》，頁 423。）

上片表現了道教特有的師徒關係必須因緣俱足，才能得遇的思想，王重陽受仙人點化，東行度七眞，已經是這個思想的表現，而此詞則是當事人的自陳，除了陳述兩人之師徒因緣早在未生前已結約外，更表現了同闡大道、度化有緣的宏願，因此生的情緣已盡，王重陽功行滿早登仙境，所以郝大通期冀當自己功行滿得以登仙之後，再與王重陽相約千年。如此情懷，自是如沐春風下的感動眞誠的表現，這春風指的既是重陽風範也是大道風化。

貳、合道伴的意義

全眞修行，有合道伴之論，在七子詞作中，也就常見「雲朋霞友」之詞，也基於合道伴的理念，所以全眞才會發展成集體修行的叢林制度，若說出家修行斷絕家緣，是將人從社會關係中提拔出來，以斷絕個人與群體的關係與連繫；合道伴的做法，又是將個人，放置於群體之中，與他人建立關係與連繫，這又是全眞修行思想與世俗倫理分裂的矛盾。

在七子的詞作中，可見要離俗、違俗之說：

劉處玄〈神光燦〉

勸人行善，自做修行，兩般於道相宜。須避俗中鄉土，且要相違。妙藥沈痾救護，更不擇、貴賤高低。自然理，傚隴西師父，戒行行持。（《全金元詞》，頁 426。）

離俗、避俗特別是土生土長之鄉里，是爲了徹底斬斷牽連與掛念，這在修行之初，則幾乎是戒行了。不過從這詞意中也可看出，雖然修道要避俗，卻不可能完全免俗，至少在全眞的修行理念中，以行乞取得生活物資，就免不了與俗接觸。不過這樣的接觸是保持距離的接觸，同時從對於俗中之人有疾病，當不擇身分地救濟的觀點看，斷然出家修行時的無情是階段性的，是爲了斷絕牽纏採取的強勢手段。

就修行的較早階段而言，修行功夫尙淺，容易受外界影響，所以須以違俗、避俗的方式的斷除世心俗念，關於這一點馬鈺有一詞作可資爲證：

〈蘇幕遮〉

閑人相訪有何妨。唯恐閑人話短長。眞樂眞閑無議論，至微至妙絕商量。是非欲說氣神散，名利纏言道德忘。不若澄心常默默，自然彼此

得清涼。(《全金元詞》，頁 339。)

出家修行，居庵沈潛，爲的就是滌去心塵，如果修行功力深的話，自然不怕與世俗中人交接應物，但修行功夫不夠的話，就很容易受影響了。閒人代表的是現實世界中的一切，世俗中人所說的一切都可能引起沈靜的心再起波瀾，也就是說與閒人接觸，就等於接收了世俗的訊息，而世俗的訊息本來就是修行者要從習染的心上去除的，舊的沒去除，哪堪又加上新訊息的刺激？所以說恐怕閑人話短長。怕的不是說話，怕的是那顆努力去除的是非名利之心再度被牽引或加重執念，所以必須以澄心功夫來自我把持，而最簡單的做法是以環境來隔絕這些可能的干擾。

從以上分析的基礎看全真合道伴之說，即可體會合道伴與離俗出家不是純然矛盾，因爲合道伴建立的是同道之間的人際關係，彼此有相同的目標，可以在尋道的路上切磋琢磨，王重陽於《立教十五論·第六論合道伴》即說明合道伴之理：

> 道人合道伴，本欲疾病相扶，你死我埋，我死你埋，然先擇人而後合伴，不可先合伴而後擇人。不可相戀，相戀則繫其心；不可不戀，不戀則情相離，戀欲不戀，得其中道可矣。有三合、三不合。明心、有慧、有志，此三合也。不明著外境、無智慧性愚濁、無志氣乾打閧，此三不合也。立身之本在叢林，全憑心志，不可順人情，不可取相貌，唯擇高明者是上法。〔註4〕

可見合道伴的用意有兩層，第一是生活上的彼此照顧與分工，第二是修行上的彼此研修切磋。自古以來修道者眾，得道者稀，修行人基本上還是肉體凡胎，不免有疾病，完全脫離人群獨自修行，若有什麼重大疾病無法自行求醫，性還沒悟，命就休了，哪能得道？所以離群是離俗，合伴則是合道，離群又合伴，看似矛盾其實自有圓說之理。

在七子的詞作中，多見贈道友之詞，其內容不外是闡說玄道，也可見平時交誼，馬鈺詞作中記載贈道友竹杖一事，頗見全真道友相合之意：

〈清心鏡〉

道家攀送呈玄趣。膝上自然琴撫，聲透九霄妙處，下引青鸞舞。

流霞滿酌休辭訴。九節靈杖攜去，相助初行步。真上蓬萊路。(《全金

〔註4〕《重陽立教十五論·第六合道伴》，3b，《正統道藏》，第 54 冊，頁 38 至 3b。

元詞》，頁 384。）

此詞題下說明了，道友何先生欲遊海島，所以馬鈺準備了竹杖贈送他，助他行腳，出家修行，生活所需完全靠乞討化緣而來，本來營生器具就不多，遠行雲遊，雖然也得一路行乞，但總不如定居方便，所須物件要比定居多一些，這時一干貧道，彼此相助，雖然這裏相助的是簡簡單單的竹杖，互助之行與互助之情卻表現得很清楚。

　　譚處端有〈臨江仙〉一詞作，表現出道友彼此交換心得之意，而這類的作品的內容，是七子的詞作中表現與道友的關係及感情最多的模式：

> 稽首吾門諸道友，降心向外休尋。等閒容易費光陰。修行何是若，不了我人心。滅取無明三孽火，勿令境上相侵。本來一點沒昇沈。真閒如得得，步步上高岑。（《全金元詞》，頁 409。）

這是道友之間彼此相勵之情，在詞作中闡明自己的修行心得，一方面交換修行心得，目的當然不外是與道友互證或提點修行較淺的道友心法要訣。

　　此外譚處端還有一詞表現出與道友實際相處時的原則：

〈瑞鷓鴣〉

> 莫言容易做修持。損損存存恐礙達。兩飯慮頻侵道友，一錢外恐損希夷。眾中戒口忘矜俊，獨坐妨心斷馳騁。十二時中常返照，猶疑暗察有無私。（《全金元詞》，頁 414。）

出家修行，所有物資都是乞化而來，自然不可能多充裕，幾個道友集體修行時物資自然是共享，但即使是共享也該注意別侵損道友所得。眾人論道時，也要小心，不隨意開口誇逞高俊之才，這既是出於內在心性修養的要求，同時也是因應團體生活而來的自律原則。團體生活，彼此之間很自然因生活所需而產生利害關係，雖然道人在主觀心態上不言利害，但利害關係卻是種客觀的存在，面對這種客觀的存在，自然會產生相應的處理原則，以維持團體之間的和諧關係，無形中也就形成了教團倫理。可見在集體修行的叢林生活中，爲了維持教團內部和諧，自然地產生教團倫理，而這類涉及群體的倫理規範，則與俗世倫理並無太大差異，只是其中自然加入了教門色彩，所以全真的教團倫理，有回歸世俗倫理的傾向。

　　不僅教團倫理有回歸世俗倫理的傾向，在七子的詞作中，也可以看出道友之間的活動及情感互動，與世俗間的友誼互動基本上也沒有很大的差別，下仍引譚處端的詞爲例：

〈滿路花〉

> 重陽佳節至，雲水寄天涯。玄朋邀共飲、賞黃花。特臨雅會，南望翠
> 煙霞。極目嵐光裏，隱約依稀，瑞雲深處仙家。任陶陶、暢飲喧譁。
> 舫泛笑擘誇。樽前雖對酒、喜何加。浮金瀲灩，默默採靈葩。飲罷還
> 重勸，不醉無歸，月明初上窗紗。（《全金元詞》，頁 615 至 416。）

重陽登高賞菊爲世人活動，全真人亦過重陽節賞菊，不過全真人的賞菊則有
其特別意義，王重陽有詞作明言其道號由來：

〈紅芍藥〉

> 這王喆知明，見菊花堅操，便將重陽子爲號，正好相依靠。……（《全
> 金元詞》，頁 166。）

可見在全真人眼中，菊花代表王重陽，因此全真人的重陽賞菊，除了賞菊之
外自然地帶有緬懷祖師，傚效祖師志節之意。在譚處端上引詞作中，以清靈
飄逸的筆調，描寫與玄門道友登高賞菊暢飲之情，寫景清逸靈動，充滿世外
之氣而無說教套語，其中表現出來的道人暢飲歡談之景，無異於俗世歡宴場
景。可知修道人的日常生活與人際關係，基本上很多情況並不異於俗世之心
人，只是心念有所不同，同是歡談，談的內容有世外、世俗的差別而已。

參、七子詞作所見其他社會倫理的回歸

除了與修行有所抵觸的社會價值觀應拋棄之外，其他社會倫理價值，只
要是和修行理念相通的，都是保留的。七子詞作中，偶爾提及一些修行人與
世人無異的倫理價值觀，如慈愛、謙卑等，這些觀念既世俗也含有宗教意義：

馬鈺〈蘇幕遮〉

> 遇風仙，心開悟。人我心無，無愛無憎妒。一切女男同父母。三教門
> 人盡是予師父。（《全金元詞》，頁 337。）

這是去除所有分別心，將社會大眾完全等同視之，謙恭待人，以臻和諧安祥
之境，從道教的觀點看是無爲境界，從佛教觀點看是慈悲的發揮，從儒家觀
點看是世界大同。

從戒行之中，也可見與世俗倫理相同的主張：

馬鈺〈清心鏡〉

> 修行人，先禁眼。見他婦女，不宜顧盼。牢擒捉，意馬心猿，休緩縵
> 緩縵。我人除，事情簡。清貧柔弱，逍遙散誕。謹遵依、國法天條，

永不犯不犯。(《全金元詞》，頁 364。)

把國家法律自然納入戒行之中，毫無疑問地是對於世俗律法的認同，也就是對世俗倫理的回歸。

此外在生活細節中，也可見世俗倫理回歸的傾向，仍以馬鈺之詞爲例：

〈滿庭芳〉

年小靈童，出家學道，師言側耳須聽。清晨早起，掃地莫揚塵。梳洗身邊潔靜，然後刷釜拈盆。廚房内，油鹽米麵，休得費半毫分。客來須接待，行須緩步，語要低聲。守清貧寂淡，莫戀浮華。遇晚端身正坐，心清淨、滿目光生。休改變，天長地久，自有好前程。(《全金元詞》，頁 396。)

這完全是俗家童蒙黎明即起，灑掃庭除，應對進退之禮，道童出家學道，一切修行從日常生活起，生活作息內容與俗世無異。而俗世童蒙庭訓之禮，重點著重於讓不受拘檢的童心學會斂合，而能有端正行事的行爲舉止，這些也無違於修道心法，因此直接引用，差別只在除了一般的日常生活之外，加上晚課端身靜坐的修行內容。

在濟度思想中，也可見世俗倫理的回歸：

劉處玄〈滿庭芳〉

今世榮光，前生福行，悟來更好眞修。外歡未盡，念動意多憂。清淡平常道樂，筠軒坐、至理頻搜。眞明了，碧天瑩淨，命耀似新秋。休休。崇道德，清廉治政，應變全周。得功成名遂，霞洞雲遊。琴劍仙經爲伴，蜕仙去、眞上雲頭。如龐許，全家拔宅，永永住瀛洲。(《全金元詞》，頁 425。)

這裏指出透過個人的修行，得道成仙之後，可以全家超生，集體成仙，不但一己的生命得以成全，也成就了家庭成員其他分子的生命。這是修行者對家人最大的回饋，而這樣的回饋，才是眞正有意義的回饋，從這個角度而言又回到世俗倫理以家庭爲核心的觀念中。

結　語

修行人因其自身對於生命追尋的探索，走上修行尋道之路，爲了配合修行生活與終極目標的追尋，必須過著異於世人的修行生活。但修行人也是人，縱使日常生活的某些內容異於常人，基本的生活結構卻是相同的，在這一部

分，修行者和世人並無不同。世人奉行不已的倫理規範，已是歷經時代考驗，是無數先人的智慧累積，自然有其道理，在這方面，修行人無須刻意新設，直接沿用，只是在沿用時，很自然會滲入修行人生活文化中的特質。因此全真七子詞作中的師徒關係，既有著世俗師生關係的面貌，又加入了道教傳統色彩。

同樣的在群己關係上亦然，志同道合的修行者所過的集體生活，也有著世俗中群己關係的基本架構，因此世俗中的友朋律則，也適用於道團之中，同時這些律則不僅只是為了維持團體的和諧關係，也是個人修行的歷練，這又在世俗倫理中兼具了道門色彩。

觀察七子詞作中呈現的種種社會價值倫理取向，可知修行人事實上是人加上修行，在他的生活場域中始終都有著追求神聖的部分，也有著世俗的一部分，在世俗中淬煉出超越的生命，在人間的生活裏，並走向他們所尋迫的永恆。

第三節　濟人度世的社會服務精神

全真的修行理念，在於透過性命雙修的功夫，尋回生命最初的真性，即回歸大道，與道合一。生命由道而來，歸於大道即成全本真，因為對於道的追尋需全心專意，故而無論在內在心性活動或外在社會人際關係上，都需簡化，所以有出家修行之制。同時把物質生活需求降到低，以斷絕個人與家庭及社會的連繫，出家修行可說是將個人從社會中抽離，也就是把個人從只發揮角色功能的社會關係網絡中提，回歸個人生命的獨立性。

然而群性是人性自然的一面，同時修行人與常人並非截然不同，修行生活是在生活中修行，因此修行人有著一般人的共性，修行生活與常民生活也有著共相，所以出家修行雖然是將個人由扮演的社會角色抽離，但並非是將個人自社會抽離。個人依然在社會之中，也就是說修行者一方面生活在「渴望的世界（world of desire），另一方面也生活在「限制的世界」（world of limit）前者給予修行者邁向永生的願望，後者則由經驗到的許多現世社會所構成，[註5]這兩個世界間是對立同時也產生互動關係，也就是說修行者既仍是在現世社會之中，即與社會有所關連與互動。由這個角度看全真修真理論中強調功

〔註 5〕詹德隆：《基本倫理神學》（臺北：光啟出版社，西元 1986 年），頁 188。

行的累積，則可清楚地看出，生命的成全，是全面的，自然也包涵了由個人生命延伸與他人生命交集部分的成全，具體的主張就是濟人度世的社會服務精神。

　　全真七子以詞作記錄他們的證道生命，自然在七子詞作中內容中也表現了這一層面的問題，有著濟人度世的社會服務精神。

壹、濟人度世的意義

　　在王重陽的《立教十五論》中第四則是〈論合藥〉，其內容指出了合藥之理以及原則，同時也可以看出濟人度世的主張與全真的修行理論有密切關係。

> 藥者乃山川之秀氣，草木之精華，一溫一寒可補可泄，一厚一薄，可表可托，肯精學者活人之性命，若盲醫者，損人之形體，學道人之，不可不通，若不通者，無以助道，不可執著，則有損陰功，外貪財貨，內費修真，不足，今生招愆，切忌來生之報，吾門高弟，仔細參詳。

〔註6〕

論合藥的主旨最重要的就是要道人精學醫藥之理，並專長於此，活人性命，王重陽以治病行道，度化譚處端，即是有力例證，在七子詞作中，也可見七子行醫度人的記錄：

王處一〈蕎山溪〉（于二翁染疾求教）

青山綠水，獨我為生計。百病總清除，一性圓明不諱。丹成果滿，都會玉虛壇，觀自在樂逍遙，別有神仙位。（《全金元詞》，頁444。）

此詞作內容，雖沒記載醫病過程，然而小題言：「于二翁染疾求教」，可見于二翁知王處一有治病能力，才會求救於他，而這詞顯然是治病的同時，也展開勸化的工作。

　　求生是人的本能，在疾病纏身之時，因對生命感到脆弱，所以其內心尋求安全感的需求更為強烈，因此對染疾求教者進行勸道，也較能啓發其宗教皈依之心。所以此詞雖沒敘述醫病過程，但其小題可證實全真道徒以行醫救度世人之行，並且不但以醫藥解除世人的疾病之苦，在醫病的同時，也指出若真要徹底消除疾病，唯有修道一途。

　　道生萬物，活人性命則有助於道，也就是有助於功德，這種觀念自然地

〔註6〕王重陽：《立教十五論‧第四論合藥》，2a～b，頁238。

把個人和他人連結起來，即救助他人生命，有助於個人生命的成全，從全真的修行理論看這個問題，所謂的助道，即道化生萬物，修道人學習大道精神，參與道化，救助他人生命，即是對道的回歸，劉處玄即有作詞表現此一觀念：

〈神光燦〉

勸人行善，自做修行，兩般於道相宜。須避俗中鄉土，且要相違。妙藥沈痾救護，更不擇、貴賤高低。自然理，倣隴西師父，戒行行持。（《全金元詞》，頁426。）

行善是修行不可或缺的一環，亦即行善是修行的一部分，不管是勸人行善，或者是個人行善，都是於道有益的行為，道的表現是善，行善即是行道，行道自是修行，救助他人性命，沒有貴賤高低的分別心，事實上也是體現道的一種表現，道本就不分貴賤高低，貴賤高低是人為的區分，不是道的本貌，所以這裏說以醫助人，不擇貴賤高低是自然之理。

道的自然之理表現，除了不分高低貴賤的濟度精神之外，慈悲心也是表現之一：

馬鈺〈酖丹砂〉

馬鈺常憑佛作為，無為心內起慈悲。尋聲救苦作行持。一切女男如父母，見他生死十分危。須當立箇上天梯。（《全金元詞》，頁374。）

所謂的無為心內起慈悲，即是當心空澄無念時，自然生起的慈悲心，是本初一點靈明所具的真心念，也就是稟道而生之心念，將此心念化為行動，把世間一切男女都視作親生父母般，對他們的生命安危有著自然而急切的關注，尋聲救苦，脫他們於苦海之中，這是救濟他人的生命。且透過對他人生命的救濟也成全了自我的生命，可見這種成全，是倣傚大道、趨於大道的。同是馬鈺詞作，其〈蓬萊閣〉也是個好例證：

當周急。慣曾為侶偏憐客。偏憐客。成人之美，自無障隔。遇予好把精微測。拯危救苦扶持溺。扶持溺。自然通道，氣神和息。（《全金元詞》，頁379。）

能有成人之美、拯危救苦、扶持陷溺之善行，自然能通於大道，使得氣神和息，事實上氣神和息是本初靈明之性的特質，這裏說救度苦溺能夠氣神和息，等於是說救度可歸於大道，即救度是道的體現，行救度則是回歸大道之道。

從全真強調積功累行的教義看濟人度世，則可知濟人度世是修仙過程中，不可或缺的一環，不管個人的性命修行多麼精進，若缺乏對外界實際付

出，沒有善行之功的話，無法眞正成就道業，可說拯危救苦、扶弱濟貧也是
修行的功課之一，是全眞教團的宗教倫理科目之一。

從宗教社會學的理論觀點看這個問題，這是宗教團體自然吸收社會團體
中的倫理觀念，開展出宗教性的同胞倫理（Bruderlichkeitsethik）用以取代舊
有「鄰人團體」（Nachbarschaftsverband）（如村落、氏族、行會共同體或是從
事航海、狩獵、征戰冒險事業者的共同體。）所提示的社會倫理性行動原則。
通行於這些原有的共同體中的兩大基本原則是：一、對內道德與對外道德的
二元論。二、所謂的對內道德，即是「你怎麼施，你怎麼報」的素樸互惠原
則。根據這些原則，在經濟生活方面造成如下的結果：在對內道德的範圍內，
有緊急援助同胞的原則性義務。具體而言有產者與身分高的人有義務要予貧
乏者無償的使用借貸、無息貸款、無償的飲食供給與扶養。人們有義務要在
鄰人或領主的要求下，提供不求報酬而僅受飲食回饋的勞動服務。這一切都
是遵循著一個原則：今日是你有欠缺，明日說不定就是我。

教團將這種古老的鄰人經濟倫理，轉用到信仰的同胞關係上。把貴人與
富者的義務，轉變成有倫理理性化宗教的根本命令，亦即：扶孤恤寡、救助
貧病的教內兄弟、與施捨。就內在而言則將這種倫理升高到博愛的心態，亦
即：愛苦難的人、愛鄰人、愛人類，最後愛敵人。〔註7〕

也就是說從宗教社會學的理論看全眞教以濟世度人爲重要修行功課，實
有回歸社會倫理的意義。

貳、濟世度人的方式

一、療疾行醫

在七子的詞作中，常見濟人度世的內容，救度方式也多種，如前所述，
王重陽以爲道人需知合藥，所以全眞道徒均通歧黃醫理，在七子詞作中，除
了孫不二與郝大通所存詞作少之外，馬鈺、劉處玄、王處一、丘處機四人詞
作中，均直接可見以醫術替人治病活人性命的記載，譚處端的詞作中，雖沒
有直接記載以醫濟人助道之事，但從其〈無名調〉卻可看出他也通醫理，並
爲道眾醫病：

太原公疾苦，聽予告切。聖賢待把伊提挈，好教休歇。算人生七十，

〔註7〕詳見馬克斯‧韋伯：《宗教與世界》，頁110至111。

古來云少，看看到也，做箇放下決裂。(《全金元詞》，頁409。)

此詞小題，贈京兆府安王解元，首句言太原公疾苦，即王解元為疾所苦，此詞可能為王解元治病後，所贈之勸化詞。七子為人治病的同時，經常是順著時機勸化道眾的，因為病時生命受威脅感強烈，此時勸化效果也最好。

丘處機的詞作中，則留有一首藉治病勸化的作品：

〈金蓮出玉花〉

浩浩塵埃境，翩翩幻化軀。中情不解了須臾。任意奔波，顛倒走崎嶇。

逗引中丹壞，銷磨內藏虛。悲愁災患共縈紆。百便千方，醫療不能除。

(《全金元詞》，頁469至470。)

這詞作有小題云：「隴州防禦裴滿鎮國，因病召余下山，將還，乃子覓言，遂書此以贈。」可見，丘處機的醫術精湛，留有口碑，否則裴滿鎮國生病，不會特別召他下山看病，而他所留的詞，雖是很基本的養生之理，從中醫的角度看卻也是人之所以生病的根源，在生理上任意地過度使用身體，在心理上又多思多憂，內外交逼，自然傷及五臟六腑，臟腑虛損，又不休養生息，光靠藥物治療，當然不可能根除。

從這裏也可以看出，七子每每替人看病後，贈詞勸化，其內容多半是放下奔競之心，休養生息，雖然是勸人入道，但同時也是基於從他們的醫學理念看：生理上的病出於兩種，一種是過度耗損生命，以致身生理受損，唯有從放心著手，才有可能改善這種生活型態；另一種生病的原因，則在於因果。丘處機另一詞作，即表現這種思想：

〈清心鏡〉

建齋筵，須可省。休羅列，看食重重堆種。本來要薦福求恩，卻招殃惹禍。強老先生還見麼。莫不是受用，於身太過。如今縱百味珍羞，眼相看嘸唾。(《全金元詞》，頁470。)

此詞小題記：「贈西虢醮眾，時強公病噎疾。」齋醮設筵，本就有施放濟貧的功能作用在，但仍以適度為要，若有奢豪之心，則失去了佈施的意義，本來是要薦福求恩作功德的，反而因此惹災病。丘處機以為此處的強公在此時得噎疾，是因為平時受用太過，所以這是因果病。

把疾病的原因歸於因果，自然是出於修行者的個人宗教體驗，即便是如此，也仍是基於他們對於疾病的理解，因此贈致詞作的內容，不純是為了宗教目的上勸道，也有著從客觀的事理上分析，給予病人真實的忠告成分。不

過據此，更可以證明全真的成全之道，是整體的，任何細節都是道的體現，分解地看，可以分出其宗教目的與客觀建議，而實際上代表的是：人是身心一體的，人的身心唯有與道相合，才能沖和無恙。

二、勸化行善

勸化行善作功德，也是濟世度人的方式之一：

馬鈺〈滿庭芳〉（贈趙先生母蓬瀛散人）

> 京兆城中，章臺街裏，有箇豪富楊姑。道菴創置，與子不塵居。燕處逍遙快樂，戴雲包、酷好清虛。陰德積，憐貧愛老，設獄祭魂孤。環牆修十座，衣飡獨贍，三處安廚。壽長年，出自道力相扶。臘月下旬有二，與真人、降誕無殊。功行累，將來定是跨鶴赴仙都。（《全金元詞》，頁 387。）

創建庵堂，讓道眾有講經論道的地方，是弘道揚道的行為，因此馬鈺在此讚揚楊道姑，她不但自己出家修行，平時憐貧愛老，設醮祭祀安撫孤幽，累積陰德，且能不吝資財，助道行道，對天下蒼生無論是物質或精神都能有所慰藉，這是最了不起的功行。

三、主持齋醮

勸化之外，七子也以自己本身的修行功夫，為民作醮，全真教修齋設醮，早在王重陽於終南劉蔣村修行時期即有。〔註8〕而七子的詞作中，最常見的齋醮儀式為黃籙齋，據《道門定制》云：

> 黃籙齋：普資家國、遍濟存亡、開度七祖、救拔三塗。〔註9〕

《上清靈寶大法》，〈散壇設醮器上〉中也記載杜光庭對黃籙齋的論述：

> 黃籙兼總生死，人天同福，下而兆庶，上自帝王，皆可修崇，其功無際。〔註10〕

以上資料說明黃籙齋修舉的對象上自帝王、下自庶人，而修齋的功德則是總兼生死、人天同福，也就是說，可以救拔亡魂，也可以為生者祈福、消愆。這點在七子的詞作中可以得到佐證：

〔註 8〕王重陽：《重陽全真集》卷 2，頁 426，有〈終南劉蔣姚二官設醮〉一篇，可資為證。

〔註 9〕呂元素編：《道門定制》，〈齋品〉，《正統道藏》，2a，第 53 冊，頁 484。

〔註10〕金允中編：《上清靈寶大法》，〈散壇設醮器上〉，《正統道藏》，第 53 冊，卷 39，2a，頁 323。

馬鈺〈滿庭芳〉（赴萊州黃籙大醮作）

口口相傳，真真相濟，悟來意解心通。玄中妙趣，明月應清風。師祖
鍾離傳呂，呂公得、傳授王公。王公了，祕傳馬鈺，真行助真功。彭
城并道友，邀予追薦，數次途中。更同知節使，節副相容。跪領尊官
台旨，加持在、紫極之宮。亡靈福。超昇天界，了了道深崇。（《全金
元詞》，頁 388。）

由馬鈺口中可知，全真齋醮科儀是傳自王重陽，而且具有祕傳性，作齋醮則
是以外行助修行之功，是修行不可或缺的一部分。而馬鈺擅作醮儀，應是廣
受信眾推崇，所以受邀於彭城道眾，同時，這次的齋醮由官方出面，地方官
長親自參預科儀，而主要的目的則在超度亡靈。

除了超度亡靈，黃籙齋也能達到祈雨之功，七真中除了馬鈺，王處一的
詞作，也常出現作醮濟度的內容：

〈滿庭芳〉（黃縣久旱，請作黃籙醮，得飽雨作二首）

暫別東牟，西遊登郡。萬靈遙列金鄉。無窮仙眷，空外總呈祥。休道
蓬萊路遠，諸真聖、都會芝陽。星壇下，涼天靜夜，雲宴禮虛皇。十
方同法會，丹誠對聖，出罪行香。度九幽離苦，悉三光。見在俱蒙福
祐，霑甘露、同免災殃。逍遙樂，圓壇罷散，齊唱滿庭芳。（《全金元
詞》，頁 438。）

從上引詞作中可見齋醮是透過儀式與神界溝通，因此主事者的修行功夫相當
重要，亦即主持齋醮科儀，是修行者貢獻自己修行功夫，用以濟度生民。在
農業社會中，風調雨順是攸關莊稼收成的決定性因素，然而一般百姓，卻也
只能看天吃飯，無力更改自然天候。王處一應久旱不雨的黃縣生民作醮祈雨，
效驗卓著，顯示其道行深遠，能與天界諸真聖溝通，為生民出罪，超度孤幽，
則上無神聖之責，下無幽屬作祟，自當解除旱象。

從王處一此詞的內容看，顯然在他以及眾人的觀念裏，久旱不雨，是大
家同受的災殃，是眾人同擔的罪業，惟有透過宗教儀式的謝罪祈福，與他界
神聖締成和解，才能免去災譴得受福祐，而儀式的成功與否，一方面在於眾
人是否誠心和解，一方面則在於主醮者的修行功夫是否精深能夠感得天上聖
真。

主持齋醮，需要功力，在下一詞作中，有更直接的證據：

王處一〈木蘭花慢〉

恣逍遙豁暢，乃容膝小金山。用妙力加持，興洪大醮，眞聖臨壇。恩
光遍施下界，救存亡、離苦列仙班。明貫從容法體，宴居一味蕭閑。
迴環誘演幽深，將内外事都刪。聚五蘊清涼，天寧地靜，撞破三關。
皇天助弘大道，度群生、萬類不爲難。指日金書詔下，永除俗海塵寰。
（《全七元詞》，頁 441。）

主持醮事，須妙力加持，這妙力自是修行者的修行功力了，功夫到家，才能
迎得眞聖臨壇，雖說施恩於下界、救度存亡的是天界眞聖之力，但道士有助
化之功，也發揮了參助道化的功用。詞作裏更明確地說出修道者如何有能力
參助道化，乃是基於平日的性命鍛鍊功夫，讓自身本初元性從容通貫，清淨
無爲，能與大道冥契，自能助弘大道，度化群生，助弘大道當然功德無量。

　　吉岡義豐認爲全眞教初期之所以能在華北地區迅速傳佈，設置齋醮和建
立會社，是特別值得注意的因素。因爲當時正值混亂不安的環境，一般民眾
生活普遍缺乏安全感。而全眞教之齋醮活動、會社之建立，及其相關的慈善
救濟，對民心的安定，產生莫大的力量。〔註11〕

四、設會濟貧

　　除了設置齋醮之外，七子的詞作中還可見設粥濟貧的社會救濟活動，馬
鈺即有一些詞作勉人參與設粥濟貧之事：

〈戰掉醜奴兒〉

憫飢共設三冬粥，稽首諸公。但願家豐。些小慈悲米濟窮。好那容。
道心常在行善，性命圓融。自是心通。縛馬擒猿引虎龍。赴蓬宫。（《全
金元詞》，頁 357。）

風刀雪箭三冬苦，當憫貧兒。身上無衣。口裏無飱常抱飢。忒孤恓。
人人正好修功德，當起慈悲。拯溺扶危。設粥都來百日期。立仙梯。（《全
金元詞》，頁 358。）

馬鈺的〈戰掉醜奴兒〉中共有八首詞作言及三冬設粥一事，冬季天候寒冷，
貧苦之人，沒有多衣可禦寒，熱量消耗大，自然需要更多食物補充，而天寒
地凍，若非有積糧，也不容易從自然界中尋獲野果、野菜充飢，所以馬鈺特
別強調三冬設粥的義行，勸人於三冬之際，慈悲濟窮，集眾人之力，拯溺扶

〔註11〕吉岡義豐：《道教の研究》，《吉岡義豐著作集》第一卷〔東京：五月書房西元
　　　　1989 年〕，頁 151 至 152。

危，幫助窮苦人家度過難關。

王處一詞作中，記載有設貧會一事，同樣是透過眾人力量，對於貧苦之家的救助：

〈滿庭芳〉（示門人）

彭李劉哥，三人一志，能和滿縣知交。寧心效力，相助各堅牢。今日文山去也，設貧會、無論卑高。嚴冬苦，迎風冒雪，認取莫辭勞。搬材並運水，依時救濟，粒米休抛。……（《全金元詞》，頁483。）

此詞呈現希望透過三人的互助合作，能和會其他人的力量，發揮良好的人際關係，辦妥設貧會一事，忘懷個人榮辱尊卑之心，全心為貧眾謀福，勿辭辛勞，這是宗教人的胸懷，王處一的殷切叮嚀，在在地展現了一個宗教修持者的慈悲濟世、憫恤眾生的胸懷。

事實上宗教人社會救濟的慈悲之懷，救濟的對象除了在現實人間以物質輸困、精神度脫之外，尚包括彼岸無依的孤魂。又如同是劉處玄〈滿庭芳〉的另一作品：

杳杳窮魂，冥冥長夜，沈沈莫辨年齡。全無知識，何處問親情，一自飄零浩散，空愁苦、寧得超升。同垂救，巡門拜覆，乞紙復抄經。明公宜省察，慈悲願廣，福利咸增。感三天諸聖，悉副微誠，火翳翻為蓮沼，恩光射、枯骨迴靈。皆遭遇，永除愆過，悉得悟圓明。（《全金元詞》，頁439。）

於此即將濟度的對象，擴展於無主的孤魂，與平日應家屬所請而做的濟幽齋醮，相對照之下，完全摒除經濟因素，而純粹是宗教人普救存亡的憫化胸懷表現。

除了以齋醮的方式安撫民心之外，七子詞作中，也見順著與達官貴人結緣的機會，奉勸達官貴人修道，多體恤百姓，減消貴族對百姓的侵害之心：

丘處機〈上丹霄〉（贈京兆府統軍夾谷龍虎）

感皇恩，承天詔，控西南。大門敞、高對煙嵐。雙權再任，過期無代復登三。晏然軍國，事和平，災害封緘。年將暮，心歸道，搜玄路，訪清談。降尊寵、謙下無慚。山人放曠，本來無得有何參。但能慈忍，戒荒淫、名掛仙銜。（《全金元詞》，頁460。）

丘處機以其修行德望，為四方所重，也常和金廷貴人互動，在他的詞作中，應制酬唱之作不少，此詞即贈金廷統軍之作，上片歌頌對方功業彪炳，純屬客套應酬之語，下片言及統軍年歲將老，有心歸道，丘處機則勸其慈忍、戒

荒淫。在討論時代背景時，已看出讓時女眞貴族對於一般百姓的田產多所侵佔，無論是政治或社會上都有著種族不平的問題，夾谷龍虎爲女眞貴族，握有軍權可說是掌握了許多人的身家性命，丘處機以慈忍、戒荒淫二事勸化，在他有心向道企慕丘處機德望的心態下，自然能發揮功效，整斂其習於貴族特權，不自覺而有的驕橫霸氣，貴族中少顆恃權擾民的特權之心，生民就多了幾口喘息的機會。丘處機以其宗教達人的身分，運用時機替生民百姓請命，是出於宗教人慈悲胸懷，同時也是濟世度人的功德一件。

從以上的討論，可知全眞教在立教早期的戰亂年代中，透過教團組織的力量，不但成爲許多儒生的庇護安身之所，對於一般百姓更是一大慈善機構。

結　語

從七子的詞作可見他們雖離群修行，但他們始終以宗教人的身分與社會中互動，也就是說雖然出家修行，抽離了他們在世俗社會中的角色扮演，但出家修行的同時，他們以宗教人的身分，重新與社會互動，他們的物資取之於社會，同時也把所得的物資回饋於社會，他們取之於自然，也回歸於自然，取自於道，回歸於道。這點可由全眞基本的教規中看出。

王重陽《立教十五論・第五論蓋造》中闡述建造大殿高堂，造成「斫伐樹木，斷地脈之津液，化道貨財，取人家之血脈，只修外功不修內行，如畫餅充飢，積雪爲糧，虛勞眾力，到了成空。」〔註 12〕正可以說明全眞清淨安貧修行理念何以是功行。爲了能安心修行，修道人無法花太多時間與心力在謀取不可避免而需要塡足的物質生活上，因此以乞討爲生，所以該以解決最基本的生活需求爲限。一方面這是對自我物慾的制約，另一方面化緣乞食，事實上是取人財貨的，這些財貨也是他人以血汗換取的，過分求取自然是有損功行，對人如此，對大自然也是這樣。一個修道人，在物質上求乞於人，則必以功行回饋蒼生，才有資格換取他人物資來供給自己所需。

馬鈺《丹陽眞人語錄》說得非常清楚「你每初入關時，乞得一頓飯，便喫一頓；今則你每功行少也，揀好處住、揀好食吃，將來成道，則休不了，卻索還債去。」〔註 13〕修行人與世俗中人雖然生活型態、生命目標不同，卻也是同生於天地之間，自然地連成一個社會，修行人因修行生活而無法自行

〔註12〕王重陽《重陽立教十五論・第五論造蓋》，2b，頁 238。
〔註13〕馬鈺：《丹陽眞人語錄》，11b，頁 14。

生產物質，與社會大眾交換所需，所以乞化他人之殘餘，自當該有所節制，即便是把物質生活條件降到最低，也還是取了他人物資，取人之物而無回饋，在道德上是虧損的，修行人自然是不可能爲了全成自身的生命目標，而虧損蒼生，所以也必定有所回饋，只是這種回饋不是物質的，而是以宗教方式濟度眾人，安撫人心，回饋蒼生。丘處機有一詞作正是表明這種回饋與互助關係：

〈滿庭芳〉

幼稚拋家，孤貧樂道，縱心物外飄蓬。故山墳壟，時節罷修崇。幸謝鄉豪併力，穿新壙、起塔重重。遺骸並，同區改葬，遷入大塋中。人從，關外至，皆傳盛德，悉報微躬。耳聞言，心下感念無窮。自恨無由報德，彌加志，篤進玄功，深迴向，虔誠道友，各各少災凶。(《全金元詞》，頁458。)

此詞作下有小題云：「余自東離海上，西入關中，十五餘年，捨身求道，聖賢是則，墳壟罷修，考妣枯骸，塾加憐憫。邇聞鄉中信士，勠力葬之，懷抱不勝感激，無以爲報，遂成小詞，慇懃寄謝云。」小題將作此詞的事由交代得很清楚，在詞中，更明言由於個人的出家修行，斷絕家緣，以致親生父母的墳壟無人修護，骸骨外露，這在世俗社會中，是件大事，因此鄉中鄰里有心之士發起義舉，替他修墳遷葬。

雖然就一般鄉俗而言，民情敦厚者，對於無主屍骸，若能力所及，均有義葬之舉，不過可以看出丘處機的鄉人並非將他父母骨骸與其他無主之骸合葬，而是合鄉眾之力，將他父母骨骸遷移合葬。此舉固然出於對鄉鄰身後蕭條的憫恤，應也是看在丘處機勤苦修行的向道精神上，感佩他的苦志，從而以這種形式贊助他的修行。可以視爲社會給予修道人的主動支援，而身爲一個出家苦修者，丘處機自然是無法對於社會給予的支援，等同的物質回饋，但是他自有回報的方式，以他立下心願，更加篤志修行，希望將其個人在宗教修上的一點功德，迴向於熱心的鄉里道友，使他們少災去凶。

這是修行者取社會之物資而用，回報以無形的精神力量，取有形報無形的鮮明事例。也就是說以精神付出，即所謂的「功行」，回饋物資的取得，而且這種回饋不是存諸於修行者的自由心證，他有一定的公平客觀標準，而這公平標準的裁決在於無形的大道，所以說功行不夠，而受人太多，在成道之後，是要還債的。在七子的詞作所顯現出的社會意識中，明顯地表現出聖俗

的分離與再和，棄家絕俗地出家修行，是全眞人求成全之道的起點，必以絕斷的方式，將聖俗的界域作明顯的區分。在教團的生活之中，引用俗世社會的倫理規範，則是初步的和合，普遍的社會濟渡，才是全眞人最終的證道場域。而這一點則又是道家思想中的第一德──「慈」的宗教式的表現。《老子》云：「我有三寶，持而保之。一曰慈，二曰儉，三曰不敢爲天下先。」，〔註14〕葉海湮由「不敢爲天下先」論老子以不爭爲德，這是以存在之保全爲目的，以「不爭」爲此一目的實踐之路，而其中，聖人的慈旨在保全──是對生命個體的關照，也是對存在物全體的維護，而關照維護之心，皆是大公之心，皆是已然超越一己之私與一人之情的普遍心。〔註15〕從七子詞作中所見的濟度思想，可知全眞人以宗教的方式濟度眾生，參助道化，也是出於大公之心，其修道一方面是對自我生命的關照，同時也是對存在物全體的提助，以此反思七眞在勸化出家修道時，以激烈的方式提點人們去除對於女子的愛似爲不慈，但這不慈相對於萬物則是私己的不慈，從道家慈德的關注於存在物全體看，全眞的濟度思想則又宗教式地表現道家的慈德。

〔註14〕余培林《新譯老子讀本》，頁104。
〔註15〕詳見葉海煙《老莊思想新論》，頁71。

第七章　全真七子證道詞反映的
　　　　人生觀

第一節　現世生命的無常

　　慨歎生命無常、人生苦短的主題，自於漢代樂府詩、歷代遊仙詩以下這一文學主題，在歷代文人一直以不同的文學體裁承載這樣的一層悲歡，特別是方外文士，更是以生命無常勸化世人及早修道。全真七子的證道詞，也承繼了此一傳統主題，在他們的詞作中明顯傳達出生命無常的人生觀。

　　對於生命無常的感歎，來自於對恆定與秩序的需求，人自從誕生於世，在時空上賦予定位之後，即與永恆與無限相隔，面對著無垠的空間與無限的時間，個體的局促與不安之感更明顯，在無限裏，有限的形軀，會隨著歲月退化的生命現象，無時在提醒著個體生命的限定和外在宇宙間的無限產生強烈的對比，於是尋求永恆要求秩序成為自然的本能需求，受這種本能需求的催逼，反映在情緒上，則表現為憂患意識。

　　在傳統詩歌中，大量的主題均感歎生命無常，「人生不滿百，常懷千歲憂」是最典型的悲歡，「薤上露，何易晞！露晞明朝更復落，人死一去何時歸？」、「蒿里誰家地，聚斂魂魄無賢愚。鬼伯一何相催促，人命不得少踟躕。」〔註1〕薤露直接感傷生之短暫，死之容易，同時也透露對於生命延續的渴望，「明朝更復落」期待的是，人的生命能像大自然一樣循環再生周而反死。蒿里則在感傷生之短暫之中，更進一步呈現死亡必然性的壓迫感。這些都呈顯了人心內在對生命恆定的本能需求所催逼出來的憂患意識，這表現出人們共同的

〔註1〕錢志熙：《唐前生命觀和文學主題》（北京：東方出版社，1997年。）頁167。

情感經驗，同時也相對地揭示：在感歎無常的背後，企求的是一分恆定的落實感。

七子詞作中的生命觀呈現的也是此一憂患意識，不過在此一基礎上更含有宗教修行者對於無常生命的省思態度。

壹、生命本無常

浮世人生之間的功名利祿，愛戀癡纏，在宗教人眼中只是無常，非關生命要義，在全真七子的詞作中有大量的勸化內容，都是起於人生無常，而以修道尋真為終。且看馬鈺言：

〈滿庭芳〉（悟生死）

七十韶華，暫時光景，尋思一向沈吟。酸辛入鼻，苦痛事攢心。生死都來兩寧，既生身、有死相臨。堪養氣，要逃生死，物外去搜尋。

〈漁家傲〉（自覺）

七十光陰能幾日。大都二萬五千日。過了一日無一日，無一日，看看身似西山日。（《全金元詞》，頁 304。）

就一般人的生命年限言，七十歲算是得天年，因此以七十歲計算，大約是兩萬五千多個日子，而這兩萬五千多個日子是定限，每過一日就少一日，每過一日就更接近死亡一日，有生就有死，這是生死定則，從這個角度去看，「生的存有，同時也是漸死的存有」〔註2〕人一生下來為的似乎就是走向死亡，回首一望，生命是如此短暫而侷促，在時間的流失中，生命也跟著流逝了。

劉處玄的〈上平西〉一詞即和馬鈺有相感慨：

想人生，老與少，似春秋。恰年幼、卻變白頭。莫爭空假，無常氣斷臥荒丘。大都三萬六千日，多病少愁。（《全金元詞》，頁 424。）

終其天年被世人認為是有福而幸運的事，但即使是終其天年，人的一生當中，也難免在愁病憂患之中度過，轉眼之間，三萬六千多個日子就到了盡頭，對此譚處端也有深沈的感觸：

〈臨江仙〉

虛幻浮華休苦戀，南辰北上頻移。暗更綠鬢盡成絲。百年渾似夢。七十古來稀。奉勸人人須省悟，輪迴限到誰知。……（《全金元詞》，頁

〔註2〕保羅‧田立克《系統神學》，第三卷，頁12。

409。）

在時光的推移之中，人是不知不覺的，因爲不知不覺，就更加深內在對於死亡的焦慮，與對生命的不確定感，所以有百年渾似夢的空虛感受。而更重要的一點是雖然人有天年，但不是人人都能享天年，而誰能享天年誰又不能，則沒人能知道，所以生死其實有很大的不確定性，也就因爲這不確定性，加重了生命無常的感受，而無論是否能享天年，世人在誕生那一刻起，即從生走向死，這是凡人的定則。

從走向死亡的角度回顧一生，在這過程中除了痛苦大概就沒有其他的了，爲痛苦而奔走忙碌的不智的，也解決不了內在對於死亡的害怕與焦慮，上引馬鈺與劉處玄在詞作中點出人生乃奔向死亡的思考方向，主要的就是透過人對於死亡的本能焦慮的壓迫，讓人不得不正視爲生活尋得一條活路的問題，這樣的思考方式，顯然是把生命放在第一位，除了生命，其他人文化成的制度文明等都是不重要的。

貳、世人追求的價值本無常

在現實的世界中，人把生命的意義建構在整個文化制度上，透過這文化制度，顯現其生命價值，如儒家所著重的德性生命，將自己置身於社會倫理的整體之中，全面地承受社會落在個人肩上的各種職責，在經世濟民之中展現個人生命的意義，或是世俗人們所認定的一些價值觀，如功名利祿、榮華富貴、輝煌事業、美滿家庭等等，要打破這些成習，並非易事，首先要做的即是否定這些價值觀：

譚處端〈神光燦〉

奔名逐利，愛慾牽纏，昏昏轉轉迷蒙。虛幻浮華，不覺間易童顏。百歲雲間電閃，限臨頭、那肯從容，不肯悟，到如斯悔懊，箇箇還同。（《全金元詞》，頁 401。）

將人對於死亡本能的逃避之心，直接與所認同的價值對立，指出生命有限，而名利愛慾的追逐更是讓有限的生命加速奔向死亡，因爲沈溺於追逐之時，昏轉迷蒙，爲達目的而不擇手段，即可能招禍，即使沒有因追逐而惹禍招殃，也在不知不覺間過了一生，如雲間閃電般，很快走到終點，而勤力追求的名利愛慾，並非真實的存在，當失去生命之後，這些是帶不走的，所以是虛幻浮華。譚處端另一詞作〈沁園春〉即如此感歎：

自古愚賢，日月輪催，盡沈下泉。歎張陳義斷，因名利恣，奢華後主，破壞家園。楚廟江邊，漢陵原畔，勢盡還空皆亦然。英雄輩，盡遺留壞塚，衰草綿綿。嗚呼往事堪憐。染虛幻浮華逐逝沿……（《全金元詞》，頁412。）

在時間的長河裏，多少英豪在日月的催逼下，不情願地走下人生舞台？若說曾經擁有過什麼，那些曾經擁有的，也經不起時間的考驗，世人爭名奪利，逐功競業的過程中，常出現你死我活的拚鬥，成功者享有名利榮華，但這些個名利富貴是流轉的、不定、不安地飄浮於人們爭逐之心上，即便是叱吒風雲終有勢盡之時，當生命消失，一切也隨風而去，從古至今的英雄豪傑們，留下的不過只剩荒涼的塚墓，訴說著他們的死亡。

所以將生命投注於爭名縱利，貪求榮華富貴之中，得到了又如何？這些不過像海市蜃樓、碧落虹橋般，只是光的折射，在虛幻的本質上，著上美麗的外衣，炫麗奪目卻非真實，乍現即滅。

可以看出譚處端否定世俗價值的方式很簡單，即是終其一生的追逐，人依舊要獨自面臨死亡，所以這些是虛幻的，世俗價值事實上是依附生命的，失去生命之後，這些附屬於生命的依附者自然消失，因此是虛幻的，人們卻反而迷失於其中，讓生命成為這些價值的附庸，這是不智的。

對世俗認定的功名成敗價值觀的否定，丘處機的詞作顯然承襲了傳統文人懷古情思，同時加上了宗教人的思維特色：

〈沁園春〉

世事紛紛，似水東傾，甚時了期。歎利名千古，爭馳虎豹，丘原一旦，總伴狐狸。枳棘叢中，桑榆影裏，亂塚堆堆誰是誰。君知否，謾徒勞百載，空皺雙眉。

列鼎雄豪，兔走烏飛，轉頭悄然。似電光開夜，雲中乍閃，晨霜迎日，草上難堅。立馬文章，題橋名譽，恍惚皆如作夢傳。爭如我，效忘機息慮，返樸歸原。（《全金元詞》，頁455。）

〈水龍吟〉（警世）

算來浮世忙忙，競爭嗜欲閒煩惱。六朝五霸，三分七國，東征西討。武略今何在？空悽愴，野花芳草。歎深謀遠慮，雄心壯氣，無光彩，盡灰槁。歷遍長安古道。問郊墟、百年遺老。唐時漢市，秦宮周苑，明明見告。故址留連，故人消散，莫通音耗。念朝生暮死，天長地久，

是誰能保。(《全金元詞》，頁 457。)

在死神面前，眾人一律平等，從最後的下場一致上看人生，千古悠悠，紛紛擾擾的世間事，像是只是換了演員登場的舞台般，戲碼永遠是那幾齣，多少英雄豪傑將他們的生命投注於名利的爭奪戰場上，卻不知在這讓他投注生命的戰場上，他不過是演齣戲，封候稱王都只在舞台的聚光燈下暫居其位，一旦生命消失，誰是誰又有什麼差別？既然死了都沒差別，名當然是虛的，利到底是空的，把生命投注在本質上空虛的事務，便縱是展現蓋世的文韜武略，建樹曠世功蹟，終究逃躲不了時間的洗鍊，終將只留傾頹的遺跡，向永恆低頭。

「天長地久，是誰能保」的問號，即是以永恆、無限來界定真實與虛幻，凡是不定的、變動的都是虛幻的，需要不斷地追逐、不斷地刺激的事物，本質是虛幻的，才會在得到之後，又需要再追逐，舉國皆知之後要名垂千古，逐鹿中原之後要稱霸天下，得到了還要更多。這種心態，基本上也是對於無限的一種追求，只是這種無限的追求，本身是個錯誤，因為追求的目標並不是真實的，所以讓追求成了無限，不停不停地追求一個非真實存在的無限，是人的迷失也是人的悲劇。

面對歷史，人們對於世事，總有無常的感慨，但回到現實生活，卻又非常自然地陷入習以為常的思考模式與生活模式之中，所以除了以永恆與否的判定來否定世俗價值之外，也以恆定與否的觀點，破壞世俗認定的美醜：

丘處機〈無漏子〉(假軀)

一團膿，三寸氣。使作還同傀儡。誇體段，騁風流。人人不肯休。

白玉肌，紅粉臉。盡是浮華妝點。皮肉爛，血津乾。荒郊你試看。(《全金元詞》，頁 473。)

美感經驗是人們對事物感生愛慾情感的因素，因為感官上的刺激，所以對投注心念於其上，目好好色可說是人性本然，由色引起的愛慾情纏，則又是世人一大煩惱之源，也是使人蒙昧的一大障蔽。

對於美色的追求，丘處機同樣是以恆定與否斷定其是否有價值，當然，人一旦死後，形軀就腐爛，所以這會腐爛的形軀是不恆定的所以是假的。形體的本質不過就是一團血肉和幾寸氣息，這種把軀體完全物化的觀點，意圖將美感自人體抽離，其根據是美好的體段、白嫩的肌膚以及嫣紅的臉蛋，是出於人為裝作的。

這裏的人為裝作應該分兩層意義看，第一個意義是以審美角度視人體，賦予人體美的意義這是人為做作的，身體是自然生成，不應成為審美對象。第二個人為裝作的意義是因為身體成為審美對象之後，人們為了取悅他人的眼光，又在身體上外加裝飾，包括在臉上化粧、服飾上下功夫，強調美好的體段與風情，所以這些都是假的，是虛華的，人一旦死了就再沒有所謂的美了。

戳破美色虛幻的同時，和美色相關的情愛當然也是在否定的項目之中，在討論出家修行時，已經得知，七子對於夫妻子女間的關係，是以對立的方式，破壞彼此的關係連結，而破壞的根據，也在於從恆定與否論其真實與否，馬鈺的〈漁家傲〉就是很好的例證：

> 夢見嬌妻稱是母。又逢愛妾還稱女。因為前生心不悟。心不悟。改頭
> 換面為夫妻。（《全金元詞》，頁 304。）

透過夢境，顛覆妻妾與自身的倫理關係，這自然是佛教輪迴思想與儒家倫理觀結合後，做為破壞夫妻情愛之詞的負面思考方式，而這樣的方式自是以七子本身的人生觀為基礎，以佛教輪迴及因緣的觀點看人生，的確很有可能因為前生的執念，又再度糾結成一家人，但組合形式就有可能變化了，所以從較長的時間看夫妻的關係以及夫妻的情愛，都不具恆定性，也都是虛幻的。

即使不講前世今生，在馬鈺眼中，夫妻情愛與關係也不長久：

〈鳳棲梧〉

> 七十光陰似箭忙。夜消其半可悲傷。那堪日日頓無常。更想上床鞋履
> 別，尋思戀個甚郎娘。不如物外做風狂。（《全金元詞》，頁 323。）

〈玉堂春〉

> 男女雖親，死生難躲。浮名浮利，浮雲朵。（《全金元詞》，頁 307。）

愛戀之情再怎麼深濃，死亡還是要自己面對，生命也是要自己面對，所以情愛也是虛幻的。

在七子的眼中，世人所奔競的事物，通常是虛幻的，之所以虛幻就在於人們沒看清這些事物的本質：

馬鈺〈清心鏡〉（嘆世）

> 嘆人人，恣拙計。競蝸角虛名，蠅頭薄利。纔爭得、粟米頭高，早笑
> 他低底。廝是非，講閒氣。豈悟修行，超凡出世。了性命、些子功夫，
> 占蓬瀛仙位。（《全金元詞》，頁 371。）

世人所爭競的名利，事實上一點價值也沒有，小如蝸角蠅頭，就算得到了，

也不過今粟米粒一般大小，當然這是從大處著眼看名利，所謂的大，自然指的是永恆無限的道了。

從無限的角度看，世間的榮華富貴，有如落花般，脆弱而易謝：

馬鈺〈戰掉醜奴兒〉

彭城兄弟皆官樣，富貴之家。酷好榮華。未解回心悟落花。路途差。吾親若肯搜玄理，別有生涯。鑪鍊丹砂。大藥燒成迸彩霞。泛仙槎。(《全金元詞》，頁355至356。)

〈爇心香〉(贈彭官人)

昨日官人，今日仙儔。悟浮生、水上浮漚。忽生忽滅，難保難留。便做風狂，成風雅，騁風流。心意清閒，雲水遨遊。以氣財、酒色爲讎。法名得得，道號休休。認本來如，無來去，好來由。(《全金元詞》，頁353。)

世間的富貴功名、榮華利祿之所以虛幻，就在於難保難留，無法保留也就是無法恆久，忽生忽滅是站在無限的時間觀裏看短暫的人生，凡舉不具恆久性的事物都是虛幻的，因此世人幾乎是把自我的生命建構在一個虛幻的價值意義中，生命本身成了追尋這些虛幻價值意義的工具，成了慾望的傀儡，也就在這些無常的事物之中被解銷。

爲了矯正世人將生命建築於無常意義的價值觀上之誤，七子的詞作中，表現出對世人價值觀的否定，指出世人的價值觀是無常的，是沒有意義的：

馬鈺〈滿庭芳〉

休誇美妙。休誇年少。休誇惺惺傻俏。休要誇張，能運心機姦狡。休誇多才多藝，更休誇、善耽家小。休誇術，也休誇富貴，比賢校少。(《全金元詞》，頁278。)

美妙、年少、聰明、能權擅謀、多才多藝、善營生養家、富貴、賢能這些都是世人所追求，引以爲榮、引以爲傲的個人條件或成就，在世人的價值判斷中，擁有這些條件或成就即是高人一等。但是擁有這些條件或成就，還是無法脫離死亡的陰影，事實上世人的一切價值都建立在相對比較的基礎上，只要有比較就沒有獨立性，也沒有恆定性，既沒獨立性又沒恆定性，其本質只是虛擬的關係位置，美與醜相較才美，富與貧相較才富，把生命拿去追逐這樣的虛擬關係位置，只會讓感受更加無常，所以七子詞作中常出現對於世俗價值的破壞，其破壞方式，就是指出其無常的特質。

七子是從以生命本身爲主體的角度看世俗價值，所以在他們眼裏世人的生命無疑是拿無常的生命，追逐無常的意義，順著世人對待自我生命的方式，將限入重複不已的輪迴之中，重複地盲目追逐痛苦，重複地承受對死亡與失序的焦慮與恐懼之中，重複地建築不可能解決生命內在對無限的需要的假路，然後迷失在自己建築出來的歧路中，所以七子的詞作中，常可見指出現世生命無常的同時，接著即苦心叮嚀勸人修道，因爲道是永恆而無限終極存在。

結　語

李師豐楙分析希企成仙的動機，可歸爲「憂」之一字，「憂」的情緒心態具現出人類求仙的動機，正緣於它既是個心理的反應，也表現出集體的心理需求，憂不像愛或恨之具有對象性，而顯現出對時間、對空間的無對象性，因而這種情緒也並非是一種強烈的、立即的反應，而是在漸加的、累積的情況下逐漸形成的，因而同一憂的情緒，卻會在不同身分者的感覺中，雜揉著生命、生存境遇中的相關情緒，共同發酵而成爲一種創作表現的衝動。如果它發生在於奉道修行者的身上，這一隱藏的情緒就會凝結爲一種力量、觸發爲「入道」的動機。〔註3〕

從全真七子詞作中揭示現世生命的無常本質，印證李師之論述，七子詞作中的確也看得出人們對於生命之「憂」的情緒心態，因爲七子本身已是奉道者，對於此「憂」已有應對之法，可以說是得到解憂之方了，所以在他們的詞作中，不但可以看見他們與世人同樣對生命的無常感到不安處，也可以看見他們對於這種無常的反思：世人生命的無常來自於世人稟生而來的生死定則，即生命本身無常，同時也加上了世人後天自我建築的無常，世人以無常逐無常，加倍了生命的無常。

第二節　證真成仙爲生命的歸處

面對現世生命的無常，以及生命內在本能對於無限的需求與渴望的壓迫與催逼，人們有各種不同的應對方式，研究成果指出，《詩經》中以生殖爲核心包括性愛、婚配等作品，在數量上遠遠超過了表現死亡問題的作品。〔註4〕

〔註 3〕詳見李師豐楙：《憂與遊》（臺北：學生書局，1986 年），頁 8 至 9。
〔註 4〕詳見錢志熙：《唐前生命觀和文學生命主題》，頁 28。

這顯示人們傳宗接代的種族繁衍模式，將氏族轉化成大的生命體，經由子孫的繁衍，血脈相連地將個人生命以縱向的方式延續，產生生命不朽，在這個意識之下，死亡焦慮的得以淡化。

除了以宗族接續生命的方式，爲生命尋求活路之外，人們還從精神層面上思考，爲生命找到另一種存在的延續。《左傳》襄公二十四年記載范宣子與叔孫豹的著名對話即是一例：

> 穆叔如晉，范宣子逆之問焉。曰：「古人有言曰：『死而不朽，何謂也。』」穆叔未對。宣子曰：「昔往匄之祖。自虞以上爲陶唐氏。在夏爲御龍氏，在商爲豕韋氏，在周爲唐杜氏，晉主夏盟爲范氏。其之謂乎。穆叔曰：「以豹所聞，此之謂世祿，非不朽也。魯有先大夫臧文仲，既沒，其言立。其是之謂乎？豹聞之：『太上有立德，其次有立功，其次有立言。』久而不廢，此之謂不朽。若夫保姓受氏，以守宗祊，世不絕祀，無國無之。祿之大者，不可謂不朽。〔註5〕

范宣子的不朽觀，雖然指的是世祿，但實際上反映的是當時人們普遍的觀念，即以宗氏傳承的方式完成生命內在對無限的追求，而叔孫豹的三不朽之說，則以道德價值的生命觀，從精神層面完成對無限的追求。這兩種方式都對淡化和消除死亡的死懼與內在對無限追求的壓迫有很大的紓解作用，也是一般人們常取的安頓生命、撫平死亡焦慮的方式。而全真七子詞作中所反映出對於生命歸處問題的探討，則承繼於不同的傳統。

壹、追求不死的神仙思想與遊仙文學精神

道教的神仙思想，是人們抗拒死亡，追求無限的最直接表現，修道之士以直接的行動，表現其抗拒死亡，追求無限的想望，同時以個人生命實踐抗拒死亡回歸無限的行動。而這種追求的理論根據，則來自對生命的根源的認識。《老子》言：

> 天地不仁，以萬物爲芻狗；聖人不仁，以百姓爲芻狗。天地之間，其猶橐籥乎？虛而不屈，動而愈出，多言數窮，不如守中。
>
> 谷神不死，是謂玄牝。玄牝之門，是謂天地根。綿綿若存，用之不勤。
>
> 〔註6〕

〔註5〕《左傳》（台北：藝文印書館，民國78年，十三經注疏本），頁608至609。
〔註6〕余培林註譯：《老子讀本》，第五章、第六（台北：三民書局，民國78年），

錢志熙認為：老子的生命哲學中，還蘊藏著天地之根的大生命觀。這種生命觀的特點直接把天地宇宙看作是與人類生命體相應的大生命體，大生命體與人類小生命體相通，所以小生命體能夠通過與大生命體相融匯、相交通而取得特殊的功能，甚至可以具有大生命所具有的永恒性。老子所說的「天地之根」，是大生命和小生命共同的根。善護此根，「綿綿若存，用之不勤」，正是攝生要法。〔註7〕

　　《老子》思想中，雖有長生久視之道，但並不意味此即長生久視的神仙不死之說，但後來的神仙思想中，長生久視之術卻淵源於此，《列仙傳·容成公》中，就有一段記載，與《老子》此說呼應：

　　　容成公者，能善補導之事，取精於玄牝。其要谷神不死，守生養氣者

　　也。〔註8〕

雖然容成公的取精於玄牝指的是補導之術，與《老子》之說不同，但無可否認其為由老子思想發展而成的神仙道術之方。《莊子》書中的坐忘心齋、熊伸鳥脛之方，為神仙方士所引，那些至人、神人、真人也具有神仙色彩。

　　在文學的表現中，遊仙文學的傳統，自楚辭以降一直為例來文士所承，透過這些遊仙文學，一方面表達文人在現實生活中，追求個體生命價值過程中所遭遇的挫折，及由此而引發對於天道、命運的不可捉摸感等憂情，一方面也藉由遊仙文學的表達為他們的憂情尋得歸宿，所以在遊仙文學的內容中，寄託於神仙世界的無限之餘，常表現出超越現實回歸自然的感情，或是透過遊仙遇仙的情節，追問天道，解釋古往今來人物的是非得失，用以堅定自己所堅持的信念。

　　相對於文士的遊仙文學，漢代樂府詩中的遊仙文學，則呈現庶民的想望：

　　　今日樂上樂，相從以雲衢。天公出美酒，河伯出鯉魚。青龍前鋪席，

　　　白虎持榼壺。南斗工鼓瑟，北斗吹笙竽。姮娥垂明璫，織女奉瑛琚。

　　　蒼霞揚東謳，清風流西歈。垂露成帷幄，奔星扶輪輿。〔註9〕

樂府民歌中表現出來的遊仙情境，全然只有快樂，充滿了豐富的物質，可以自由享樂，沒有文人作品中所呈現的壓抑與苦思，兩相對比，即可看出，長

　　頁24、26。

〔註7〕詳見錢志熙：《唐前生命觀和文學生命主題》，頁42至43。

〔註8〕王叔岷校箋：《列仙傳》（台北：中央研究院中國文哲研究所籌備處，民國84年），頁14。

〔註9〕郭茂倩編：《樂府詩集》〈艷歌〉，頁756。

生久視的神仙思想，是人們所嚮往的，樸質的庶民把現世生活的不滿足，直接透過遊仙詩歌，表現永遠充足快樂的仙境爲補償，習慣理性思考的文士，將現世的憂思，藉遊仙文學超越其悲情。

班固《漢書・藝文志》對於神仙家書有段評論：

> 神仙者，所以保性命之眞，而游於其外者也。聊以蕩意平心，同死生之域，而無怵惕於胸中。〔註10〕

這是方外之士對於神仙家的客觀陳述，確實將道士選擇以道術安身立命之情，眞實地表達：即透過修煉，保全性命，以實際的追求行動，平息心中對於死亡的怵惕之情與來自於生命內在對於無限的追求所產生的焦慮不安。

在全眞七子的詞作中，相應於無常生命而來的焦慮與生命安頓的問題，自然是承繼道教神仙思想的傳統，以修仙求道爲生命的惟一出路，其文學表達也承襲了文士及庶民的兩種傳統，同時加宗教人的內在思惟情境。

貳、回歸大道的生命主題

文士因憂而遊於虛幻的仙界，道教中人則因俗世之憂而奉道修行，徹底地遊入另一個方外世界，在建立他界觀時，已經不是一個憂字了得，而是透過神學式的思考提出一種對照式的此界／彼界。這一對照，被形象化爲塵濁之世／清淨之世；活動者肉人、五濁之身／仙人、修眞之人，在對立的思考下，所象徵的意義，正是待救／得救，解救論式的度脫，就是能夠經由奉道修行，得以昇天界而獲致成仙，成仙則爲對於現世的捨離與棄絕。在離亂時局中，一般文士只能借由遊仙而暫解我憂，道教中人，則試圖「信仰」其儀式動作、服食行爲，希望永遠地進入他界永生，也就永解世事的煩憂。〔註11〕

在七子的詞作中，對於生命的歸處問題，其答案如同李師以上所言，是以其信仰安頓生命，在他們的信念中，修道成仙是人唯一必然的歸路，雖然修行不易，但修行是生命唯一的活路，透過修行，人才可以與道合一，回歸於無限，沒有死亡，沒有憂煩。

承襲道教傳統的神仙思想，人稟道而生，自有與道相契的根基，世人有生死實因受生蒙昧，失了眞性，因此尋回眞性，即走向回歸之路，七子詞作所見對生命歸處的安排，即建立於其成仙思想理論基礎上，就生命的根源而

〔註10〕班固：《漢書・藝文志》，頁 3248。
〔註11〕李師豐楙：《憂與遊》，頁 14。

言，人與萬物皆稟道而生，自降生之際即賦有一點靈明的「道性」，因此生命的追尋以道為依歸，邱處機在其〈六么令〉中即言：

> 渾淪樸散，天地始玄黃。烏飛兔走漸生，群物類開張。一點如如至性，撲入臭皮囊。游魂失道，隨波逐浪，萬年千載不還鄉。錯了鴻濛體段，憎愛日相望。卻認父母形骸，做我好容光。劫劫輪迴販骨，受盡苦和殃。何人聞早，尋他歸路，瑩然恢廓舊嘉祥。（《全金元詞》，頁 463。）

道為宇宙最後的根源，本是清淨空無一派渾然，並沒有分別相，當象徵著天地之始的渾淪無為，化作有為的運作而成為萬物之母後，天地開張物類並生，人也稟著一點真性進入父精母血所合的胞胎之中。

長春所言「游魂失道」即人未能識得本身所具有的如如至性，而隨著血肉之軀所習的情慾愛憎而發，認肯現實生命中的有限形骸，則只能在無盡的輪迴之中，受盡無常的生命之苦，而忘記證真成仙才是生命本根的歸路。

除了以理論基礎為據直指修道為生命回歸的唯一方向外，也以修道生活的自在閒暇來闡論－－生命最佳的生活方式是修行生活：

〈梅花引〉（磻溪舊隱）

> 無名客。無牽迫。無桑無梓無田宅。古巖前。老松邊。長歌隱几，徐徐考太玄。玄中默論無生死。實際何曾分彼此。貫千經。協三靈。包含萬化都歸一念冥。行不勞，坐不倦。任何任坐隨吾便。晚風輕。暮天晴。逍遙大道，南溪上下平。溪東幸獲忘形友。月下時斟消夜酒。酒杯停。月華清。披襟散髮，欣欣唱道情。（《全金元詞》，頁 463。）

〈鳳棲梧〉

> 孤僻嵯巖清淨界。鑿土安身，抱道忘知解。道友相看唯莫怪。貧閒守拙無相待。富貴功名堪倚賴。多是多非，尖嶮多成敗。玉食馨香終不耐。簞瓢寂淡常安泰。（《全金元詞》，頁 464。）

相對於世俗生活中人為養家活口營生計，所需費心張羅的各項物資，修行人完全沒有這些物質上的負擔。按常情，人有不虞匱乏的基本心理需求，一旦沒有基本的物質條件滿足這種需求，即會感生焦慮與壓迫感，特別是對有家庭責任在身，負擔一家經濟的家長而言。所以在世俗生活中，桑梓田宅是營生的最基本需要，人們往往為了擁有這些最基本需要，行勞奔波，終其一生忙碌不已，這是凡俗生活的樣貌，也是現世生活中無可奈何又無法逃脫的痛苦來源之一。

　　對修行人而言，這些卻不成問題，沒田沒產沒房子不需要憂心，身需安頓，則鑿巖土爲穴以居，何需謀求田宅？口需進食，那麼簞瓢乞殘，或林野間覓蔬菜野果，也能果腹，根本不需馨香異饌來滿足多餘的感官慾望，多餘的感官需求若要一一滿足，是非常繁瑣的，生命不需爲了這些瑣事而疲憊，秉道而營生，就不會因爲沒多餘的物質而有任何壓迫感。

　　除了基本需求之外，人們還爲社會地位及功名成就而費心，對於這一點，修行者根本可以去除，因爲富貴名功沒有實質意義，只是是非之源，禍亂之首，生命不需要這些東西。生命需要的是與其本源相合，奉道修行，就是回歸生命本源，所以說「抱道忘知解」。走在尋道的路上，即是追求無限，因生命內在的終極需要得到滿足，在修行的實際過程中，參領生命的奧妙，此時生死的問題，就不再成爲不安與壓迫感的來源，所以「玄中默論無生死」。在經典中尋思奧義，在冥思中密契道化，身心都從世俗中解脫而出，行止得宜，得到絕對的自由，可以任意行事，而沒有世人盲行所產生的煩惱。這種境界自是逍遙自得，身心皆由塵世勞煩中拔脫而出，與道相契，回歸自然，自然喜樂滿足，毫無拘束，披襟散髮欣然唱道情所表現的意境，就是從人情世俗的層層束縛中走進自然，適性安命，回歸大道之情。因爲修道生活是適性安命的生活，所以可以超越本能物慾的追求。

　　強調修道生活爲安生立命的最佳方式的方法，除了以充滿美感情境的修行生活體驗示現於人之外，也有內丹修練的境界陳述，以示生命通過修行，可回歸大道之理：

王處一〈滿庭芳〉

苦海奔波，荆山勞役，欲求寶璧嘉祥。周而復始，瞥地悟眞常。兩湊玄關運度，升靈曜、飛出扶桑。迴光看，璇璣萬象，一一現明堂。人還窮此理，塵緣悉屏，世夢都忘。覺身心和暢，無限清涼。萬化收歸鼎內，紅光迸、丹熟馨香。吞服了，還童返老，出自滿庭芳。（《全金元詞》，頁439。）

在領悟眞常後，下手修行，通過性命功夫的煉養，將體內眞氣鍛鍊，透過功法的運作與充沛於外的眞氣相合，功夫成熟時，內外相合無阻，身心和暢，此時可將源源不絕的外在能量吸納於身內，兩相煉養，得成內丹，即可超越生死，與道合一。

　　修行經驗牽涉到個人體認的神祕經驗，不見得能說服完全沒有宗教修行

經驗的人，所以七子詞作中，對於生命歸處的闡述，較多從提醒現現實生活的苦楚著手：

劉處玄〈踏雲行〉

聖道難逢，真修易遇。自然之理明今古。死生販骨幾千遭，這番了了無來去。蓬島仙鄉，靈無苦。朝元路上高真許。松枯海變永常存，他年萬祖永長存。（《全金元詞》，頁430。）

從整個現實生活的大環境入手，在動盪不安的時局中，人們對於生死之憂益加迫切感受到，要在現實世界中遇到清明時局、太平盛世，身家性命才有保障，而這種保障是把安全感寄託於外，當然不可靠，倒不如靠自己替生命尋得歸處來得容易，只要得道成仙，就再也沒有不安，再沒有痛苦，與道相逢則身不朽。

個人對於時光流逝的焦慮感，也是陳述大道為生命歸處的入口之一：

劉處玄〈踏雲行〉

去歲周亭，今年重到。光陰似箭催人老。世空識破好休心，修行下手志宜早。不肯忘情，將來悔懊。松峰道樂隨緣飽。無中鍊就汞和鉛，攜雲跨鶴歸蓬島。（《全金元詞》，頁431。）

又

修行好，應他學齋科。旦望焚香參禮聖，晝閑夜靜眾吟哦。智慧性明多。無為理，萬法弗能過。外行內功真了了，鈇成鉛汞出婆婆。得道免閻羅。（《全金元詞》，頁434。）

死是生命錯誤的方向，通過修行奉道，人可以超越有限，回到不老不死的蓬萊仙鄉，然而修行不易，應及早下手，在整個修行過程中，自然可以領會什麼是真實，若不能忘情於世俗，在時光無情的催逼之下，必然是走世人的錯誤之路，加速地奔赴死亡。生死對比，有限與無限的對比，蓬萊與閻羅的對比，在在地催促著人們在解脫與沈淪中做正確的選擇。

諸如此類，七子的詞作中生命無常的喟歎必以及時修真求仙為善終，人必在尋道的過程中始能了解生命的意義，故修真證道是生命的依歸：

丘處機〈無俗念〉（樂道）

迎今送古，歎春花秋月，年年如約。物換星移人事改，多少翻騰淪落。家給千兵，官封一品，得也無依託。光陰如電，百年隨手偷卻。有幸悟入玄門，擘開疑網，撞透真歡樂。白玉壺中祥瑞罩，一粒神丹揮霍。

月下風前，天長地久，自在乘鸞鶴。人間虛夢，不堪回首重作。(《全
金元詞》，頁 454 至 455。)

在現世生活中人們所追求的價值意義，常常是沒有恆定性的，經不起時間的
考驗，而時間則是人們最大的敵人，功名富貴是外加於生命的虛幻價值，人
們卻因這些虛幻之事耗殆寶貴的生命，眞實與虛幻的對比，光陰如電與天長
地久的對比，實際上就是修眞與凡俗，死亡與永恆的對比。如此對比，是七
子的信念，同時也是他們道化度人之法，是他們的生命觀，也是他們的成全
觀――生命的歸處在於道，生命的成全是透過實踐，回歸於道。

結　語

就老子的思想體系而言，道先天地而生，萬物由道化生，能成能育能長，
爲天下之母，爲天地之根本，生命之本源於道，生命的終極，自然是回歸於
道，《老子》第十六章云：

致虛極，守靜篤。萬物並作，吾以觀復。夫物芸芸，各復歸其根。歸
根曰靜，是謂復命。〔註12〕

人源自於道的生命，本是虛靈靜默，但因私慾蒙蔽，而心不得其正，行不得
其常，所以必順以虛靜的心性修養工夫恢復本根，萬物也是如此，最終是要
回歸於道，換句話說回歸於道，是生命的唯一出路。

回歸於道既是生命的唯一出路，當然不是體認即可，最重要的是躬行實
踐，全眞七子即以宗教修行的方式，實踐此一理念，關於躬行實踐的過程，
可以說七子奉道過程也就是實際的實踐過程，表現在七子的詞作中，無論其
內容是標舉全眞宗旨、倡言三教合一、闡述性命雙修、強調清淨無爲、主張
眞功行、勸人出家禁慾、自述生平事蹟、勸化、述懷、酬贈、詠物、內丹修
煉、行醮、戒行、陳述修行生活等等，無一不是有著與道合眞的生命實踐意
義在其中，表面上所有的詞作都是勸道之詞，實際上也是他們尋道、證道的
見證。

〔註12〕余培林《新譯老子讀本》，頁 40。

第八章 結 論

　　生於宋、金、元易代之際的人，可說是直接生活在一個長期戰亂的環境裏，不斷地面對著混亂與掠奪所形成的政局，生命始終爲巨大的陰影所籠罩。元代以前，宋、遼、夏、金的長期對峙，戰事不絕，對於人心而言，想在現實生活中尋求秩序、安定、免於恐懼的心理需求，完全無法得到滿足。

　　加以在經濟社會方面因政局異動及天然災害的破壞，外加與異族文化直接衝擊，讓人心更感人間失序無所憑依，面對龐大的外在壓力，心理自然渴望超越現實，不少人以皈依宗教的方式，靠著信仰的力量，讓生命得以堅強挺立。從道教史觀察，愈是處於局勢混亂、動盪不安的大環境，道派的發展就愈興盛，漢末長期的政爭結果，太平道、五斗米道發展迅速，在魏晉南北朝時，也產生了許多新道派，宋金元之交，則又是另一個政局多變的環境，王重陽即在如此不利於生活的大環境中，以生命實踐的方式，倡導以性命雙修的出家修行方式回歸大道，從而度化七子，開展全眞道脈。

　　七子的證道生命，事實上不僅是替自己找到了安頓身心的方式，也替當時憂苦的眾生開闢了心靈休憩之門，同時更在傳道、佈道、證道的過程中，成全了他們自己本身的生命，也發揮了他們自身的生命意義，留下的詞作是他們的見證，同時也是他們生命的一部分。

　　七子詞作的形式，與金詞相同的地方是多用長調而少小令。自北宋柳永大量譜長調之後，北宋詞即有以長調抒情的傾向，而金代文人詞承繼抒情傳統，抒發其感慨，也多長調之作，就技巧方面全眞七子的詞與文人詞有相同的地方，即傳承自傳統詩詞的各種修辭技巧，然而在相對的比較上，全眞七

子的詞和金代文人詞則對一些技巧有特別強調的趨式,而在形式上顯現出特殊的風味。

　　以文學史的觀點看,全真七子的證道詞作中保留音樂性的聲詞、可據以修補《詞律》、《詞譜》、可觀察宋詞與元曲之間的關係、作為雜劇小說的材料,是相當有價值的資料,從歷史或道教史的角度看,七子的詞作反映當時的社會面向、記錄七真修行與宣教事蹟,無論就金代社會或全真教史而言,也都是難能可貴的史料。從文學史和宗教史的角度運用七子詞作,是過去研究全真教史或全真道士詞所取的進路,也有相當顯著的成果。不過以在文學史或宗教史亦或是歷史、社會史的意義而給七子詞作定位,無法讓這些詞作展現其本身的意義,無論多珍貴,其意義都是客屬的,其價值是建立在證成文學史、宗教史或歷史學家的研究,失去了這些詞作作為詞這種文學體制的自主性。

　　過去相關七子詞作的研究即是礙於研究視角,以傳統文人詞的評賞標準及七子填詞創作目的論述,視之為文學性不高的傳道工具,忽略了這些詞作同時也是宗教人的文學創作,固然內容全是仙言道語,卻代表了出家絕俗的宗教教修行者的心靈活動與內心世界,所以一直未能將這些作品本身的宗教文學特質展現出來。

　　事實上從道教文學的觀點詮析這些道教修行者的作品,可以看出,這些作品在形式內容上傳承於傳統文學而有其特殊之處,例如在形式上詞調的改名,類疊技巧的強調、數字的運用、反復用句造成類似迴文形式的特殊效果、福唐獨木體、藏頭詞等特色,自然不是七子詞中所特有,特別是類疊與數字的使用,屬於修辭上的問題,可歸屬於語言風格,然而由於大量的使用,而明顯地在體制之下看似一種形式的樣態,其實它不是嚴格定義的形式,但是在效果上與持異體式、及改調的用意是相同的,都在於運用形式來強調全真人特有的思考內涵。

　　從宗教語言的風格看七真詞作中大量的煉丹隱語,即可擺脫刻板印象,領會在這些隱藏在這些瑣然無味的術語下,豐富的思想內容與表現手法。例如:雖然這些隱語均只有功能性的意義,不過這些功能性的語言卻也呈現另一種修辭上美感搭配的功效,在詞作中常見金玉等富麗的形容詞、玄、白、黃、青赤等具有顏色象徵的直接用語或隱代之詞;其次證道詞中更以宗教性的揭示性、宣告式、類比式、象徵式、先邏輯性的語言而與一般文學的描述

性、形象性的語言有所特出，雖然宗教語言的修辭技巧，定然是由一般語文的修辭技巧而來，除了宗教語彙之外，不會超出一般文學語言的運用，用但為呈現出崇高、莊重、神祕、淨化感等宗教語言風格，所用的修辭技巧則以能達到這些效果的誇張、象徵、比喻、示現、設問與反設問、呼告、仿擬等手法，富感染力地將人的宗教情感引發出來，以達勸化布道的效果。可見只要掌握宗教語言與宗教內涵，七子詞作本身就有豐富的解讀空間，這些詞作作為文學創作，自有自主的價值意義與定位。

在思想內容上，七子的詞作當然表現著全真的教義，從七子的詞作可看出，全真的三教合一是以道教為主，吸收其他合於全真修行理念者，其中值得深思的是，表現在七子詞作中的佛家或儒家思想，一方面固然代表兩種文化的融合，另一方面也要注意，七子在勸道弘道的過程中，自然會要以世人能了解的語言和概念表達不可言說的道，因此雖是吸收和借用佛教和儒家的用語及觀念，其中仍含有道教傳統本身的特質。

此外道教自來奉《老子》、《莊子》為經典，歷代道士以宗教修行觀點注釋這兩部經典，可以說以老莊思想為核心的道家思想，早已為道教吸收內化，而在傳統目錄學的分類上，道教重要經籍向來被置於道家及方術二類，而在歷代的文人作品或史學著作中，道士均被視為道家者流或概稱為「老氏」，而道士自稱時也多有道家風、道門之語，在全真七子的詞作中，其內容思想與道家的關聯，也是內化老莊思想，以宗教實踐的方式，表現老莊思想，也就是說道教以宗教實踐的方式，解釋老莊思想、奉行老莊思想，在七子詞作中，隨處可見清靜、無為、自然、無欲、卑下、柔弱、福禍無常等內容，也就是說道教是道家思想的宗教實踐，例如道為萬物的根源、宇宙的本體，而道教賦予「道」創世教化的神學性格，萬物由道氣化生，因道教化。

基於宗教性格，全真的出家修行理念，直接破壞傳統的家庭結構，並從而破壞由家庭結構本身又延伸出家族、鄰里等層層相環的社會結構，為了追尋個人生命意義而背反整個社會倫理，然而這是為了鬆動根植於人心的俗世倫理價值觀，這是出家修行的階段性路程，不得不採的強勢手段。所以在詞作的表現上，誇張凸顯親屬關係中的對立面，以世人常見的利害衝突破壞既有倫常觀，以輪迴思想解構倫常關係等，都是運用文學表達技巧，突顯宗教教化的理念。

若把生命場域加大，修行得道，以其修行功德，超拔九祖，濟度世人，

不管是有形的勸善、設會濟貧，以行醫勸道化人，等種種不同的形式，其目的都是希望與在這充滿有情生命的世界中的一切生靈，都能超脫，共結為神仙，以此回饋這又回歸了世俗倫理了。

全真七子以其生命，實實在在地依循修行之路，用心苦修，期冀能回歸生命的來處，也就是他們宇宙觀中的最後根源「道」，這是艱辛而實際的尋道歷程，他們的詞作也一再地表現這一過程的種種面貌，雖然從純文學或嚴格的文學審美理論看七子的詞作，其技巧、內容、用語都相當有限，難以和歷代文學名作相比，但是從道教文學的角度看這些作品，在千篇一律的仙言道語之中，仍是有著豐富的意涵與動人的情致，蘊載著宗教人追求成全生命的內涵。

在中國傳統的文學批評中，「詩莊詞媚」是對於詩詞這兩種文類的風格分判（這裏的風格一義是內容與形式的整體表現），這說明了每一種文類都有該文類的範型，因此宋詩的說理與蘇東坡的豪放詞，縱使均有佳作，也分別為詩詞開拓了創作空間，卻一直被置於正格之外，詩是不是只能莊？詞是不是只能媚？中國詩詞中是否只有抒情傳統？這些疑問都是文學研究上值得深思的問題，傳統文學的批評觀念與批評理論是否照顧到實際存在的文學作品，那些在傳統文學理論或批評觀念的評判下，被視為別宗的作品如宋詩的說理、如道士詞的悟道、說道之理，是否也有其特殊的文學價值？這當然不是視抒情為主流的批評觀念所能給予回答的問題，因此文學研究當可從另一個視角研究這些以悟理、說理為主的作品。當然在有系統的文學研究之前，先將這些作品中理念世界詮析出來，是研究工作的第一步，本論文透過形式、內容的分析，將全真七子詞作的意涵，予以詮解分析，呈現出七子在創作中所展現的證道生命，從這些作品基本的核心義理即在於如何以全真的修行方式成全生命。

成全的生命究竟是怎樣的生命呢？最後仍讓七子的詞作回答：

馬鈺〈滿庭芳〉（贈喬、李、郭三仙）

> 修行之士，不在居山。勿勞環堵彎跧。何必區區來往，遠遠相參。休要持功打坐，又何須、耕種艱難。休勞苦，更不須出藥，博換衣。看你留心何處，但無些著染，打破般般，好向塵中展手，乞覓餘殘。閒看浮名浮利，嘆死生、灰了心間。忘塵念，管將來，位列仙班。

引此詞作結，論七子證道詞中最重要的意義，不在於字詞表面意義，而在於

心性的把持，若能掌握其中要義，那麼一切的修行功法都是次要，就連最根本的，最在意的生死都可超脫，所以成全的生命是自足圓滿沒有缺憾，再不需索求的。

　　也可以說全真七子的證道詞，有其自足圓滿的意義世界，而這個意義世界不在傳統文學理論或文學批評的判準之內，需要回歸於這些詞作本身，從宗教文學的角度，領略其中所現宗教人的生命情調及道教文學的特殊旨趣。

參考書目

一、道藏部分

1.《金蓮正宗記》，雩櫟道人編，正統道藏冊五，新文豐出版社。

2.《金蓮正宗仙源像傳》，劉天素，謝西蟾編，正統道藏冊五。

3.《七眞年譜》，李道謙編，正統道藏冊五。

4.《歷世仙眞體道通鑑續編》，趙道一編，正統道藏冊八。

5.《甘水仙源錄》，李道謙編，正統道藏冊三三。

6.《消搖虛經》，洪應明編，正統道藏冊五九。

7.《重陽全眞集》，王重陽著，正統道藏冊四三。

8.《重陽分梨十化集》，王重陽著，正統道藏冊四三。

9.《重陽眞人金關玉鎖訣》，王重陽著，正統道藏冊四三。

10.《重陽眞人授丹陽二十四訣》，王重陽著，正統道藏冊四三。

11.《重陽立教十五論》，王重陽著，正統道藏冊五四。

12.《重陽教化集》，王重陽著，正統道藏冊四三。

13.《丹陽眞人直言》，馬鈺著，正統道藏冊五三。

14.《丹陽眞人語錄》，馬鈺著，正統道藏冊三九。

15.《自然集》，馬鈺著，正統道藏冊四三。

16.《洞玄金玉集》，馬鈺著，正統道藏冊四三。

17.《漸悟集》，馬鈺著，正統道藏冊四三。

18.《丹陽神光燦》，馬鈺著，正統道藏冊四三。

19.《水雲集》，譚處端著，正統道藏冊四三。

20.《雲光集》，王處一著，正統道藏冊四三。

21. 《西嶽華山誌》，王處一著，正統道藏冊九。

22. 《仙樂集》，劉處玄著，正統道藏冊四三。

23. 《黃帝陰符經註》，劉處玄著，正統道藏冊四。

24. 《無為清靜長生真人至真語錄》，劉處玄著，正統道藏冊三九。

25. 《大丹直指》，邱處機，正統道藏冊七。

26. 《青天歌註釋》，邱處機，正統道藏冊四。

27. 《長春子磻溪集》，邱處機，正統道藏冊四二。

28. 《長春真人西遊記》，邱處機，正統道藏冊五七。

29. 《太古集》，郝大通，正統道藏冊四二。

30. 《孫不二元君法語》，孫不二著，正統道藏冊九。

31. 《孫不二元君傳述丹道祕書》，孫不二著，正統道藏冊九。

32. 《真仙直指語錄》，玄全子集，正統道藏冊五四。

33. 《終南山祖庭仙真內傳》，李道謙編，正統道藏冊三二。

34. 《道門定制》，呂元素編，正統道藏冊五三。

35. 《清和真人北遊語錄》，段志堅編，正統道藏冊五三。

36. 《雲山集》，姬志真，正統道藏冊十八。

37. 《全真清規》，陸道和編，正統道藏冊五四。

38. 《歷代仙真體道通鑑》，元趙道一，正統道藏冊五。

39. 《歷代仙真體道通鑑續編》，元趙道一，正統道藏冊八。

40. 《道家金石略》，陳垣編，四川文物出版社，1988 年。

41. 《鍾呂傳道集》，收於蕭天石編道藏精華第一集之三，台北：自由出版社，民國 81 年。

二、經、史、子、集部分

1. 《左傳》，台北：藝文印書館，民國 78 年。

2. 《老子》，台北：三民書局，民國 78 年。

3. 《孟子》，台北：藝文印書館，民國 78 年。

4. 《史記》，西漢司馬遷，台北：鼎文書局，民國 74 年。

5. 《漢書》，東漢班固，台北：鼎文書局，民國 74 年。

6. 《後漢書》，范曄，台北：鼎文書局，民國 74 年。

7. 《宋史》，元脫脫著，台北：鼎文書局，呡國 74 年。

8. 《金史》，元脫脫著，台北：鼎文書局，呡國 74 年。

9. 《三朝北盟會編》，上海：古籍出版社，1987 年。

10.《元史》，明宋濂撰，台北：鼎文書局，民國 74 年。

11.《宋史紀事本末》，明陳邦瞻編，台北：商務印書館，民國 55 年。

12.《元史紀事本末》，明陳邦瞻編，台北：三民書局，民國 55 年。

13.《金史紀事本末》，清李有棠編，北京：中華書局，1980 年。

14.《歸潛志》，劉祁，台北：新興書局，民國 72 年。

15.《寧海州志》，清舒孔安、王厚階纂，台北成文出版社，民國 65 年。

16.《道家金石略》，陳垣編纂，四川文物出版社。

17.《樂府詩集》，梁郭茂倩編，台北：里仁出版社，民國 74 年。

18.《靜修先生文集》，金劉因，台北：商務印書館，民國 68 年。

19.《拙軒集》，金王寂，台北：商務印書館，民國 68 年。

20.《滏水集》，金趙秉文，台北：商務印書館，民國 68 年。

21.《中州集》，金元好問編，台北：鼎文書局，民國 62 年。

三、專著

1.《女眞史略》，陶晉生，台北：食貨出版社，民國 70 年。

2.《中國宋遼金夏政治史》，趙紹銘，北京：人民出版社，1995 年。

3.《中國宋遼金夏經濟史》，魯亦冬，北京：人民出版社，1995 年。

4.《中國宋遼金夏宗教史》，張踐，北京：人民出版社，1995 年。

5.《中國宋遼金夏思想史》，周湘斌，趙海崎，北京：人民出版社，1995 年。

6.《金代社會生活》，宋德金著，西安：陝西人民出版社，1988 年。

7.《中國道教史》，任繼愈主編，上海古籍出版社，1990 年。

8.《中國道教史（三卷）》，卿希泰主編，成都：四川人民出版社，1993 年。

9.《中國道教氣功養生大全》，李遠國編，四川：辭書出版社，1991 年。

10.《東北史論叢》，姚從吾，台北：正中書局，民國 59 年。

11.《元代道教之發展》，孫克寬，台中：東海大學，民國 57 年。

12.《道教全眞大師丘長春》，台北：商務印書館，民國 71 年。

13.《金元全眞道内丹心性論研究》，張廣保，北京：三聯書店，1995 年。

14.《老莊哲學新論》，蘇海煙，台北：文津出版社，1987 年。

15.《南宋初河北新道教考》，陳垣，北京：中華書局，1989 年。

16.《道藏源流考》，陳國符，北京：中華書局，1992 年。

17.《南宋金元的道教》，詹石窗，上海：古籍出版社，1989 年。

18.《列仙傳》，王叔岷校箋，台北：中央研究院中國文哲研究所籌備處，民國 84 年。

19. 《全真北宗思想之研究》，鄺國強，香港能仁書院哲學研究所博士論文，1990 年。

20. 《道教文學》，伍偉民，蔣見元，上海：社會科學院出版社，1993 年。

21. 《詞籍考》，饒宗頤，香港大學出版社，1963 年。

22. 《北宋十家詞研究》，黃文吉，台北：文史哲出版社，民國八五年。

23. 《全金元詞》，唐圭璋編，北京：中華書局，1979 年。

24. 《金元詞述評》，張子良，華正書局，民國 68 年。

25. 《憂與遊》，李豐楙，台北：學生書局，民國 85 年。

26. 《唐前生命觀與文學主題》，錢志熙，北京東方出版社，1997 年。

27. 《道教研究論文集》，黃兆漢，香港：香港中文大學，1988 年。

28. 《中國禪宗通史》，杜繼文，魏道儒著，江蘇古籍出版社，1995 年。

29. 《宋代禪宗文化》，魏道儒，鄭州：中州古籍出版社，1993 年。

30. 《宗教生活的理解》，美斯特朗著，金澤，何其敏譯，上海：人民出版社，1985 年。

31. 《宗教生活論》，美斯特朗著，徐鈞堯，魏道儒等譯，北京：今日中國出版社，1992 年。

32. 《宗教生活的基本形式》，法涂爾幹著，桂冠出版社，民國 81 年。

33. 《宗教心理學》，L.B 布朗著，金定元，王錫蝦譯，北京：今日中國出版社，1992 年。

34. 《社會中的宗教》，羅德納.L.約翰思通著，四川人民出版社，1991 年。

35. 《宗教社會學》，德韋伯著，簡惠美譯，遠流出版社，民國 82 年。

36. 《中國宗教倫理與現代化》，黃紹倫編，台北：商務印書館，民國 81 年。

37. 《文學與宗教》，第一屆國際文學與宗教會議論文集，輔大外語學院編，時報文化出版社，民國 76 年。

38. 《宗教與文學》，英海倫‧加德納著，沈弘，姜先春譯，四川人民出版社，1989 年。

39. 《語言風格學》，張德明著，台北：麗文交化公司，民國 83 年。

40. 《語言論》，高名凱，北京：商務印書館，1995 年。

41. 《氣流動的身體》，日石田實子著，楊宇譯，台北：武陵出社，1996 年。

42. 《魏晉南北朝文士與道教之關係》，李豐楙，國立政治大學中國文學系博士論文。

43. 《金元全真道士詞研究》，陳宏銘，國立高師師範大學國文學系博士論文，民國 86 年。

44. 《全真教體玄大師王玉陽之研究》，劉煥玲，國立成功大學歷史系碩士論文，民國 83 年。

四、期刊論文

1. 〈宋遼金元道教年譜〉，范午，《責善半月刊》，第 2 卷第 6 至 10 期。

2. 〈全真教考略〉，孫克寬，《大陸雜誌》，第 8 卷第 10 期，1954 年。

3. 〈全真教三論〉，龍晦，《世界宗教研究》，1982 年第 1 期。

4. 〈全真道的興起及其與金元朝關係〉，郭旃，《世界宗教研究》，1983 年 3 期。

5. 〈略論全真道的思想源流〉，陳俊民，《世界宗教研究》，1983 年 3 期。

6. 〈略論全真道的三教合一說〉，陳兵，《世界宗教研究》，1984 年 1 期。

7. 〈全真教與金元社會〉，日窪德忠講，余崇生譯，《鵝湖月刊》11 卷 71，民國 75 年。

8. 〈全真道喻山派的創始人王玉陽行道蹤跡初探〉，趙均波，《道教文化》，第 5 卷第 5 期，1991 年。

9. 〈論金代女真的宗教信仰與宗教政策〉，武懷玉，《史學論集》，1992 年第 2 期。

10. 〈丘處機二入關中與全真道的發展〉，麻天祥，《人文雜誌》，1992 年第 2 期。

11. 〈道藏全真著作的歷史價值〉，姚道中，《思與言》。

12. 〈全真教祖王重陽的詞〉，黃兆漢，《東方文化》，19 卷 1 期，1981 年，又見於道教文化，第 4 卷第 2 期，1986 年。

13. 〈全真道教詞初探〉，《蘭州大學學報》，1991 年第 1 期。

14. 〈金詞概述〉，王志華，《山西大學學報》，1984 年第 4 期增刊。

15. 〈金詞論綱〉，金啓華，《詞學》第四輯，1986 年。

16. 〈金代詞述略〉，張倉禮，《吉林社會科學》，1987 年第 6 期。

17. 〈金元詞史〉，黃兆漢，學生書局，民國 81 年。

18. 〈豪放詞常用的詞牌簡介 歷代豪放詞選〉，王雙啓、郝世峰，貴陽：貴州人民出版社，1990 年。

19. 〈金詞札記〉，唐圭章，《社會科學戰線》，1985 年第 3 期。

20. 〈論金朝文化結構及其宮廷文學〉，1987 年第 6 期。

21. 〈試論耶律楚材、元好問、邱處機—兼及金元之際儒生的出路與貢獻〉，《中央民族學院學報》，1984 年第 1 期。

22. 〈重陽祖師及七真事略〉，潘延川，《中國道教》，1988 年第 3 期。

23. 〈全真七子詞述評〉，黃兆漢，《香港中文大學中國文化研究所學報》第 19 卷，1988 年。

24. 〈邱處機的磻溪詞〉，黃兆漢，《道教文化》第 4 卷第 4 期。

25. 〈略談詞家抒情的幾種方法〉，劉永濟，《詞學研究論文集》，上海古籍出版社，1982 年。

26. 〈瑤臺夢與桃花洞——論道教與唐五代文人詞〉，葛兆光，《中國古代近代文學研究》，1988 年 11 期。

27. 〈艷情詞、游仙詞、煉丹詞〉，史雙元，《中國首屆唐宋詩詞國際學術討論會論文集》，南京：江蘇教育出版社，1994 年。

28. 〈詞與道教〉，秦惠民，《中國首屆唐宋詩詞國際學術討論會論文集》，南京：江蘇教育出版社，1994 年。

29. 〈從詞道曲——論金詞的過渡型特徵及道教詞人的貢獻〉，《山東師大學報》，1992 年第 3 期。

30. 〈從古代詩詞中列舉重言連用之例〉，倪志僴，《大陸雜誌》，第 20 卷第 5 期，1990 年。

31. 〈談詩詞中疊字的運用〉，《山東師大學報》：哲社版，1983 年第 3 期。

32. 〈古詩詞中疊詞運用的立體感〉，童宋丹，《語文園地》，1983 年第 2 期。

33. 〈詩詞曲中使用疊字舉例〉，唐圭璋，《河北師院學報》：哲社版，1985 年第 2 期。

34. 〈量詞在唐宋詩詞中的功能初探〉，《河北師範大學學報》：哲社版，1983 年第 2 期。

35. 〈一秋山帶夕陽——談古詩詞中數量詞的虛義與實義〉，辛玉蘭，《語文知識》，1987 年第 8 期。

36. 〈數字在詩詞中的妙用〉，殷光熹，《中國古典文學鑑賞》，1985 年第 4 期。

37. 〈析論古典詩詞中的韻律〉，竺家寧，《兩岸港新中小學國語文教學國際研討會》，台北師大，1995 年。

38. 〈語言風格之觀念與方法〉，竺家寧，《紀念程旨雲先生百年誕辰學術研討會論文集》，台北：學生書局，1994 年。

五、日文專著部分

1. 《金代政治社會の研究》，三上次男，東京：中央公論美術，1973 年。

2. 《元史釋老志の研究》，野上俊靜，京都：朋友書社，1978 年。

3. 《道教よ宗教文化》，秋月觀，平河出版社，1987 年。

4. 《中國の宗教改革－全真教の成立》，窪德忠，京都：法藏館，1967 年。

5. 《道教史》，窪德忠，京都：山川出版社，1988 年。

6. 《白雲觀志》，小柳司氣太編，白雲觀志，藏外道書冊二十，成都：巴蜀書社，1992 年。

7. 《道教の研究》，吉岡義豐，吉岡義豐著作集第一卷，東京：五月書房，

1989 年。

六、外文期刊論文

1. 〈道藏中所見的詩餘〉，中田勇次郎，《東方宗教》，7 號，1955 年。

2. 〈馬丹陽の布教活動をめぐつて〉，蜂屋邦夫，《東洋文化研究所紀要》，第 104 號，1987 年。

3. 〈全眞教の展開〉，藤島建樹，收錄於秋月觀主編，《道教よ宗教文化》，平河出版社，1987 年。

4. 〈譚長眞の生涯よ思想〉，蜂屋邦夫，《東洋文化研究所紀要》，第 108 冊，1989 年。

5. 〈劉長生の生涯よ教説〉，蜂屋邦夫，《東洋文化研究所紀要》，第 117 冊，1992 年。

6. 〈金代道教の研究〉，蜂屋邦夫，《東京大學東洋文化研究所報告》，汲古書屋，1992 年。

7. Rambo Lewis R. Understanding Religious Conversion (New Haven, Conn, Yale Universioty Presss, 1993); "Conversion: Toword a Holistic Model of Religious Change", Pastoral Psychology 38(1989):48。